映画で楽しむイギリスの歴史

吉田徹夫　村里好俊　高瀬文広　共編著

金星堂

Kinseido Publishing. Co., Ltd.
3-21 Kanda Jimbo-cho, Chiyoda-ku,
Tokyo 101-0051, Japan

First published 2010 by Kinseido Publishing Co., Ltd.

装丁　スタジオベゼル
組版　めだかスタジオ

写真協力　(財) 川喜多記念映画文化財団 (p9, 29, 30, 36, 45, 47, 52, 62, 71, 81, 119, 138, 147, 180, 182, 190, 191, 195)

本書で紹介している DVD に関する情報は時節柄変更されることがございます。ご了承ください。

はしがき

本書は、映画を通してイギリスの歴史を辿ってみようとした試みである。前書『映画で楽しむイギリス文学』の姉妹編にあたる筈のものであったが、10年余りの遅れになってしまった。どの映画を選定するかということよりも、出発点である「映画」と「歴史」という組み合わせに編著者が尻込みしたのである。

映画と文学であればどちらもフィクションであることで、原作の荒筋と背景、映画との違いと映画の見所といった説明は、執筆者の裁量でかなりすっきりと書くことができるのだが、歴史、史実が絡むと、そこに含まれる出来事の内容と解説自体が私たちの参考にする書き手の歴史家によって異なることもあるので厄介な仕事になるなあ、という不安があったのである。2009年9月下旬に三夜連続で放映されたＮＨＫのドラマ・スペシャル『白洲次郎』は、最後の最後の字幕画面に「このドラマは実話に基づくフィクションです」という文を流した。この言葉は本書に取り上げた殆どの映画に当てはまるものであるが、問題はその実話の中身である。おまけに、本書とペアである『映画で楽しむアメリカの歴史』(2000年刊行)が南北戦争、FBIといった50の事件を軸にして巧みに合衆国の歴史をまとめているのにたいして、イギリスの場合、国の歴史は王室の歴史と一体になるほどに複雑に絡み合い、王族が内乱、議会との政争、他国との戦争などすべてに関わっているので、映画の歴史関連情報を記述することが、またそれを確認する作業が一筋縄では行かない、という懸念を抱いていた。だが一方で英国には、ヘンリー２世を描く『冬のライオン』、トマス・モアとヘンリー８世との相克を辿る『わが命つきるとも』、名優ロレンス・オリヴィエのシェイクスピア歴史劇、といった優れた歴史もの映画の伝統があり、最近では『英国万歳』(ジョージ３世の狂気が主軸となる映画)、『エリザベス』二部作、『クィーン』などの秀作が公開されて、本書を纏めることが急務となったのである。

だが実際、史実の記述とその確認についての作業は危惧したとおり厄介であった。英国映画の特徴の一つは、濃密と形容してもいいほど人間の心理面を抉(えぐ)ることにあるが、そのドラマを前面に押し出したいために、間違いなくフィクションだと思えるようなエピソードや誇張した人物描写を挿入するだけでなく、史実である事件の時期をずらしてしまうことさえあるのだ。現に『クイーン』の中で狩猟家たちに追い詰められて殺されてしまう孤高の大鹿と女王との邂逅、滑稽なほどに戯画化された夫君の偏狭さ、炙り出される女王の孤立と尊厳、それを認識したブレア首相が発する同僚とダイアナ元王太子妃への怒り（本書8章の「ダイアナ」参照）は前者の例であり、後者の典型的な例は『エリザベス』にみられる。ノーフォーク公の謀反（1572）と処女王に対するフランス王の弟の求婚（1579）との順序を入れ替えているのだ（本書4章の「エリザベス1世」参照）。

映画はフィクションだと分っていながらも、編者たちを含めほとんどの執筆者は、英語を基盤とする言語教育や言語文化の教育・研究にたずさわっていて、英国史そのものを専門にしていないだけに、映画の背景となる歴史上の出来事を解説するために幾冊かの歴史書を基本的な共通図書として参考にしてもらうことにした。同時に当然のこととはいいながら、扱う映画作品に応じて目を通された個別の参考書を数冊挙げてもらうことにし、大変な負担をかけることになってしまった。偏りのないバランスのとれた記述を目指したが、歴史を生業としていないので、思わぬ読み違いを犯しているかもしれない。読者諸賢の寛容なご叱正をお願いしたい。

各節一つの作品を4頁で論じることを原則にしたが、エリザベス1世の時代とかヴィクトリア朝、またIRA関係のように、扱う題材によって編者の方からお願いて頁を増やしたり、二つ以上の映画を同時に取り上げた節もある。そして特に独立して解説してもらったほうが良いと判断した話題については囲み記事欄を設けた。

原稿の大部分は一年以上も前に出揃ったのだが、編者たちの勉強が追いつかなくて完成が遅れ、執筆者の方々と金星堂にご迷惑をかけてしまった。おまけに昨年の夏休み近くになって各映画の中から担当の執筆者に強く印象に残ったセリフ、映画のテーマ及びメッセージとおぼしきセリフを英語付きで書き入れてもらうことをお願いして、本書の完成を延ばしてしまった。ともあれ、すでに映画を見られた読者がそのセリフが発せられるシーンに思いを向けられたり、未見の方には映画の狙いを推測して頂けたら、そして本書に取り上げられた映画の中へ誘い込むことができたら、執筆者も編者もうれしい限りである。

最後になったが、金星堂の佐藤求太氏には企画の段階から相談に乗っていただいただけでなく、編者と執筆者との原稿の往復、執筆の分量をめぐる両者の仲介、そして年表、挿入する図版、索引等の体裁など、本書の構成全体についての議論にも参加していただいた。本書にいくばくかの取り柄があるとすれば、氏の献身的貢献の賜物である。心より感謝する次第である。

2010年3月
編著者

全体に共通する基本参考文献一覧

青山吉信 編 『世界歴史大系　イギリス史 1　先史～中世』 山川出版社　1991.

今井宏 編『世界歴史大系 イギリス史 2 近世』　山川出版社　1990.

村岡健次　木畑洋一 編『世界歴史大系 イギリス史 3 近現代』山川出版社　1999.

川北稔 編 『世界各国史 11　イギリス史』 山川出版社　1998.

安東伸介他 編 『イギリスの生活と文化事典』 研究社出版　1982.

高橋康也他 編 『研究社シェイクスピア辞典』 研究社　2000.

出口保夫他 編『21 世紀イギリス文化を知る事典』 東京書籍　2009.

森　護 編 『英国王室史事典』大修館書店　1994.

狩野良規 『スクリーンの中に英国が見える』 国書刊行会　2005.

小池滋 『もうひとつのイギリス史』 中央公論社　1991.

佐藤賢一 『英仏百年戦争』 集英社新書　2003.

杉原啓史 『映画で楽しむ世界史』 近代文芸社　2005.

エイザ・ブリッグズ、今井宏、中野春夫、中野香織 訳 『イングランド社会史』 筑摩書房　2004.

D. マクドワル、大澤謙一 訳 『図説イギリスの歴史』 東海大学出版会　1989.

Cannon, John & Ralph Griffiths. *The Oxford Illustrated History of the British Monarchy*. Oxford UP, 1988.

Cannon, John ed., *A Dictionary of British History*. Oxford UP, 2001 (rev. 2009).

King, Edmund. *Medieval England: 1066-1485*. Oxford UP, 1988.

McDowall, David. *An Illustrated History of Britain*. Longman, 1989.

Morgan, Kenneth O. ed., *The Oxford History of Britain*. Oxford UP, 2001.

Strong, Roy. *The Story of Britain*. Fromm International Publishing Corporation, 1996.

目　次

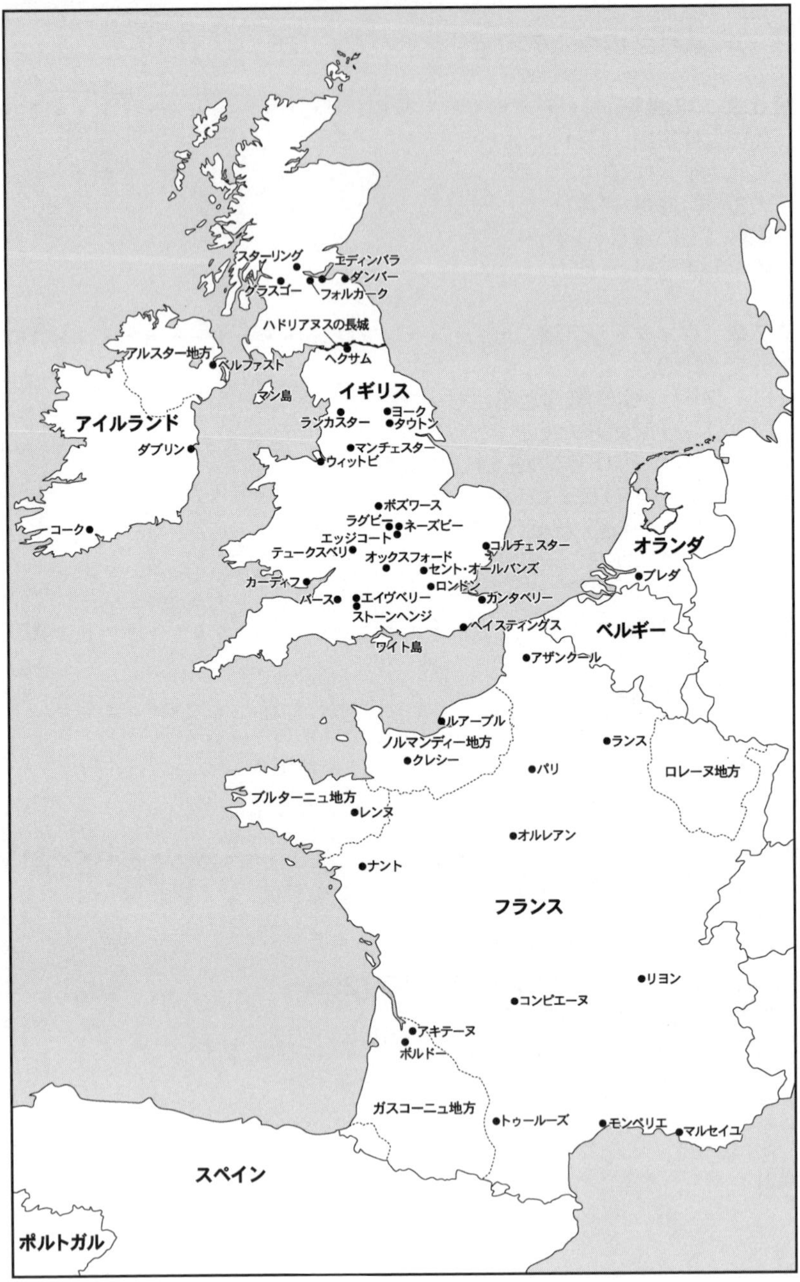
スターリング
エディンバラ
ダンバー
グラスゴー
フォルカーク
ハドリアヌスの長城
アルスター地方
ベルファスト
ヘクサム
イギリス
マン島
アイルランド
ヨーク
ランカスター
タウトン
ダブリン
マンチェスター
ウィットビ
ボズワース
ラグビー
ネーズビー
コーク
エッジコート
コルチェスター
オランダ
テュークスベリ
オックスフォード
セント・オールバンズ
ブレダ
カーディフ
ロンドン
バース
エイヴベリー
カンタベリー
ストーンヘンジ
ヘイスティングス
ベルギー
ワイト島
アザンクール
ルアーブル
ノルマンディー地方
ランス
クレシー
パリ
ロレーヌ地方
ブルターニュ地方
レンヌ
オルレアン
ナント
フランス
リヨン
コンピエーヌ
アキテーヌ
ボルドー
ガスコーニュ地方
トゥールーズ
モンペリエ
マルセイユ
スペイン
ポルトガル

第 1 章
古 代

前 2200 ～前 1300	ストーンヘンジ建造
前 2000 年頃	ビーカー人の文化広まる
前 7 世紀～前 2 世紀末	ケルト人、ブリテン島に来住
前 55 年、前 54 年	ローマの将軍ユリウス・カエサル、ブリテン島侵攻
43 年	ローマ皇帝クラウディウス、ブリテン島に遠征
122 年	皇帝ハドリアヌス、北方民族の南下に対しハドリアヌスの壁建造開始
410 年	西ローマ帝国皇帝ホノリウス、ブリタニアよりローマ軍を撤退
5 世紀半ば	アングロ・サクソン人の来襲本格化
538 年	■百済より仏教伝来
597 年	グレゴリー教皇の命でアウグスティヌス、キリスト教布教のためケントに上陸
604 年	■聖徳太子、十七条憲法発布
664 年	ウィットビ教会会議、ローマ系キリスト教公認
710 年	■平城京（奈良）遷都
794 年	■平安京（京都）遷都
800 年頃	デーン人の波状的来襲続発
829 年	ウェセックス王エグバート、七王国統一
886 年	ウェセックスのアルフレッド大王、デーン人よりロンドン奪還、共存を約束
973 年	エドガー王載冠式、アングロ・サクソン人、デーン人双方が王と承認

先史時代から アルフレッド大王まで

先史時代

人類がブリテン島（Britain）に最初に現れたのは、紀元前 45 万年頃とされている。その間、ブリテン島とヨーロッパ大陸との間は、氷河期と間氷期とで地続きになったり分離したりしていた。

だが、人類の誕生が寒冷なヨーロッパで始まったということではない。ヨーロッパで最古の人骨化石はイタリアで発見された 90 ～ 80 万年前のものであり、今日の人類学で最古の人類化石と見られているのはアフリカ中央部チャドで発見された 700 ～ 600 万年前の頭骨で、フランスなどの研究チームが 2002 年に発表した。そして 2009 年 10 月には東京大学の諏訪元教授らの国際研究グループが 440 万年前のラミダス猿人の二足歩行骨格復元図（化石そのものの発見は、1992 年エチオピアでのこと）を発表し、平成 21 年の「朝日賞」を受賞した。人類は 250 ～ 240 万年前頃から脳が大きくなり始め、180 万年前位からアフリカから世界各地へ進出し、「猿人」から、ジャワ原人（約 100 万年前）、北京原人（約 55 ～ 25 万年前）などの「原人」

紀元前 1 万年
ブルーレイ／ 4,980 円 (税込)
D V D ／ 3,980 円 (税込)
ワーナー・ホーム・ビデオ

『恐竜 100 万年』より

へと進化した。そして、約20～3万年前に中東、ヨーロッパに生存したネアンデルタール人を含む旧人、さらに4～1万年前のクロマニヨン人に代表される現生人類「ホモサピエンス」の登場となる。この新人がネアンデルタール人を絶滅させたとかつては言われたが、最近では両者は共存していたのではないかという説が有力である。

フランス映画『B. C. ――紀元前X年』（*Homo Sapiens*）は、考古学的考証に拠りながら、アフリカ大陸からアジア、ヨーロッパへと進出して行った人類の足跡を辿っている。映画の終り近く旧人と新人とが絵を描くことで理解し合う情景が映され、有名なラスコー洞窟絵画を有するフランスらしさが伺える。フランケンシュタインやドラキュラが登場するホラー映画を得意とした英国のハマー・フィルム・プロダクションは、1966年肉体派女優ラクウェル・ウェルチを使って『恐竜百万年』（*One Million Years B. C.*）を配給し、大成功を収めたが、興味本位の内容で（何しろ、恐竜は6～5千万年前、白亜紀の終わり頃には絶滅していた）、上記フランス映画が伝えようとした「人種、外見は違っていても、60億の人間は同じ先祖に行き着く」という理念はない。

また『インディペンデンス・デイ』、『2012』といったCGやSFXを駆使した大スペクタクル作品を続け様に発表するローランド・エメリッヒ監督は、『紀元前1万年』（2008）において超古代文明の圧制に立ち向かう氷河期末期のヒーローの大活躍を描いたが、行方不明の父を捜索に出掛けたヒーローが最後に手にしたのは、美女だけでなく、民の飢えを救うことになる、父の遺してくれた穀物の種子であったという、農耕文明の始まりが示唆されている。

ちなみに、若年性アルツハイマーを扱った日本映画の佳作『明日の記憶』の原作者、荻原浩は、小説『四度目の氷河期』において、遺伝子工学研究者のシングル・マザーを母に持つワタルが自分の父親はクロマニヨン人だと思い込み、その新人類の生活を再現していく姿を、身体的精神的成長とともに、共感を込めた筆致で描いている。

さて、ブリテン島へ戻ることにしよう。ブリテン島という歴史的舞台には次々と異民族が到来・消長し、後世のいわゆる〈イギリス〉を成立させることになった。洪積世後期（約3万年前）の、最後の氷河期には、ネアンデルタール人の文化（火や石器の使用、埋葬など）を持つ旧人類がブリテン島へ移住し、次いで前1万年頃から動物を追って槍と弓矢を使い、狩猟犬を飼い、毛皮を身にまとい、竪穴式住居に住む新人類が現れた。住居後から見つかる動物の歯から出来た首飾りや腕輪などの装身具や、動物の骨の表面に人・馬・魚などを描いた線刻は、ブリテン島最古の芸術と言える。

ブリテン島は、前 6000 年頃までに、大陸から分離して島になった。前 4000 年頃には、農耕・牧畜への移行が始まり、食糧の貯蔵が可能となり、人口も増えた。前 3000 年頃には、農耕とともに物資の流通も広範に実施されるようになった。やがて広口の飲用の壺がその墳墓から出土したことからビーカー人（Beaker Folk）と呼ばれる民族が前 2200 年頃から中央ヨーロッパより渡来し、戦斧や弓矢で先住民を征服したが、その社会を破壊することはなく、上流階級を形成して支配した。この頃ブリテン島は青銅文化の時代に入り、金属の武器・道具が使用されるようになり、集団間の競争は激化した。前 2000 年頃には、ビーカー土器を中心に、ビーカー文化が広まった。

ストーンヘンジ

ビーカー人の後にも人口移動は続き、前 1500 年頃には人口は約 5 万から 50 万人に増大した。この頃渡来した人々は優れた技術と装飾品を持ち、毛織物が生産されるとともに、前 1000 年頃には製塩も始まっている。しかし、農耕生活における停滞が生じ、土地、家畜、資源を巡る争いが激化し、首長と戦士層の権力が上昇すると、分立する領域的集団はいっそう堅固な「部族」集団へとまとまっていった。

先史時代からの遺物として今日残るのは、巨石建造物である。一定の間隔を置いて巨石を環状に配列したもので、ウィルトシャー（Wiltshire）にあるエイヴベリー（Avebury）、ソールズベリー（Salisbury）近郊のストーンヘンジ（Stonehenge、原義は「吊り下がっている石」）が名高い。建造時期としては、前者が前 2000 年から前 1600 年の間、後者が前 2200 年から前 1300 年の間の 900 年間に五段階にわたって建造されたと推測される。建造目的としては、天体運行や農耕時期を知るため、また太陽崇拝の場でもあったのでは、と指摘されるが、恐らく、有力首長と彼らの支配下の集団が自己のアイデンティティを確認・象徴する祭儀の場であったのではないかと推測される。

ケルト文化

ケルト人は長頭人種の北方系民族で、アルプス以北の中欧、東欧にかけて広く分布していたが、単一の種族でもないし、均一の文化も持っていたわけではない。ケルト世界とは、支配者のもたらした特徴的な文化と言語とを共有するゆるやかな文化的世界であった。

ケルト人は前７世紀頃から民族移動を開始して、ガリア、イベリア、イタリア、バルカンに侵入し、スコットランド東南部にもその痕跡が残っている。前４世紀には、ケルト人の文化的影響は各地に及び、ブリテン島はケルト世界に組み入れられる。ケルト人の伝えた鉄器によって農業が豊かになり、人口が増加し、食料の需要が高まった。農牧生産の上昇は、さらなる土地や家畜を求めて部族間の対立や争いの原因となった。その結果、富を蓄積する者とそうでない者、支配する者と支配される者とが生まれ、ケルト社会の身分制化が進んだ。

前２世紀末にケルト文化の最後の波がブリテン島に及んだ。前 58 年古代ローマの将軍カエサル（シーザー）によるアルプス以北の北ガリア侵攻のあおりを喰らい、今日のベルギー辺りに住んでいたベルガエ人がブリテン島へ渡来したのである。前ローマ時代のブリタニアは、30 余りの部族が分立する社会であり、聖職者・戦士・従属農民などからなる身分制社会であった。ケルト人は文字を知らないが、工芸品に見られる渦巻や曲線模様の美に対する優れた感受性を示し、謎めいた神秘的な口承文学を残している（ケルト民族の間で語り継がれた古歌を集めた歌集『オシアン』が岩波文庫に所収）。彼らの宗教は多神教で、その神事に携わる聖職者のドルイド僧は、賢者で占星家、かつ予言者でもあり、神々のこと、魂の転生について人々に教えた。ドルイドは、神聖な樹木、宿り木、泉、川、そして鹿、猪、熊、鳥などを信仰の対照とし、祭儀においては、犯罪者や奴隷などを神々への生贄として捧げたという。

カエサルが指揮するローマ軍とウェルキンゲトリクス王が率いるガリア諸部族の連合軍との戦闘を扱っている映画『グレート・ウォリアーズ』は、原題が *Druids* といい、マックス・フォン・シドー（ベルイマン監督の名作『処女の泉』に出演したスウェーデン出身の俳優で、『偉大な生涯の物語』ではイエス・キリストを演じた）がガリア人たちの精神的支柱であるドルイド教の大司祭役で登場する。彼の助言を求める主人公には、後述のSF的な『ベオウルフ』に主演のクリストファー・ランバートが扮して、「外民族をして外民族にあたらせる」という方針でガリア人たちを利用し、ブリテン島へ派遣しようとするカエサルのローマ軍とゲルゴヴィアで激突して敗北する。一見の価値ある歴史ドラマに仕上がっている。

ローマの支配

前55年と54年の二度にわたるカエサルによるブリテン島侵攻の後の100年近くはローマからの攻撃を受けない時期が続いたが、紀元後43年クラウディウス帝（在位41-54）は4万の大軍を送り、ローマの重装歩兵は馬が引く戦車（chariot）を操るブリトン人たち（farmer-soldiers）の戦車戦法に勝利した。クラウディウスはブリトン人の拠点の一つコルチェスタを占領し、61年には、ドルイド信仰の本拠地アングルシ島（ウェールズ北西海岸沖に位置し、前100年頃にはケルト人が入植）を攻撃して、苦戦の末、ブリトン軍を壊滅させた。

ローマ軍はスコットランドの高地地域にまで進出し、1世紀末にはこの島の大半を占領したが、ローマの支配に最後まで抵抗したのがカレドニア（スコットランド）のピクト人である。ハドリアヌス帝（在位117-138）が来島して北方防衛の必要性を痛感し、防塁の建設を決意したのが、122年のことである。建設は直ちに着手され、約10年の歳月を要して、ニューカッスルからボウネスまで全長約116キロの「ハドリアヌスの壁（Hadrian's Wall）」が完成した。

この島の統治にあたりローマは、ブリトン人の伝統的な社会制度を活用し、かなりの自治を認めた。ローマによる征服の根本的原因は、ブリテン島が産出する穀物、家畜、皮革、鉄など豊かな資源であった。これらは、大陸に展開するローマ軍のための軍事的必需品となった。紀元2～3世紀には「ローマの平和」が維持され、ロンドンを中心として、道路網が全島に張り巡らされ、地方の農産物が輸送された。

やがてローマの支配にも陰りが見えはじめる。アングロ・サクソン人を主とするゲルマン諸民族が来襲したためである。大陸でもローマ帝国は崩壊の危機に瀕し、ついには395年、東西に分裂し、大陸でゲルマン諸民族が大移動を開始すると、それに対処するためブリテン島のローマ軍は次々と本国へ引き上げたが、壊滅的な打撃を受けてしまう。ローマ支配の弱体化とともに、ピクト人、スコット人が北方から侵入してきた。ついに西ローマ帝国皇帝ホノリウスは、410年、ブリテン島の諸都市に自衛を命じ、ローマによるブリテン島の防衛を放棄し、約370年間に及ぶ「ローマン＝ブリテン」

時代は終焉を迎えた。

この間に、キリスト教がローマの軍隊や商人たちによってブリテン島へ持ちこまれ、3世紀には各地で信仰されていたが、布教の過程で迫害され殉教者も出た。ローマは信仰には寛容で、かつて反乱を起こし根強く抵抗したドルイドを弾圧した以外はほとんど干渉せず、ローマ人の多神教とブリトン人の土俗信仰は併存・融合していた。そしてキリスト教が313年ミラノ勅令によって、教会と世俗権力との融合を図るコンスタンティヌス大帝治下のローマで公認されると、この島にも広く普及するようになる。ローマ社会末期の不安や動揺、ロンドンを中心とする道路網の整備と人の移動なども、キリスト教拡大の要因であった。

帝国の翳(かげ)りが見え始めるのは五賢帝の最後の皇帝マルクス・アウレリウス死後（180）のころだが、『西部の男』、『エル・シド』の監督アンソニー・マンは『ローマ帝国の滅亡』（*The Fall of the Roman Empire*, 1964）でこの「哲人皇帝」と異民族との争い、皇帝死後の帝国内部分裂を描いた。そしてこの皇帝の息子で皇位を継いだコモドゥスと将軍マキシマスとの相克を圧倒的迫力で描いたのが、『ブレード・ランナー』、『ブラック・レイン』のリドリー・スコット（Ridley Scott）監督の『グラディエーター』（*Gladiator.* 主演ラッセル・クロウ（Russell Crowe））で、2000年のアカデミー賞を総なめにした。

アングロ・サクソンの来襲

5世紀前半ローマン・ブリテンの終焉から、6世紀末イングランドへの聖徒アウグスティヌスによるキリスト教伝道の始まりまでの約二世紀間は、イギリス史上、古代から中世への移行激動期である。この間のブリテン島の消息については、詳細はほとんど不明であり、イギリス史の「空白」、「暗黒」の時代とされている。

ローマ支配が弱まったブリテン島では、ブリトン人の諸部族が自立して小王国を形成したが、その間に、アングロ・サクソン人が散発的にではあるが、来襲した。アングロ・サクソン人とは、大陸の多地域からブリテン島の対岸地域に集結していたアングル人、サクソン人、ジュート人、フリースラント人など、西北ドイツからユトランド半島まで出身地の異なるゲルマン民族を総称したものであり、やがて彼らの侵入は5世紀前半から本格的になり、約1世紀半続いた。

アングロ・サクソン人がイングランドに定着するきっかけは、ブリトン人たちの宗主ウォルティゲルン（Vortigern）が、ピクト人やスコット人による北方からの攻撃に対抗するため、ローマと共通の政策「外民族をして外民族にあたらせる」を採用して、アングロ・サクソン人戦士たちを招いたことに始まる。彼らの来航は、当初は小規模であったが、ブリテン島の資源の豊かさに魅かれて次々に侵入するようになり、ケルト系の先住民族ブリトン人との間で闘争が生じた。その過程で形成されたのが、ブリトン人の英雄「アーサー王」伝説である。アーサー王の実在についての確証はないが、5世紀後半に勇敢な活躍をしたブリトン人の英雄戦士がいたことはほぼ間違いない。ブリトン人たちはバース近郊のバドニクス丘（Mons Badonicus. Badon Hill. Dorset の Badbury Rings）で大きな勝利を得た結果、5世紀後半から約半世紀間、外敵の脅威が去り、平安が続いたからである。

『パイレーツ・オブ・カリビアン』を製作したジェリー・ブラッカイマーが企画した『キング・アーサー』（*King Arthur,* 2004. クライヴ・オーウェン（Clive Owen）がローマ人の父とブリトン人の母の間に生まれたアーサー役）は、上記の伝説に基づいて作られた大作で、公爵夫人や『プライドと偏見』のヒロインの役で活躍が目覚ましいキーラ・ナイトレイ（Keira Knightley）演じるグウィネヴィアも従来のイメージである宮廷の美しい王妃ではなく、弓の名手であるピクト人の戦士として体を青く塗って勇敢に戦う。この二人が先頭に立ってブリテン軍を率い、サクソン軍と対決する壮絶な戦いは見ものである。

6世紀半ば過ぎに、アングロ・サクソン人の進入が再開される。彼らは自立的部族国家の成立を図り、ブリテン島東部にはイースト・アングリア王国を、ミドランズ中北部にはマーシア王国を建国し、6世紀末までには、西部のウェールズと北部のスコットランドとを除いてブリテン島の大部分を制圧した。こうして彼らは東部、中部、南部を占領し、「アングル人の土地」という意味の「イングランド」を形成していく。アングロ・サクソン人は先住のブリトン人を周辺へと排除し、構図としては、彼らの定住するイングランドと、その外側の周縁地域に住むブリトン人という形になった。

根絶はされなかったが、西へ追いやられたブリトン人たちは、コーンウォールやデヴォンまで辿り着き、さらに海を渡ってフランスのブルターニュ地方へ漂流した。このブルターニュとの面積の対比から、ブリテン島を指して「グレイト・ブリテン」と称するようになった。

イングランドの成立

7世紀初めブリテン島には約20の諸王国が乱立・競合していたが、8世紀には「7王国」が出現するに至った。7王国とは、北のノーサンブリア、東のイースト・アングリア、中央のマーシア、南のエセックス、ケント、サセックス、ウェセックスである。一時はマーシア王国が権力を拡大し、8世紀末までにはオファ王（在位757-96）が実質的にイングランドの中部、南部、南東部を支配する。彼はウェールズとの国境に193キロに及ぶ「オファの防塁（Offa's Dyke）」を築き、国内では法典を編纂し、また銀ペニ貨幣を発行して商業の発展に努めた。

次に頭角を現したウェセックス王エグバート（在位802-39）は、ブリテン島に侵入してきた新たな敵、現在のデンマーク・スウェーデン・ノルウェー辺りに定住していた北ゲルマン部族のヴァイキング族に対し、7王国をまとめてイングランド防衛に腐心した。829年、ノーサンブリア国が宗主としてエグバートを認めたとき、一人の王の下に統一されたイングランド王国が成立した。しかしながら、異なった王国の緩やかな連合国家としてのイングランド王エグバートの支配は、磐石とは言えず、中央統治機構も、ヴァイキングと戦うのに十分な訓練を受けた軍隊を徴集する組織も、整ってはいなかった。

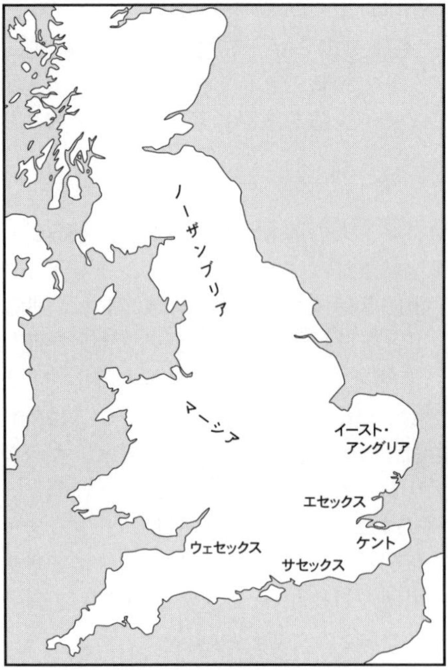

七王国地図
上記地図の国々のほかに、現スコットランドとウェールズには、ケルト系民族の国もあった

キリスト教の普及

ローマ人が支配するブリテンにおいて、すでにキリスト教は普及し始めていたが、ゲルマン的自然崇拝の信仰を持つアングロ・サクソン人の渡来によって、ブリテン島は再び異教の神々の地となった。異教下にあるイングランドをキリスト教へと改宗せしめる為に伝道師を派遣したのが、ローマ教皇グレゴリウス一世である。布教のため来島したベネディクト派修道士アウグスティヌスは、王妃がすでにキリスト教徒であったケント王エゼルベルフトに迎えられ、同王を改宗させることに成功し、カンタベリーに最初の教会堂を建て、「アングル人の大司教」として601年に叙階された。その後の伝道士たちの活躍もあって、キリスト教はアングロ・サクソン人の社会に次第に広まっていく。

一方、ブリテン島の北・西部に逃れたブリトン人の間にも、ケルト系キリスト教が普及していた。6世紀には、スコット人の修道士コルンバヌスの積極的活躍もあって、アイオナ修道院やリンディスファーン修道院を中心とした布教活動が北から進められていた。こうした中、ノーサンブリア王オズウィが召集し主宰して、664年にウィットビ（北イングランド海沿い町。フィクションだが、ドラキュラの上陸地として有名）で開かれた教会会議は、激論の末、ローマ系キリスト教を公認し、その結果、イングランド教会はローマ・カトリック世界へ組み込まれることとなった。

その後、司教区組織の整備も進み、7世紀から8世紀にかけて、南部にはカンタベリー（Canterbury Cathedral）を中心に12の司教区が、北部にはヨーク（York Minster）を中心に4つの司教区が置かれることになる。こうしてローマ系の聖職者によって、イングランドの文化や宗教の性格が決定づけられ、キリスト教への改宗は、政治的統一を推進したのみならず、イングランドをゲルマン的異教社会からローマ的ラテン文化圏へと組み込んでいった。西ヨーロッパにおいてキリスト教信仰の一つの中心地となったイングランドには、大小数百の修道院が出現することになる。修道生活の急速な発展は文化の復興を促し、『リンディスファーン福音書』に代表される繊細複雑な螺旋や織り模様の曲線を駆使した華麗な彩飾作品を生み出し、キリスト教の布教とアングロ・サクソン世界について最良の資料を提供してくれる『アングル人の教会史』の著者ベーダ（創文社及び講談社学術文庫に邦訳あり）や、フランク王国のカール大帝の宮廷で活躍したアルクィンなどを世に送り出した。

デーン人の襲来とアルフレッド大王

イングランドが8世紀のマーシア王国、9世紀前半のウェセックス王国の支配下で徐々に統一国家へと向かいつつあった時、新たな外敵、スカンディナヴィア半島を拠点とする北方ゲルマン系ヴァイキングが来襲してきた。彼らは、8世紀半ばからしばしばブリテン島を強襲し、各地で略奪を働いていた。『アングロ・サクソン年代記』に拠れば、787年にドーセット、793年にリンディスファーン修道院が、デーン人と総称されるヴァイキングによって攻撃された。

9世紀になるとデーン人はイングランドに定住を望むようになり、865年に大侵入し、これがイングランドを未曾有の混乱に陥れる序幕となった。

彼らは、海岸地方から河川伝いに内陸部まで攻め込み、イングランド東・北部を支配下に治め、ウェセックスに照準を定めた。このデーン人の侵略に対抗してアングロ・サクソン勢力を結集して徹底抗戦したのが、ウェセックス王エグバートの孫、アルフレッド大王（在位 871-99）であった。彼は、学者・立法家・戦士・国王、そして優れた統治者で、敬虔で人間味溢れ、民衆の福利を考え、勤勉かつ勇敢であった。政治と学問の両面に勤しむために時間の有効利用を心がけ、水時計を発明したとも伝えられる。

イングランド征服をめざすヴァイキングのラグラル王の息子アイナルをカーク・ダクラス（Kirk Douglas）が演じた映画 *The Vikings*（1958）は、ウェールズの首都カーディフで撮影され、リチャード・フライシャー（Richard Fleischer）がメガホンを握り、オルソン・ウェルズ（Orson Welles）がナレーターを勤めている。またアルフレッド大王とデーン人との戦いを扱った英国映画に『英国最大の戦い――アルフレッド大王』（*Alfred the Great,* 1969. 監督クライヴ・ドナー（Clive Donner）、主演デイヴィッド・ヘミングズ（David Hemmings））がある。

アルフレッド大王の活躍でデーン人を撃退し、直接の脅威は去ったが、敵を全面的に撤退させることは出来なかった。アルフレッドは平和共存の道を選び、デーン人の首長グスルムと協定を結び、彼にキリスト教の洗礼を受けさせた。さらに、886 年ロンドンを奪還すると、ロンドンからチェスターに至るウォトリング街道の北東側の地域をデーン人の支配地として認め、そこではデーン人の法慣習が行われるのを許した。イングランドのほぼ半分の面積を占めるこの土地「デーンロウ地方」では、アングロ・サクソンとは異質な言語・風習が行われることになり、イングランドの複合的性格を形成する一要素となった。

この間に、アルフレッドは諸改革を実施し、デーン人の侵攻による破壊の修復に努めた。とりわけ、壊滅的な損失を蒙った修道生活と知的文化の局面に力を注ぎ、修道院の復興や、宮廷・修道院学校の創設、法典や年代記の編纂など、学問全般を奨励し発展させた。彼の記念碑的事業の一つが『アングロ・サクソン年代記』の編纂である。これは英語で作成され、キリスト生誕から 891 年までに至るイングランドの聖俗主要事件の編年的年表で、中世前期に関して極めて貴重な資料となっている。9 世紀後半、イングランドの存亡をかけてデーン人と闘争し、その間にも価値ある知的活動を積極的に行ったアルフレットは「大王」の称号にふさわしい支配者で、中世前期イングランド史の分水嶺を画し、来るべき時代の構図を準備したのである。

後継の諸王たちは、アルフレッドの事業を継続し、「デーンロウ地方」の再征服は四分の三世紀をかけて行われた。アゼルスタン王（在位 924-39）は敵の大軍を殲滅し、統一王国を成立させ、「イングランド王」を自称した。しかし、王国統一の完成期は、エドガー王（在位 959-75）の御世である。彼は、973 年に戴冠式を挙行し、アングロ・サクソン人やデーン人双方によって「イングランド王」と認められたのみならず、スコットランドやウェールズの諸王にも、宗主として受け入れられた。戴冠式では、教会法の規定に従って、塗油の儀式と宣誓がなされた。これは王権と教会の固い結束を意味するだけでなく、王冠に神聖性と永続性とを付与する重要な儀式の、これ以後の先例となったのである。

アルフレッド大王像

村里　好俊（熊本県立大学）

【参考になる図書】

高橋博 『アルフレッド大王 —— 英国知識人の原像』 朝日選書　1993.

三井誠 『人類進化の 700 万年——書き換えられる「ヒトの起源」』 講談社現代新書　2005.

B. A. リーズ、高橋博 訳 『アルフレッド大王 —— イギリスを創った男』 開文社出版 1998.

E. S. ダケット、小田卓爾 訳 『アルフレッド大王 —— その生涯と歴史的背景』 新泉社　1977.

P. サルウェイ、南川高志 訳 『古代のイギリス』 岩波書店　2005.

七王国時代

映 画 『ベオウルフ』 *Beowulf*

監督：グラハム・ベイカー（Graham Baker）
脚本：マーク・リアヒー、デヴィッド・チャップ
出演：クリストファー・ランバート、ヴィンセント・ハモンド、
オリヴァー・コットン、ローナ・ミトラ、ゲッツ・オットーレイラ・ロバーツ
製作年（国）：1999年（英）／上映時間：94分

◆映画関連記述

中世イギリスで書かれた英雄叙事詩『ベーオウルフ』を、舞台を未来に移して描いたＳＦ・アクション・ファンタジー。テクノロジーが荒廃してしまった荒涼たる未来。どことも知らぬ最果ての地に城砦が立っていた。邪悪な怪物にとり憑かれたその城は、囚われた人々が夜な夜な怪物の餌食になっていた。そこへ現れた謎の男ベーオウルフは、ひとり敢然と恐ろしい怪物に立ち向かう。彼は永遠に邪神なものと戦わなければならない、呪われた運命を持った戦士だった。

映 画 『ベオウルフ』*Beowulf & Grendel*

監督・脚本：ストゥーラ・ガンナーソン（Sturla Gunnarsson）
出演者：ジェラルド・バトラー、サラ・ポーリー、イングヴァール・シガードソン、
ステラン・スカルスガルド
製作年（国）：2005年（カナダ・英・アイスランド）／上映時間：105分

◆映画関連記述

この映画は、大まかな筋、時代・場所設定、登場人物名などは原作とほとんど一致しているが、怪物グランデルの出自とか、謎の女性人物の登場とか、原作とかけ離れた点がいくつか見られる。ただ、映画が撮影されたアイスランドの風景が見事に原作の内容とマッチしているのが見ごたえがある。

映 画 『ブレイブ・レジェンド――伝説の勇士ベオウルフ』 *GRENDEL*

監督：ニック・リオン（Nick Lyon）

脚本：ロン・フェルナンズス
出演者：クリス・ブルーノ、ベン・クロス、チャック・ヒッティンガー
製作年（国）：2007年（米）／上映時間：86分

◆映画関連記述

ユニバーサル・スタジオがVFX満載で放つアクション・アドヴェンチャー超大作という謳い文句にあるように、アクション映画としてはそれなりに面白いし、フロスガール王がグレンデルの母「ハグ」への供物として子供を差し出していたという趣向にも味がある。しかし“new weapon”と称して「火の矢」――火炎放射器みたいなもの――が使われていることに興味をそがれる。

映　画　『ベオウルフ／呪われし勇者』*Beowulf*

監督：ロバート・ゼメキス（Robert Zemickis）
脚本：ニール・ゲイマン、ロジャー・エイヴァリー
出演者：レイ・ウィンストン、アンソニー・ホプキンス、アンジェリーナ・ジョリー、ロビン・ライト・ペン、ジョン・マルコヴィッチ
製作年（国）：2007年（米）／上映時間：115分

◆映画関連記述

デネ（デンマーク）王フロスガール（役：Anthony Hopkins）の宮殿に、夜ごとの宴の騒ぎを嫌った巨大な化物グレンデルが襲い掛かり甚大な被害を与える。間もなく、途方にくれる王とその家臣たちの前に、海の向こうから勇者ベーオウルフ（役：Ray Winstone）が14人の従士たちとともにやってくる。誇り高いベーオウルフは、栄誉のため怪物退治に名乗りを上げ、おとりとして再び宴を開くことを提案する。

ベーオウルフの叙事詩にはいくつかの奇妙な謎があるが、この作品の脚本家たちは、さまざまな解釈でそれをクリアしている。そのアイデアの最大のものは、怪物の母親役で女怪（役：Angelina Jolie）とデンマーク王を初めとして、ベーオウルフら歴代勇者の、長期に渡る性的な関係のループ構造なのだが、これは興味深い着想と思われる。

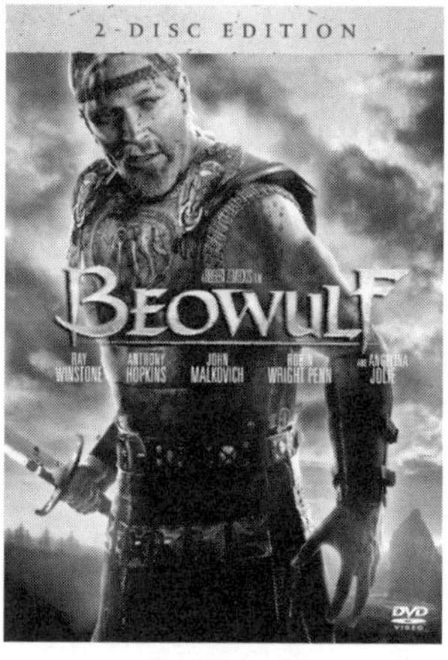

ベオウルフ／呪われし勇者　劇場版
DVD　2枚組¥3,980（税込）
ワーナー・ホーム・ビデオ

そのお蔭で、どことなく教訓めいた雰囲気が漂い、結果的に作品の風格があがった。

この映画は、実写でもアニメでもあるから、沼から現れるアンジェリーナ・ジョリーは、ボディ・ラインを際立たせるアニメキャラ体型で観客の目をひきつける。主人公ベーオウルフの筋骨隆々たる肉体もすばらしい。怪物の襲撃を待ち受ける際、「怪物は剣も鎧も持たない。それに武器を使っても怪物を退治できない。両者とも対等に戦うのだ。勝ち負けは運命が決めること」（“The Creature has no sword, no armor. And I have no weapon capable of slaying a monster. We shall fight as equals. And . . . fate shall decide.”）と叫び、いきなり服を脱ぎ出して、肉体美をさらけ出す。剣が効かなくとも鎧や下着まで脱ぐ必要はないと思うが、ともあれ、ベーオウルフはただ一人真っ裸で戦うのだ。

後半のドラゴンとの対決も見ごたえたっぷりで、ファンタジー好きの人であれば退屈することはないだろう。〈パフォーマンス・キャプチャー〉独特の奇妙な質感も、こうした想像上の話とは相性がいい。

＜映画と原作との類似点と相違点＞

激闘の末にグレンデルの腕をもぎ取ったベーオウルフはグレンデルを退治したものと確信したが、眠っている間に再び襲われ、仲間を殺されてしまう。単身怪物の洞窟に乗り込み、グレンデルの首を持って帰還し、今度こそ怪物を退治したと宣言するベーオウルフ。原作では二人の息子がいるが、映画では世継ぎのない王はベーオウルフを讃えて、自分の亡き後は彼に王国の全てを譲り、次の王とすることを宣言し、塔から海へと身を投げる。原作では、王から惜しみない賞賛と褒美を与えられた後、ベーオウルフは帰国し、やがて故国の王となる。

怪物の洞窟でベーオウルフが出会ったのは、腕をもがれてすでに息絶えたグレンデルと、その母の美しい女怪であった。ベーオウルフはその魔性の女怪に誘惑され、密約を交わす。それは、この地を治める歴代の王が交わし続けてきた呪いの密約でもあった。女怪は、王国の繁栄と引き換えに性的交わりを要求し、ベーオウルフの子供を孕む。やがてその子が強大な龍となり、王国を襲うのだ。実はわが子である龍と死闘を演じて、自らも致命傷を負いながらこれを退治したベーオウルフの後を襲って後事を託された、忠実な家臣ウィーラーフが映画の結末で海の中に見たものは、その女怪の怪しい目線であり、やがて支配者となる彼もまた、先任者と同じ運面をたどるであろうことが予見されるのである。

この結末は、一見すると、違和感があるかもしれないが、しかし、原作の第一部と第二部とに見られる〈鏡像構造〉を考えると、このいわばスパイラルな構成（この反復構造は "Retorical Patterns", "Interlace Structure", "Envelope Pattern", "Ring Composition", "Appositive Style" と呼ばれる）は、原作とうまくマッチしていると言えないことはない。また、キリスト教的色彩（例えば、ベーオウルフがグレンデルを打ち負かしたとき、フロスガール王が神に感謝の辞を述べる箇所 ". . . let the Almighty Father be thanked for this sight." trans. Seamus Heaney, ll.927-28）の強い原作に対して、映画には異教的・神話的雰囲気が漂っていることも見逃せない。

◆映画の見所

『ベオウルフ／呪われし勇者』は、過去にも何度か映画化されているこの作品を、〈パフォーマンス・キャプチャー Performance Capture〉の技術を駆使して映像化したものである。〈パフォーマンス・キャプチャー〉とは、役者の動きをコンピュータに取り込む〈モーション・キャプチャー〉を、より精密緻密にしたもので、撮影技術的には、フル CG の本作は、役者の動きだけでなく表情などの詳細な情報まで取り込める。これは、平たく言えば、実写そっくりな CG アニメ、だ。ロバート・ゼメキス監督は、04 年にサンタ・クロースを訪ねて北極へと向う『ポーラー・エクスプレス』でも、同じ技術を使っている。CG である以上、オリジナルである役者の身長や体型、年齢なども好きなように改変され、さほど違和感なく観られるくらい完成度は高い。本作のような剣と魔法の世界で、おどろおどろしい怪物と勇者の戦いを描くのであればゲーム感覚で観ていられるし、用途を限れば十分実用的である。

◆テーマ関連記述

この映画は、若き日のベーオウルフが巨人グレンデルを倒す物語と、王となり老境にさしかかったベーオウルフがドラゴンを倒すという二つのエピソードをきちんと踏襲しつつ、その背景に魔性の女怪との密約というエピソードを織り込むことで、単純な剣と魔法ものという以上の物語性が与えられている。グロテスクなグレンデルとの戦いは、やや違和感を覚える部分もあるが、後半のドラゴンとの戦いは迫力がある。ハッピーエンドで終わる映画ではないので、観客の反応は様々であろうが、新しいテクノロジーが好きだという方、剣と魔法のダークファンタジーが好きという方には打って付けの映画だろう。

『指輪物語』作者で、オックスフォード大学教授 J・R・R・トールキンは、現存する最古の英語叙事詩『ベーオウルフ』の研究者であり、自作にそのエッセンスを生かしたといわれる。

村里　好俊（熊本県立大学）

英語で書かれた最古の叙事詩『ベーオウルフ』の解説

書かれた時代の説明

『ベーオウルフ』は、古英語で書かれた3182行からなる英雄叙事詩である。古英語（Old English）とは、アングロ・サクソン人が大陸から5世紀半ばにブリテン島にもたらしたゲルマン語から派生した言語で、7世紀頃から文献に現れ、1066年ノルマンディ公ウィリアムによる征服（Norman Conquest）に至るまで、いくつかの優れた文学作品を生み出した。

『ベーオウルフ』がいつどこで作られたのかを示す外的証拠は全く存在しない。この作品には一人の作者が想定されるが、その名は不明であり、題名も19世紀に主人公の名を取って『ベーオウルフ』と呼ばれることになったのである。従来この作品の成立の地としては、当代随一の碩学ビード（Bede 673?-735）の時代のノーサンブリア王国（8世紀初頭）、次いでオッファ王（Offa ?-796）治世のマーシア王国が考えられてきた。無学な初老の牧人でありながら、神の啓示を受けて『讃美歌』を作り、その後イングランド北部海沿いの町ウィットビの女子修道院長聖女ヒルダ（St Hilda 在位657-80）の保護の下に、平修道士として神に奉仕しつつ詩作に励んだという、英国最初の宗教詩人キャドモン（Caedmon）の作品や、その流れを汲む『キリストとサタン』のような宗教叙事詩よりやや後に『ベーオウルフ』は作られたに違いないということで、一応の創作年代は、8世紀半ば頃ということになっている。

作品の舞台は、アングロ・サクソン人のブリテン島イングランドではなく、彼らの故郷というべきデンマーク、スウェーデンの一帯であり、この作品に登場する歴史上の人物から推測して、6世紀前半を時代背景としている。彼らが移住したばかりのイングランドでの出来事は、時間的空間的に身近に過ぎたので、一国の運命を左右する英雄の事跡を描く叙事詩の舞台背景としては、エッダやサガと同じくゲルマン共通の伝統に根ざした、伝説的・神話的時空を利用したのであろう。

作品の梗概

『ベーオウルフ』は、その主題と構成の面から見て、2部に大別される。第1部は、主人公ベーオウルフの青春時代の豪壮な行為を大胆な筆致で、第2部は、その50年後、彼が老境に入ってからの英雄的行為を、哀感を込めて綴っている。

『ベーオウルフ』の語りにおいては、出来事が必ずしも時間の流れに沿って叙述されるのではなく、過去の出来事が回想的に述べられたり、将来起こるべきことがほのめかされたりもする。その上、随所に脇筋や挿話が盛り込まれることもある。事件や人物についての語りと描写は、選択的・省略的であり、飛躍に富む。

序 詩

「いざ、聴き給え」という定型的な叙事詩の吟唱から始まるこの箇所では、悲惨の底にあるデネ（Dene、デンマーク）を救い、定命尽きて葬送の船に載せられ何処ともなく漂っていくデネの中興の祖シュルド（Scyld）の運命が描かれる。このシュルドの船葬と詩の末尾におけるベーオウルフの火葬とは、この悲劇的な英雄叙事詩の「枠」をなす。

第１部A「ベーオウルフと怪物グレンデル」

シュルドから数えて５代目に当たるデネの王フロースガール（Hrothgar）は、典型的ゲルマンの君主で、剛勇よく四隣を従えたが、従順な家臣には褒美として宝物を与え、しばしば祝宴を催した。あるとき、豪壮な宮殿の造営を思い立ち、ヘオロット（Heorot、牡鹿館）と命名し、それを祝して連日連夜の酒宴を張った。

間もなく、弟殺しの罪で神に追放されたカインの末裔として人里離れた荒野に棲むグレンデル（Grendel）という怪物が、館の歓楽を妬んで、ある晩、警護の家臣らが寝静まった頃にこれを襲い、30名の家臣を殺して喰らう。この恐怖のため、夜の帳（とばり）が下りると館には誰一人留まる事が出来なくなり、12年の歳月が経過する。

デネの隣国イェーアト（Geats、スウェーデン東部の地方）の王ヒイェラークの甥である、30人力の若き勇士ベーオウルフがその噂を伝え聞き、14人の部下を引き連れてはるばる海を渡り、救援に赴く。王の館に案内された一行を、フロースガールは、かつてベーオウルフの父を援助した縁もあって、大いに歓迎し、酒宴を設け、父の思い出を語り、自らの悩みを打ち明け、伶人に歌わせて興を添える。やがて宴がはねると、ベーオウルフは部下たちと共に館の警固に当たることになるが、グレンデルが武器を使わないと知ると、彼は甲冑を脱ぎ捨てて、「力業で勝負しよう」と言い、部下たちがみな眠りに落ちた後も、一人目を醒まして怪物の到来を待つ。

夜も更けた頃、常のごとく、グレンデルは霧に覆われた沼地を出て館に押し入り、眠っていた従者の一人を捉えてこれを食い殺す。ベーオウルフは、怪物と激しい一騎打ちになる。勇士はついに怪物の片腕をもぎ取り、瀕死の重症を負った敵は、血を滴らせながらおのが棲み処へと逃げ去る。翌朝、怪物のもぎ取られた腕は、戦利品として館の屋根の下に飾られ、事の首尾を知ったフロースガール王は、これまでの苦悩から救われたことを神に感謝し、この偉業を成し遂げた勇士を称えて褒美の品を与え、手厚く持て成すための酒宴を催す。

第1部B「ベーオウルフとグレンデルの母」

しかし、その夜、ふたたび恐るべき事件が起こる。グレンデルの母なる女怪が息子の復讐のためにヘオロットの館に襲来し、慣例に従って館に詰めていた王の寵臣アシュヘレを、吊るされていたグレンデルの腕と共にさらっていき、これを食い殺したのである。王は愕然として、ふたたび怪物退治をベーオウルフに依頼する。悲しみの王に案内されて、怪物の棲む恐ろしい沼地へと赴いたベーオウルフは、甲冑に身を固め、名剣フルンティングを手にして、ただ一人沼に躍り込む。沼の底へと潜っていくうちに、それと知った女怪が彼を迎え撃ち、水底の洞窟で格闘となる。鎖鎧のお蔭で命拾いをした勇士は、壁に懸かっていた霊剣を利用して、かろうじて女怪を倒し、グレンデルの首を切り落として、水面に浮かび上がる。頭領の運命に絶望し、ひたすら安否を気遣っていた従者たちは、大いに喜んでこれを迎え、意気揚々とヘオロットの館に引き揚げる。

フロースガール王は、またもや祝宴を張り、若き英雄ベーオウルフに向って王者たるべき者の心得として、世の栄華には終わりがあることを銘記し、心の奢りを自戒するように教え諭す。大いに面目を施したベーオウルフとその一行は、褒賞を賜り、別れを惜しみつつ、やがて帰国の途に着く。故国の王ヒイェラークはベーオウルフとその従者たちを喜び迎えて、この度の遠征の首尾を尋ね、勇士はこの間の出来事の一部始終をつぶさに語り尽くすと、先祖伝来の宝剣と共に広大な領地・邸宅を与えられる。

第2部「ベーオウルフと怪龍」

その後、戦乱が起こり、ヒイェラーク王も、その跡を継いだ若きヘアルドレード王も戦死し、ベーオウルフが王位につく。彼は50年の間、首尾よくこの国を統治したが、ここでまた恐ろしい出来事が起こる。夜ごとに現れて国土を荒らす火龍のせいである。この龍は、荒地の丘の洞窟に隠された宝物を守っていたのだが、眠っている間に一人の奴隷が忍び込み、珠玉をちりばめた酒盃を盗んだので、その復讐として、夜ごとに炎を吐いて人里を襲ったのである。たまりかねたベーオウルフ王は敢然とこれと戦う決意を固め、11名の従者を率いて龍退治に向かう。

この度は、グレンデルの場合とは違って、ベーオウルフは甲冑に身を固め、従者たちを丘に待たせて、単身龍に向かって進み行く。人間の近づくのを知った龍は、とぐろを巻き、火を吐きながら襲ってくる。ベーオウルフは古来の名剣を振り上げて龍を切りつけるが、輝く刃も、この怪物の骨に当たっては、もろくもこぼれてしまう。龍の吐き出す火焔の勢いは物凄く、ベーオウルフは窮地に陥り、従者たちは恐れて森の中へ逃げ込む。ただ一人、若き勇者ウィーラーフが踏み留まり、剣を抜いて主君を救おうとする。これに力を得た王は、焔の下をかいくぐって龍に迫り、悪戦苦闘の末に龍の腹部を切り裂きこれを倒すが、自らも首に鋭い爪を立てられ致命傷を負う。

死期の迫るのを悟ったベーオウルフは、自分の亡き後は遺骸を荼毘（だび）に付し、後の世まで国民が自分のことを思い起こすように、海を見渡す「鯨岬」に大きな塚を築いて葬るように命ずる。こうして、ベーオウルフの霊魂は、ついに肉体を離れ、正しき者の裁きを求めて去っていく。そして、遺言に従って、その火葬が厳かに執り行われる。まず、薪をうずたかく積み上げ、その回りに甲冑・楯などを吊り、亡骸を中央に安置して、火を点じる。やがて焔は燃え上がり、黒い煙が立ち昇る。かくて人々の嘆きのうちに、英雄の「骨の館」（肉体）は燃え落ちる。この灰を囲んで見事な塚を作り、龍の洞窟から運び出した宝物をその中に収める。この塚は崖の上に高く聳えて、船人らにも遠くから望まれる。12 人の貴公子たちは、馬を駆りつつその回りを廻り、亡き王の高貴な心映えと雄々しい勲を、言葉を尽くして誉め称える。

村里　好俊（熊本県立大学）

（日本語表記として、ベオウルフとベーオウルフの 2 種類があるが、叙事詩の説明文ではベーオウルフに統一した）

【参考になる図書】

忍足欣四郎 訳 『中世イギリス英雄叙事詩　ベーオウルフ』 岩波書店　1990.

苅部恒徳 『「ベーオウルフ」の物語世界：王・英雄・怪物の関係論』 松柏社　2006.

Heaney, Seamus (tr.), *Beowulf: A New Verse Translation.* London: Faber and Faber, 1999.

Tolkien, J. R. R., *"Beowulf:* The Monsters and the Critics", *The Proceedings of British Academy,* XXII, 245-95. Oxford UP, 1936.

アーサー王

映　画　**『エクスカリバー』　*Excalibur***

監督：ジョン・ブアマン（John Boorman）

脚本：ロスポ・パレンバーグ、ジョン・ブアマン

出演：ナイジェル・テリー、ヘレン・ミラン、ニコラス・クレー

製作年（国）：1981 年（米）／上映時間：140 分

映　画　**『キャメロット』　*Camelot***

監督：ジョシュア・ローガン（Joshua Logan）

脚本・歌詞：アラン・ジェイ・ラーナー

出演：リチャード・ハリス、バネッサ・レッドグレーブ、フランコ・ネロ

製作年（国）：1967 年（米）／上映時間：180 分

映　画　**『トリスタンとイゾルデ：あの日に誓う物語』**
Tristan + Isolde

監督：ケビン・レイノルズ（Kevin Reynolds）

脚本：ディーン・ジョーガリス

出演：ジェームズ・フランコ、ソフィア・マイルズ、ルーファス・シーウェル

製作年（国）：2006 年（米）／上映時間：126 分

◆原作情報

原作名：『アーサーの死』*Le Morte D'Arthur*（創作年：1470 年頃）

著者名：サー・トマス・マロリー　Sir Thomas Malory

【関連情報】サー・トマス・マロリーの作品は、アーサーの誕生から死までを扱った「流布本物語」（作者不詳。12 ～ 13 世紀にフランス語で創られた）と総称される 5 つの散文ロマンスを翻案したものであるが、その他にも頭韻詩『アーサーの死』など、イングランドに伝わる作品をも材源とし、様々な形で伝えられていたアーサー王にまつわる物語の集大成といえる。作者マロリーについては不明な所も多いが、ウォリックシャー出身の騎士で、牢屋でこの作品を書いた。1485 年、イングランド初の出版業者ウィリアム・キャクストンが印刷・出版した。なお、『キャメロット』の原作は T・H・ホワイトの『永遠の王』（*The Once and Future King,* 1958）である。

◆映画関連記述

『エクスカリバー』より

映画『エクスカリバー』では、タイトルが示すように、魔法の剣エクスカリバーが重要な役割を果たし、アーサーの王国の盛衰と深く関わっている。

アーサー（役：Nigel Terry）の父であるウーサー王は、死の間際、自分が王位につく時に湖の乙女と呼ばれる湖の精から授けられたエクスカリバーを石に突き刺した。この剣は、王に相応しい者にしか抜くことができず、少年アーサーがこの剣を抜くまで、王不在の状態が十数年間続いていた。

アーサーの出生には魔術師マーリンが関わっている。ティンタジェル公の美しい妻イグレーンに横恋慕するウーサーは、マーリンの魔法でティンタジェル公の姿に変身、イグレーンと一夜を共にし、アーサーをもうけた。また、魔法をかける際、マーリンの望みを叶えることが条件だったのだが、それは、生まれた子を彼に委ねるというものであった。アーサーは、マーリンからエクター（ウーサーの騎士のひとり、アーサーの養父）に託され、出自を知らされずに育ったが、ある馬上槍試合の日にエクスカリバーを石から引き抜き、王位に就く。しかし、ゴール（レゲットともされる）の国のユリエンス王をはじめ、彼の王位を認めない者も多く、戦いとなるが、反乱軍を押さえ込み、国を統一。その証として円卓（the Round Table）を作る。この円卓は、上座も下座もなく、皆が平等であることを示すために作られたものである。

国を平定すると、アーサーが剣を抜いた直後から味方となっていたレオデグランス王の娘グエネビア（役：Cherie Lunghi）と結婚、王国は繁栄する。だが、結婚式の直前にグエネビアはランスロット（役：Nicholas Clay）と出会い愛し合うようになっていた。後にこの関係がアーサーに知れると、繁栄に陰りが出る。王は、森の中で寄り添って寝ているふたりの間にエクスカリバーを突き刺し、剣を捨ててしまう。このことで国も王も衰弱していく。そのような状況を打破するため、最後の晩餐で用いられたとも、処刑された時のキリストの血を受けたとも言われる聖杯（the Holy Grail）の探求に騎士たちは出かけるが、過酷な旅で多数が命を落とす。また、常にアーサーの邪魔をしようとする、異父姉の妖妃モーガナ（役：Helen Mirren）の策略にかかる者もいて、ほとんどの騎士が聖杯の探求に失敗した。しかし、ついにパーシヴァルが成功、聖杯を持ち帰ると、王と荒れ果てた土地が回復する。

『キャメロット』より

また、モーガナのたくらみによって、彼女とアーサーとの間に生まれたモードレッドが、王位を求めてアーサーの元に現われ、反乱を起こしていた。回復した王は、グエネビアが保管していたエクスカリバーを取り戻し、モードレッドとの戦いに挑む。両軍ともほとんど壊滅状態になり、最後に相打ちとなって、アーサーはモードレッドを殺し、彼自身も致命傷を受ける。戦いの後、パーシヴァルによってエクスカリバーは湖の乙女に戻され、アーサーは三人の乙女に小舟で連れて行かれるのであるが、その死ははっきりとは語られない。映画では言及されていないが、アーサーが小舟で連れて行かれた先は異界であるアヴァロン島だとされ、そこで傷を癒していて、危機的状況に陥った時には、いつでも戻ってきて自分たちの民族を救ってくれるのだとケルト系の人々は信じている。

本作品は比較的丹念に原作の流れを辿っているが、それでも、原作との異同は少なくない。例えば原作では、国の衰退と聖杯の探求は関連付けられていない。しかし、別の聖杯の物語では、聖杯を司る漁夫王が槍で傷を負わされ、土地も荒廃するが、聖杯探求の成就によって王の傷も土地も回復する。映画では、原作とは別の物語をうまく取り入れているのである。また、原作では、モードレッドの母はモーガナの姉で、アーサーにとってはもうひとりの異父姉であるモルゴースとなっている。

アーサーや円卓の騎士を題材にした映画は多い。物語の起源を広く知られたケルトではなくスキタイとし、アーサーはサルマティア人だったとする説に基づいた『キング・アーサー』(*King Arthur*, 2004)。この作品でアーサーは、ローマ軍の司令官としてサクソン人と戦い、ブリテンの王となる。また、マーリンを主人公とする『エクスカリバー：聖剣伝説』(*Merlin,* 1998。続編『エクスカリバーII:伝説の聖杯』[*Merlin's Apprentice,* 2005])、モンティ・パイソンによるパロディ『モンティ・パイソン・アンド・ホーリー・グレイル』(*Monty Python and the Holy Grail,* 1975) など様々である。中でも出色なのは、『マイ・フェア・レディ』のジョシュア・モーガン(監督)とアラン・ジェイ・ラーナー(脚本・歌詞)とが再び手を組み、ミュージカル映画に仕立てた『キャメロット』であろう。最近では、『トリスタンとイゾルデ』が映画化された。コーンウォールのトリスタンは、戦いで毒を塗った剣で重症を負う。アイルランドのイゾルデが治療、介抱したことがきっかけで、ふたりは愛し合うようになるのだが、イゾルデは、トリスタンの育ての親、マーク王と結婚しなければならなくなった。ふたりは、互いのことが諦められず、不倫関係となる。そのことが、マーク王の国を窮地へと追い込み、敵に隙を与える。最終的には、トリスタンが敵を倒すのだが、彼自身も負傷して死んでしまうというのが映画のストーリーである。この映画には登場しないが、トリスタン物語と言えば、愛の媚薬が有名で、二人が離れられない関係になるのは、誤って媚薬を飲むからである。この物語は中世から人気があり、マロリーに先立ち、トマ がフランス語で（1175 年頃)、そしてゴットフリート・フォン・シュトラースブルクがドイツ語で（1210 年頃)、共に『トリスタン』という題の長編物語詩を残している。ワーグナーの楽劇（1865 年初演）によって、アーサー王物語群の中でも際立って有名である。

◆映画の見所

映画の中でアーサーは、石に刺さったエクスカリバーを抜くことで王となる。元々エクスカリバーは、石に刺さった剣ではなく、湖の乙女から授けられる剣とされていた。このふたつの剣の混同は、中世後期に見られるようになり、マロリーの原作では、エクスカリバーは二本存在している。この点、ブアマン監督は、ウーサー王が湖の乙女からエクスカリバーを授けられ、石に突き刺すということで、矛盾点を解消している。映画では剣自体に重要な意味があるが、原作では、鞘の方に価値があり、この鞘を身につけていると、傷を負っても血を流すことがないとされている。

◆テーマ関連記述

アーサー王は、イギリスのみならず、ヨーロッパでは良く知られている。しかしながら、現代の歴史書にアーサーの名は登場しない。記録がなく、実在性が曖昧なためである。ただ、5 世紀末から 6 世紀初頭、ブリテン島に定住していたケルト系ブリトン人と侵入してきたアングロ・サクソン人との戦いで、一時ブリトン側を優勢に導いた戦闘指揮官がモデルではないかと言われている。9 世紀にウェールズ出身の修道士だったと考えられているネンニウスが書いた『ブリトン人の歴史』に、この戦いとおぼしき「ベイドン山の戦い」の記述があるが、残念ながら、同時代の文書による記録は現存していない。文字を嫌ったケルト系の人々は、英雄の功績を口承で伝えていった。やがてその指揮官はアーサーと呼ばれるようになり、口伝えされていくうちに王に「昇格」、伝説化した。

9 世紀以降、アーサーの名前は、ネンニウスの作品を含むいくつかの歴史書や年代記などに登場するものの、現存する資料の中で、王としての生涯が初めて描かれたのは、ジェフリー・オブ・モンマスの『ブリタニア列王史』（*Historia Regum Britanniae,* 1136）である。この作品は後の中世騎士道物語の作者たちに多大な影響を及ぼした。ところで、原題のラテン語 “historia” は、英語の ‘history’ と ‘story’ の語源である。このふたつの語には、近世に至るまで、厳密な区別はなかった。中世の ‘history’ は、根拠・資料に基づく現代の「歴史」とは異なるのであり、ジェフリーの作品も、今日の意味での歴史書とは言えない。

後に、円卓の騎士達の活躍も語られるようになる。12 世紀半ば、宮廷詩人クレティアン・ド・トロワは、フランス語で、アーサーの宮廷に集う騎士達の物語を詩にし、聖杯探求のエピソードを加えた。アーサー王の物語は、12 世紀以降、宮廷風恋愛や作品の創られたそれぞれの時代背景を取り込みながら、主にフランス語、そしてドイツ語などで語られていった。関連情報で触れた「流布本物語」もそのひとつである。頭韻詩『アーサーの死』など、英語で語られるようになるのは、14 世紀になってからのこと。1066 年のノルマン人のイングランド征服以降しばらくの間、宮廷で使われる言語がフランス語だったためである。そして、15 世紀後半、サー・トマス・マロリーが、様々な形で伝わっていたアーサーと円卓の騎士達の物語を集大成した。彼が後世の作家たちに及ぼした影響は絶大で、『キャメロット』の原作者Ｔ・Ｈ・ホワイトもそのひとりである。

歴代のイングランド王たちは、アーサー王を政治に利用した。イングランド南西部にあるグラストンベリ修道院には、アーサーの墓なるものがある。12 世紀、魂の生まれ変わりを信じるブリトン人たちがアーサー再来をスローガンに、度々反乱を起こし、時の王ヘンリー２世は手を焼いていた。彼らの期待を砕き、反乱を起させまいとしたヘンリーと、財政難に苦しみ、巡礼者獲得を期待した修道院との利害が一致し、アーサーの墓が捏造されたのである。そのため、マロリーの作品でアーサーは、傷を癒しに小舟でアヴァロン島へ向かうものの、最後に墓に関する言及もある。また、15 世紀末には、ヘンリー７世が、自らの王位継承の正当性を裏付けるために、祖先がウェールズ出身であることから、アーサーに遡る家系図を作っている。

青木　美奈（白百合女子大学　非常勤講師）

【参考になる図書】

青山吉信　『アーサー伝説：歴史とロマンスの交錯』　岩波書店　1985.

リチャード・バーバー、髙宮利行 訳　『アーサー王：その歴史と伝説』　東京書籍 1983.

Dean, Christopher. *Arthur of England.* U of Toronto P, 1987.

Malory, Sir Thomas. *The Works of Sir Thomas Malory.* Ed. Eugène Vinaver. Rev. P. J. C. Field. 3rd ed. 3 vols. Clarendon P, 1990.

第 2 章
中世前期

1066 年　ノルマン人の征服、ノルマンディ公ギョームがウィリアム 1 世として即位（ノルマン朝）
1154 年　ヘンリー 2 世即位（プランタジネット朝）
1170 年　カンタベリー大司教トマス・ベケット、大聖堂内で殺害さる
1185 年　■壇ノ浦の戦い
1189 年　獅子心王リチャード 1 世即位、翌年第 3 回十字軍に参加
1192 年　■源頼朝、鎌倉幕府を開く
1199 年　ジョン王（失地王）即位、その後 5 年間で北フランス国内の領土を喪失
1213 年　ジョン王、イングランド全土をローマ教皇に献上
1215 年　ジョン王、大憲章（マグナ・カルタ）を承認
1221 年　■承久の乱
1224 年　■北条泰時による執権政治（-42）
1277 年　エドワード 1 世、ウェールズへの本格的攻撃を行い、国王直轄地とする（-84）
1297 年　スターリング・ブリッジの戦い、ウォレスのスコットランド軍勢イングランド軍に勝利
1298 年　フォルカークの戦い、ウォレス軍退却
1301 年　エドワード 1 世の長子エドワード、プリンス・オブ・ウェールズの称号を受ける
1305 年　ウォレス逮捕、ロンドンで処刑
1314 年　ロバート・ブルースのスコットランド軍、エドワード 2 世のイングランド軍に勝利
1337 年　エドワード 3 世のフランス王位継承権をめぐりフランスとの百年戦争始まる
1338 年　■足利尊氏、征夷大将軍に任ぜらる
1360 年　カレー条約締結（フランス国内の全アキテーヌ、カレーと周辺、ポンテュー伯領、ギーヌ伯領を獲得）
1377 年　リチャード 2 世（祖父エドワード 3 世の王太子）、10 歳で即位
1381 年　人頭税に反対しワット・タイラー率いる農民一揆、ロンドンを占拠
1399 年　ヘンリー 4 世即位（ランカスター朝）

（本書では王の跡継ぎは皇太子ではなく王太子と表記します）

ヘンリー2世

映　画『ベケット』 ***Becket***

監督：ピーター・グレンヴィル（Peter Glenville）

脚本：ジャン·アヌーイ、ルシェンヌ・ヒル

出演：リチャード・バートン、ピーター・オトゥール、ジョン・ギールグット

製作年（国）：1964年（米・英）／上映時間：148分

◆原作情報

原作名：『ベケット』 *Becket ou l'honneue de Dieu*（*Becket or The Honor of God*）（1959）

著者名：ジャン・アヌーイ（Jean Anouilh）

【関連情報】 トマス・ア・ベケットと国王ヘンリー２世の間の闘争の様子（1170年のベケットの殺害まで）を描いたフランス語の戯曲。ベケット役にローレンス・オリヴィエ、ヘンリー２世役にアンソニー・クィンを配し、ピーター・グレンヴィルによる演出により、1960年10月５日にブロードウェイのセント・ジェイムズ劇場で初演された。翌1961年には演劇作品賞を含む４部門でトニー賞を獲得。

映　画『冬のライオン』 ***The Lion in Winter***

監督：アンソニー・ハーヴェイ（Anthony Harvey）

脚本：ジェームス・ゴールドマン

出演：ピーター・オトゥール、キャサリン・ヘップバーン、ティモシー・ダルトン、アンソニー・ホプキンス、ジョン・キャッスル、ナイジェル・テリー、ジェイン・メロウ

製作年（国）：1968年（英）／上映時間：134分

◆映画関連記述

一番目の映画のタイトルである『ベケット』（*Becket*）とは、イングランド国王ヘンリー２世（在位1154-89）に大法官（尚書部長官）として仕えたトマス･ア･ベケット（Thomas à Becket）を指し､『クレオパトラ』（1963、主役:エリザベス・テーラー）でマーク･アントニーを好演した名優リチャード・バートン（Richard Burton）が演じている。ベケットは、王の傀儡としてはたらくことを期待されてカンタベリー大司教に指名される。だが、し

だいに教会の利益を代弁するようになる彼と王との間に確執が生じ、ついに1170年12月29日、王の刺客として差し向けられた4人の騎士たちによってカンタベリー大聖堂の内部で殺害された。ちなみに、この出来事を題材にT. S. エリオット（1948年ノーベル文学賞受賞）は詩劇『寺院の殺人』（*Murder in the Cathedral*, 1935）を書いた。

二番目の映画のタイトルである『冬のライオン』（*The Lion in Winter*）とは、ヘンリー2世の晩年の姿を指し、『ベケット』でも同役を演じたピーター・オトゥール（Peter O'Toole）が好演している。ヘンリー2世は、北はスコットランドとの境界、南はピレネー山脈、それにフランスの西半分までもの広大な領土を治めたプランタジネット王朝初代の王である。だが、ライオンのごとく狡猾な雄雄しさで王権を維持しているヘンリー2世には心を許せる者が一人もいない。この映画の中では名前が言及されるだけで実際に登場することはないロザモンド（王のかつての愛人で、王妃に毒殺された美女）やベケット（王のかつての親友で、刺殺されたキリスト教の殉教者）は既にあの世へと旅立っている。いずれは自分の身にも運命の日が訪れることを賢明にも自覚しているヘンリー2世は、映画の冒頭近くで、3人の娘たちに王国を分割委譲しようとして失敗したリア王の愚行にふれる。そして、リア王と似て3人の息子たち――リチャード（役：Anthony Hopkins）、ジェフリー（役：John Castle）、ジョン（役：Nigel Terry）――がいる自分は、その轍を踏まぬよう、ジョン1人だけを後継者にするつもりなので、心配には及ばぬという趣旨のことを言う。すなわち、「わしは伝説のリア王と似通っておる。王国と愛する子を3人持ち、老齢だ。違う点は――彼は領土を分割したが、わしは王国を存続させる。イギリス全土とフランス半分の我が王国はジョンが継ぐ」（“As a legend of a King called Lear, with whom I have a lot in common. Both of us have kingdoms in three children we adore and both of us are old near its ends. He cast his kingdom into bits, I can't do that. I

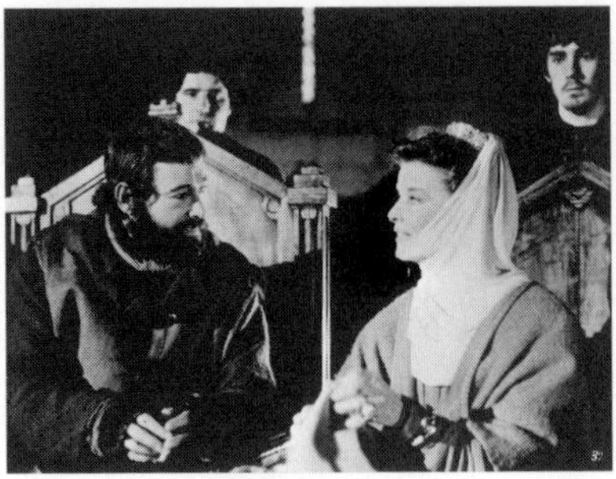

『冬のライオン』より

ベケット殉教の場

built an empire, I must know it's going to last. All of Britain, half of France, and greatest power in a thousand years after me comes John.")と。だが皮肉にも、かつて王に対する暗殺計画を企てた廉で幽閉されている王妃エレノア(役:Katherine Hepburn)との不仲ばかりか、王権を巡って陰日なたで駆け引きを繰り広げる3人の息子たちの愚かさまでもが顕在化する。クリスマス・イヴに夫と息子たちの所へ訪問の許可を得て訪れた威厳ある女丈夫のエレノアの入れ知恵により、息子たちが密かにフランス王フィリップ(役:Timothy Dalton)と手を結んで反乱を起こすに至るまでの動きを、この映画は詳細に描く。こうした身内の裏切りに遭う王の苦悩は、その後、1189年に絶望のうちに死の床を迎えるまで続くこととなる。

◆映画の見所

『ベケット』はヘンリー2世が颯爽と馬に乗って売春宿から朝帰りをするシーンで始まる。ベケットはこのように遊び好きな王と行動を共にする親友かつ最も信頼できる家臣である。ベケット役のバートンは、出世の階段を上り順風万帆な人生を送るかと思われた寵臣が、カンタベリー大司教に任ぜられてから以降、イングランドにおけるカトリック聖職者の頂点に立つ自身の職務を忠実に履行しようとすれば、王の信頼を裏切らざるを得なくなるというジレンマを見事な演技で見せている。彼のことを愛しながらも、怒りに任せて抹殺命令を下すに至るまでのヘンリー2世の逡巡と苦悩を表現するオトゥールの演技も見所である。他方、『冬のライオン』では、どの息子を信頼してよいのか迷い、後継者を定めることができない苦悩を抱えた王を表現するオトゥールの孤独な演技が、蜜月関係にある愛人アリース(役:Jane Merrow. フランス王フィリップの異母姉)とのロマンス、クリスマスの期間だけ幽閉を解かれる王妃エレノアとの口論、彼の三人の息子たちとの剣を交えての喧嘩、フランス王フィリップとのレトリックに満ちたやりとりから浮かび上がってくる。

◆テーマ関連記述

ヘンリー2世は軍制改革と行政改革、それに、司法改革を見事に成功させ、王権の統制力を強めたイングランド国王である。彼は1166年に家臣たる諸侯に対し一斉に行った調査によって王への忠誠宣誓をさせ、軍役代納金(軍役免除を望む家臣が払う一定率の貨幣)による収入をもとに傭兵隊を組織し、また、各州の州長官職など、有力貴族たちの手に渡って不正の温床となっていた地方官職の多くを廃止する代わりに宮廷の役人を地方へ送り込んで中央集権化を進めた。これら軍制・行政上の内政基盤の強化とほぼ時を同じくして、国王裁判権の拡張も進められた。土地に関するもめごとを専ら扱う領主裁判所で裁判の遅延が目立っていたことは、上級法廷たる国王裁判所の権限を拡張する絶好の口実となった。王は国王裁判所に上げられた訴訟の審議に際し、事件発生地の住民代表者が事実認定を行って事の真偽を立証するという陪審制を採用し、祖父のヘンリー1世が始めた巡回裁判も復活させた。これらの司法改革により、国王裁判所は全国土を管轄することとなった。また、裁判自体に住民代表者が陪審として加わる国王裁判所は、「全国に共通の法」（common law）の成立を促した。

ここで少し余談を。映画『ベケット』冒頭で親友であるベケットと共に買春宿を後にするヘンリー2世は、このような政治的手腕にたけた君主であるばかりか、色恋に熱心な中世の君主でもある。最も有名な愛人は『冬のライオン』で何度か名前が上がるロザモンドという美女で、嫉妬に狂った王妃エレノアの手によって毒殺されたとされる。ちなみに、ヘンリー2世とロザモンドの恋という題材は、ジョン・バンクロフトの『イングランド王ヘンリー2世とロザモンドの死』（*Henry II, King of England with the Death of Rosamond*, 1693）が17世紀末ロンドンの劇場で演じられ、18世紀に入るとジョゼフ・アディソンのオペラ『ロザモンド』（*Rosamond*, 1707）が上演されるというふうに、好んで劇化された。

さて、本題に戻ろう。軍制・行政・司法改革を推進する一方で色恋に励むことも決して忘れないヘンリー2世にとって最も厄介な二つの問題、「宗教と政治の対立」と「王位継承」とが、映画『ベケット』と『冬のライオン』で、それぞれ前景化される。

『ベケット』の冒頭には、対フランス戦争継続にかかる資金を出させようと、王が教会に脅しをかける重要なシーンが配されている。ヘンリー2世が国王裁判権の大幅な伸張を試みたことについては既にふれたが、抜け目のない彼は更に、教会裁判権に対する優位——特に聖職者に対する国王裁判所の裁判権——を獲得するため、大司教シオボルトの死に伴い空席となったカンタベリー大司教の位に目をつけた。王は後任の大司教にふさわしい人物としてベケットを推薦することを思いついたのである。王はこの懐刀を通じて、教会を思いのままに操ろうと目論んでいたのだ。

大法官（尚書部長官）の職に就いて程ない頃のベケットは、世俗的な権力たる王権とローマ教皇を頂点とした聖なる宗教権力たる教皇権とを全く別の権力と捉えていた。映画の中でベケットは、居並ぶ高位聖職者を蔑むような素振りで、イングランドを一艘の船、王をその船長にたとえながら、教会といえども世俗のことは世俗の最高権力である王権に従うべきだという趣旨の見解を堂々と主張する。

だが、1164年1月にイングランド南西部のクラレンドンで開かれた会議で、王とベケットとが袂を分かつ出来事が起きる。ヘンリー2世の祖父ヘンリー1世の時代に存在した教会と国家の関係に関する「慣習」を陪臣審問（インクエスト）によって確立した法（いわゆるクラレンドン法）を司教団に示し、確認を求めたところ、あろうことかベケットだけが断固として拒んだのである。最も有能な部下であると王が心底信頼しきっていた男は、かくして大司教の職責を全うするという宗教的信念を貫き、ヘンリー2世と対立する道を選ぶ。映画では、王の申し出を何度も頑なに固辞しつつもカンタベリー大司教の座に就くシーン、そして、王の家来たちによって逮捕された教会関係者が逃亡しようとしたために殺されてしまうという事件が引き金となって、ベケットがヘンリー2世との絆の象徴である大法官（尚書部長官）の指輪を王に返納するシーンが、ベケットに課せられた定めの酷さ——王とベケットが進む二本の異なる道は決して交わらぬということ——を印象づけるのに一役買っている。

映画『冬のライオン』は、ヘンリー王の3人の息子たちが王権を巡って陰謀を繰り広げる王の晩年を描く。王は、1183年クリスマスのシノン城で、美女アリースを愛人として囲い、領土返還の約束を履行するよう迫るフランス王フィリップを若造扱いして相手にせず、王妃エレノアが溺愛するリチャードに将来の王権移譲を約束する交換条件として、王妃領（フランス南西部のアキテーヌ公領など）を委譲するとの誓約書に署名を迫り、愛人たるアリースをリチャードと形式的に結婚させようとする素振りを見せ、王妃エレノアとの離婚を認めさせるためにアリースを連れてローマ教皇のもとに出向くと豪語し、父親に刃を向けたリチャードに怒りの剣を稲妻のごとく振り下ろし…という風に本心を隠しながら、孤独な一人芝居を続けている。確かに、王は広大な領土を保有し、見事な政治的手腕によって数々の改革を成功させてきた。だが、晩年には、血を分けた親子による激しい骨肉の争いだけが待ち構えていたのである。

大和　高行（鹿児島大学）

【参考になる図書】

Jones, Thomas M., “Henry II in Drama: Changing Historical Outlooks”. *Comparative Drama* 12. 1978, pp. 309-25.

ジョン王

映画 『アイバンホー』 *Ivanhoe*

監督：スチュアート・オーム（Stuart Orme）
脚本：デボラ・クック
出演：スティーヴン・ウォディントン、ヴィクトリア・スマーフィット、
　スーザン・リンチ、クリストファー・リー
製作年（国）：1997年（英）／上映時間：300分

◆原作情報

原作は、スコットランドの小説家サー・ウォルター・スコット（1771-1832）の作品『アイヴァンホー』（1819）である。この作品は、12世紀の中世イングランドを舞台に、リチャード1世とその弟ジョン王の王権争いという史実を背景に、騎士アイヴァンホーや伝説的英雄ロビン・フッドなどを巧妙に絡ませながら勧善懲悪を描いた有名な歴史小説（historical novel）で、大変な人気を博した。

◆映画関連記述

この映画は、BBC（British Broadcasting Corporation 英国放送協会）が制作した長編テレビ映画である。物語は、1192年にイングランド王リチャード1世が聖地からの帰路、オーストリアの捕虜となり、弟ジョンがその身代金を支払わないことでリチャード王の帰国を妨害していたという設定で始まる。イングランドは、1066年に大陸から侵攻したノルマン人にヘイスティングズの戦いで敗れて征服され（Norman Conquest）、ノルマンディ公ギョームが、ウィリアム1世（在位1066-87）として戴冠して以来、ノルマン人がイングランドの王座に就いていた。それ以前にこの地を治めていたのは、アングロ・サクソン人たちだった。アイバンホーの父セドリックはサクソン王朝の末裔で、アングロ・サクソン人をノルマン人から解放するために、彼が後見するサクソン系のロウィーナ姫をサクソン王家の血を引くアセルスタンに政略結婚させ、勢力を増そうとしていた。アイバンホーは彼女を愛していたが、それを知った父セドリックは、彼をロウィーナ姫から遠ざけるため勘当した。そして、アイバンホーは、リチャード1世（在位1189-99）が率いる第3回十字軍（1190）に加わり王の忠臣となるが、巡礼者に扮して秘かに故郷にもどる。

リチャード王が不在のあいだ弟ジョンは、あたかも自分がイングランド王である如く振る舞っていた。ノルマン人の勢力を取り込むことで王座を狙うジョンにとって、サクソン人は邪魔な存在でしかなかった。ジョンは、馬上槍試合（tournament）を主催し、ノルマンのテンプル騎士団（1120年頃、十字軍戦士によってエルサレムに設立された修道会）を利用して、槍試合に参加したサクソン勢を次々に殺傷する。アイバンホーも「勘当の騎士」と名のって試合に加わるが、深手を負う。だが、そこに謎の「黒騎士」が登場して、勝利はサクソン側のものとなった。実は、この黒騎士こそリチャード王その人であった。

敗北の屈辱を受けたノルマン人騎士ボワ・ギルベール卿、フロン・ド・ブフ卿らは、槍試合見物のあと帰途についたサクソン人たちを森で襲撃する。負傷したアイバンホーを荷馬車にかくまって旅立ったユダヤの娘レベッカとその父もたまたま森に居合わせたため、一緒に捕らえられてトルキストン城(かつてセドリックの居城であったが、今はフロン・ド・ブフが我が物としていた)に拉致された。そのサクソン人たちの救出に一役買ったのが、シャーウッドの森に住む義賊ロビン・フッド（映画ではロックスリーという名称）とその仲間たちで、森に潜んでいた黒騎士リチャードも彼らに加わる。彼らは黒騎士を指揮官としてトルキストン城を攻落した。しかし、ユダヤの娘レベッカは、ボワ・ギルベール卿によって城から連れ去られ、宗教裁判によって魔女の宣告を受ける。だが、彼女は潔白を主張し、決闘による裁判が認められた。もし彼女の守護戦士が討たれると、彼女は魔女扱いされ火あぶりになる。法廷側の戦士には、彼女の愛を勝ち取ろうとするボワ・ギルベール卿が任命された。レベッカ側の戦士はアイバンホーであった。実はこのふたりは、十字軍遠征時にリチャード王に仕えていたが、ギルベールはアイバンホーが王を裏切ったと濡れ衣を着せ名誉を失墜させた。恨みを抱くアイバンホーにとってギルベールとの戦いは、名誉回復の一騎打ちでもあった。決闘はアイバンホーが勝利し、レベッカは無罪となる。こうして映画は、アイバンホーと父セドリックとの和解、アイバンホーとロウィーナ姫との婚姻、母エレノアの仲裁によるリチャード王とジョン王との和解へと展開し終焉を迎えるのである。

アイバンホー役のスティーヴン・ウェディントンは、紀元1世紀のブリタニアとローマの領土争いを描いた『ウォリアー・クィーン』にイケニ王プラスタグスの役で出演、ロウィーナ姫を演じるヴィクトリア・スマーフィットは、ヒーロー・アクション映画『バレット・モンク』に出演している。ユダヤ人娘レベッカ役のスーザン・リンチは、モーゼの十戒を描いた壮大な歴史映画『キングダム・オブ・アーク』で有名な女優である。

スコットのこの小説は 1952 年に映画化され、『黒騎士』という邦題で公開された。ロウィーナとレベッカをそれぞれ美しく気品あるジョーン・フォンテーンとエリザベス・テイラーが演じ、主人公にはロバート・テイラーが扮した。監督のリチャード・ソープは翌年 53 年、同じロバート・テイラーをラーンスロット役、エヴァ・ガードナーを王妃グエネビア役に登用して、トマス・マロリー作『アーサー王の死』を素材にした『円卓の騎士』（*Knights of the Round Table*）を発表した。

◆映画の見所

リチャード王は、黒騎士として自分の正体を隠すが、国王の風格が漂っており、その指導力と行動力ゆえに信頼と多くの支持者を得る。これとは対照的に、ジョン王は、家臣たちをひとり、またひとりと失い、政治的手腕の無能さが浮き彫りになっている。アイバンホーとロウィーナ姫の恋の行方も、この映画の見所のひとつである。アイバンホーは、ロウィーナ姫がアセルスタンと婚約したことで、一度は彼女を諦めたが、ふたりは運命的に結ばれる。ロビン・フッドと仲間たちの活躍も、混乱した状況が正常に向かうためのカンフル剤になっている。全編を通じて、バランスのとれた見応えある映画であるといえよう。

◆テーマ関連記述

獅子心王リチャード 1 世（King Richard the Lion-Heart）は、プランタジネット朝第 2 代イングランド王（在位 1189-99）。その父ヘンリー 2 世（在位 1154-89）の治世の終わり頃は「12 世紀ルネサンス」と呼ばれ、ヨーロッパが劇的に文明化した重要な転換期である。例えば、オックスフォード大学の礎はこの頃に形成された（ケンブリッジ大学は 13 世紀に設立）。リチャード 1 世は即位後、イスラム教徒サラディンの軍が支配するエルサレム王国を奪回するためにキリスト教諸国の王たちが参加した第 3 回十字軍（1190）に加わって、イングランドを留守にした。リチャードはイングランドの国政には無関心で、10 年間の在位期間のうち、イングランドに滞在したのは 10 ヶ月ほどであったらしい。

リチャード 1 世がイングランドを離れているあいだに、弟ジョンは、様々な策略によって王位を狙ったが、結局は失敗に終わった。しかし、十字軍遠征時に失ったフランスの領地を回復するためリチャード 1 世が戦いに出かけ 1199 年にリモージュ辺で戦死した後に、ジョンはイングランド国王となった（在位 1199-1216）。ジョンは幼少の頃より気弱で、歴代の英国王の中で決して評判は良くない。同じく BBC が制作した『冬のライオン』（*The*

Lion in Winter, 2003）では、リチャードは虎視眈々と王座を狙う獅子のごとき勇士であるが、ジョンはへまな事ばかりやる無才で軟弱な人物に設定されている。

ジョン王は、在位期間中にフランス王フィリップ２世と争って敗戦し、フランスに所有していた領土を、アキテーヌ地方だけ残して、その大半を失った。のみならず、カンタベリー大司教の任命権をめぐってローマ教皇インノケンティウス３世と衝突し、1209年に教皇から破門された。1213年にジョン王は教皇と和解するが、イングランド全土を教皇に献上し、それを教皇の知行として受け取ることになった。このような失態から、ジョン王は欠地王（John the Lackland）のあだ名もあるが、これは出生時にフランスの領土が３人の兄にすべて分与されていたことに由来する。

政治的手腕に欠けたジョン王の内外の失策に対して貴族（封建領主）たちは反感を抱き、1215年、ジョン王に自分たちの要求を突きつけた。これが、英国史上有名なマグナ・カルタ（Magna Carta：大憲章）である。この勅許状によって国王は、貴族たちの同意なしに王権を行使できなくなった。ここに王権の拡大・拡張は終わりを告げ、「国王も法の下にある」という原則が確立されたのである。

マグナ・カルタは、前文と63カ条から成る。例えば、イングランドの教会の自由（1条）、課税は議会の承認を経ること（12条）、都市の自由と自由な関税の許容（13条）、書状による議会の招集（14条）、貴族たちの特権の尊重（34条）、証人と陪審員の導入などによる適正な裁判（38条）等の条項が掲げられている。このマグナ・カルタの実施をめぐって、ジョン王は教皇の支持を受けてふたたび貴族たちと対立した。しかし、その内戦中に病に倒れ、世を去った。

壬生　正博（福岡歯科大学）

（映画の邦題は『アイバンホー』となっております）

【参考になる図書】

秋篠憲一他　『イングランド文学への招待』　朝日出版社　2003.
菊池武一　『アイヴァンホー』（上・下）　岩波文庫　1997
鯖田豊之　『ヨーロッパ中世』　河出書房新社　1989.
Keen, Maurice. *The Pelican History of Medieval Europe.* Penguin Books, 1968.

十字軍

映　画　**『ロビン・フッド』** ***Robin Hood: Prince of Thieves***

監督：ケヴィン・レイノルズ（Kevin Reynolds）
脚本：ベン・デンシャム、ジョン・ワトソン
出演：ケヴィン・コスナー、モーガン・フリーマン、アラン・リックマン、
メリー・エリザベス・マストラントニオ、ショーン・コネリー
製作年（国）：1991 年（米）／上映時間：143 分

映　画　**『ロビンとマリアン』** ***Robin and Marian***

監督：リチャード・レスター（Richard Lester）
脚本：ジェームズ・ゴールドマン
出演：ショーン・コネリー、オードリー・ヘップバーン、リチャード・ハリス、
ロバート・ショウ
製作年（国）：1976 年（英）／上映時間：107 分

映　画　**『キングダム・オブ・ヘブン』** ***Kingdom of Heaven***

監督：リドリー・スコット（Ridley Scott）
製作：リサ・エルジー、フランコ・ラスティング、リドリー・スコット
脚本：ウィリアム・モナハン
出演：オーランド・ブルーム、リーアム・ニーソン、ジェレミー・アイアンズ、
エヴァ・グリーン、エドワード・ノートン、ハッサン・マスード
製作年（国）：2005 年（米）／上演時間：145 分

◆映画関連記述

『ダンス・ウィズ・ウルヴズ』で監督も務め、第 64 回アカデミーの 7 部門受賞という快挙を成し遂げたケヴィン・コスナー（Kevin Costner）が、豪快かつ颯爽とした伝説のヒーロー「ロビン・フッド」を演じている。このロビン・フッドは、イングランド王リチャード 1 世が率いた第 3 回十字軍で神の国実現という理想を掲げエルサレムに遠征したが、敵に囚われ生き延びるためには仲間を見殺しにせざるをえなかった。戦争は殺戮にしか過ぎなかったという現実に幻滅し苦悩するキャラクターという設定で、単なるヒーローではない。歴史の深みと厚みの加わった新しいロビン・フッド像である。

『ロビン・フッド』より

同じく捕われの身であったムーア人アジーム（役：Morgan Freeman）の助力を得て、ロビンは九死に一生を得てエルサレムからイングランドに、そしてイングランド北部にある故郷ロックスリーに帰ってきた。6年ぶりの故郷は代官（シェリフ）ノッティンガム公（役：Alan Rickman）の策略により父は悪魔崇拝者の汚名を着せられた上に殺され、生家は焼き払われ没落してしまっていた。獅子心王と呼ばれたイングランド王リチャード1世の十字軍出征中という不在の機に乗じて、ノッティンガム公は悪辣の限りを尽くして農民を苦しめ、王位さえ乗っ取ろうと企んでいたのだ。ロビンは共に帰国したアジームとシャーウッドの森に潜伏し、悪政から逃れてきていた農民たちとともにノッティンガム公に対抗して立ち上がる。ロビンたちはシャーウッドの森を拠点に貴族たちに対して略奪を行い、貧しいものたちに金品を分け与えた。

義賊ロビンがこうして民衆の間で大人気となる一方で、彼の略奪によりノッティンガム公の資金は底を尽き、権威も失墜し追いつめられていく。しかしノッティンガム公の背後には、常に怪しげな術を用い悪事を唆す魔女の存在があった。この魔女こそが実はノッティンガム公の生母だった。魔女は先代ノッティンガム公の赤子を殺害し我が子と入れ替え城の跡継ぎとして育て上げたのだった。ノッティンガム公はこの魔女のめぐらした策略を用い、野蛮人とされる北のケルト人を利用しシャーウッドの森を襲撃する。そしてロビンの仲間たちを捕らえ、無法者たちを殲滅しようとする。さらに魔女のお告げにより、リチャード王のいとこでロビンの幼なじみマリアン（役：Mary Elizabeth Mastrantonio）と結婚し、その子を王位につけようという野望を目論むが、ロビンたちはアジームの助力を得て仲間やマリアンを救出し、見事にノッティンガム公を倒す。

シャーウッドの森でロビンが幼なじみマリアンと結婚式を挙げるその時、リチャード1世が帰国し二人を祝福する。ここで登場するリチャード1世はクレジットには名前が出ないが名優ショーン・コネリー（Sean Connery）で、かつて15年前に公開された『ロビンとマリアン』でロビン役を演じたことからの配役という、心憎い演出となっている。

また1993年公開の『ロビン・フッド／キング・オブ・タイツ』（*Robin Hood: Men in Tights*）はケヴィン・コスナーの『ロビン・フッド』（*Robin*

Hood: Prince of Thieves）のパロディである。両者を見比べるのも面白い。

さらに、映画『キングダム・オブ・ヘブン』は上述のリチャード1世が活躍する第3回十字軍直前のエルサレム王国が舞台である。『ロード・オブ・ザ・リング』3部作でエルフ族の弓の名手レゴラスを演じ、鮮烈な印象を与えたオーランド・ブルーム（Orlando Bloom）扮するバリアン・オブ・イベリンは歴史上実在の人物である。映画の最後、生まれ故郷のフランスに帰国した彼が、第3回十字軍に向かうリチャード1世とまみえる場面は、映画の作品中のスペクタクルから次の時代への橋渡しとなり、この後起きる壮大な歴史ドラマを彷彿とさせる。

◆ 映画の見所

映画の背景にある十字軍はイスラム教対キリスト教の戦いである。キリスト教世界の視点からは、ムーア人は駆逐すべき野蛮人である。しかしムーア人アジームは、常に冷静かつ理知的であり、イングランド側の混乱や蒙昧ぶりと対照的である。それを最もよく表しているのがノッティンガム公である。彼の感情的な短絡さとどん欲な言動、そして魔女に象徴される迷信こそが野蛮そのものだからである。

十字軍は野蛮な異教徒を駆逐しキリストの国を実現するためという理想のもとに行われた。従ってイングランド人のムーア人に対する優越性が前提にある。しかしアジームが手にする望遠鏡はイングランドではまだ使用されておらず、その性能にロビンは狼狽してしまう。またノッティンガム公に最後の戦いを挑む時、アジームの調合した火薬によって敵に大打撃を与えることに成功する。イングランドの優位性は科学技術においてこうしていとも簡単に覆されてしまう。さらに野蛮な異教徒であるはずのアジームは理性的でありながら情に厚く、また弱者に優しい。何が真実なのか、キリスト教世界だけの視点では計れない面白さがある。そして異文化をこえたロビンたちとアジームとの友情や勇気の団結が真の正義を勝ち取るという内容の爽快な映画である。ロビンがマリアンに「人間は身分ではない。行いが大切なんだ」（“Nobility's not a birthright. It's defined by one's actions.”）と静かに、しかし力強く語るのは、貴族という身分やキリスト教徒という枠を超えて、人間の本質こそ大切だというメッセージを伝えている。

『ダイ・ハード』（1988）の敵役で注目されたアラン・リックマンは『いつか晴れた日に』（Jane Austen 原作 *Sense and Sensibility*）では実直なブランドン大佐役を好演し、『ハリー・ポッター』シリーズでは冷徹かつ陰険なスネイプ先生役など幅広い演技力で観客を魅了している。ここで彼の演ずるノッティンガム公は、魔女の力を借りる冷酷で野蛮なキャラクターである一方、その言動にはコミカルな一面もあり脇役の名演技ぶりが映画を一層面白くしていると言えよう。

そしてケヴィン・コスナーの『ロビン・フッド』と少し趣を異にしているのが映画『ロビンとマリアン』である。前述のようにロビンをショーン・コネリーが、そしてマリアンは『ローマの休日』で一世を風靡したオードリー・ヘップバーン（Audrey Hepburn）が演じている。また代官役はトマス・モアの半生を描く『わが命つきるとも』（本書4章の「トマス・モア」参照）でヘンリー8世に扮するロバート・ショウ（Robert Shaw）が演じている。この映画の時代設定は第3回十字軍遠征から20年後である。そして物語はシャーウッドの森に帰ってきたロビンが、リチャード王亡き後、ジョン王により苦しめられている民衆と共に王と代官に立ち向かうというものである。修道院に入っていたマリアンは、相変わらず剣で人を傷つけることをやめない騎士ロビンを毒殺し、自分も同じ毒で自殺する。ケヴィン・コスナーの颯爽としたアクションシーンやマリアンとの恋愛とは対照的に、年齢を重ねたロビンが過去の幻影に捉（とら）われたまま剣に頼る姿や、同じく年齢を重ねたマリアンと交わされる愛を比べてみるのも一興である。

『ロビンとマリアン』より

◆テーマ関連記述

<ロビン・フッド伝説>

民間伝説の英雄「ロビン・フッド」は伝説上の人物である。13世紀中頃には物語が流布しており、15世紀に書かれたバラッド（民衆歌）も残されている。しかし、その時代や人物は歴史上実際には特定できない。元来の伝説のロビン・フッドは、11世紀にイングランドを侵略したノルマン人に抵抗するサクソン人貴族がもとになっていると言われる弓の名手である。そして森に住む無法者たちの首領として真の正義を実現し、悪人から金品を略奪し貧しいものに分け与える義賊である。今回の映画では、ロビン・フッドは獅子心王と呼ばれた第3回十字軍の勇者、リチャード1世（在位1189-99）の御代、すなわち12世紀末を生きるヒーローとされる。

<エルサレム王国をめぐって：バリアンからリチャード１世へ>

映画『キングダム・オブ・ヘブン』は第３回十字軍の直前、わずか 16 歳でサラディンを破ったボードワン４世（在位 1174-85）がつかの間の平和を保ちながらエルサレム王国を統治している時代が舞台である。ボードウィン４世の急逝後、狂信的十字軍騎士たちが無謀にもサラディン率いるイスラム教徒に戦いを挑み、ハッティンの戦いで歴史的敗北を喫する。父も十字軍に従軍していた主人公の戦士バリアンは壊滅状態のエルサレム王国の城壁内に民衆と立てこもり、圧倒的不利な状況のもとでキリスト教徒たちの文字通り最後の砦となった。しかしついにサラディンの軍との和平に応じ、キリスト教徒の生命の保証を条件にエルサレムを明け渡した。キリスト教徒はエルサレムを後にし、バリアンも生まれ故郷のフランスへ帰国する。そこに聖地エルサレム奪還を目指すリチャード１世がバリアンに会いにやってくるのだ。歴史的な神の国エルサレム守護はバリアンからリチャードへと橋渡しされる。しかし真の神の国は、義を尊び弱き者と常にあろうとする高貴な心のなかにこそ存在するものであろう。

サラディンはキリスト教徒にとっては異教徒の、悪の象徴の王であるはずだが、歴史上もまた映画においても、冷静かつ聡明な、また義を尊ぶ高潔な人物とされる。ボードワン４世との間においても無益な戦いや殺生を避け、バリアンとの間でもキリスト教徒の生命や信条を保証している。

この異教徒の王サラディンはエルサレムを奪回した後、第３回十字軍ではイングランド王リチャード１世獅子心王と対峙することとなる。リチャードもまたその勇猛な戦いぶりで名を馳せ、歴史に残る王である。２人の王は和平を結び、その結果キリスト教徒は自由にエルサレム巡礼ができるようになった。２人の王は戦争に勝ったことによりその名を残したのではない。勇猛さはもちろんであるが、その行いにおいて高貴であり、義を尊び、他を尊重する精神こそが今なお人々の心を引きつけるものであろう。

祖父江　美穂（金城学院大学　非常勤講師）

【参考になる図書】

上野美子 『ロビンフッド物語』 岩波新書　1998.

エリザベス・ハラム 編　川成洋、太田直也、太田美智子 訳 『十字軍大全』 東洋書林　2006.

ジョルジュ・タート、南條郁子　松田廸子 訳 『十字軍：ヨーロッパとイスラム対立の原点』 知の再発見双書 30　創元社　1993.

十字軍

十字軍はヨーロッパのキリスト教徒たちにより聖地エルサレム奪還とキリスト教国家樹立を目的として行われた遠征である。11 世紀から 13 世紀にかけて 7 回（8 回という説もある）にわたって派遣された。以下はそれぞれの遠征の概要である。

第 1 回十字軍（1096~1099）

ローマ教皇ウルバヌス 2 世により、1095 年中部フランスのクレルモンでの公会議でビザンツ帝国の救援と聖地エルサレム巡礼の確保が呼びかけられた。これに多くのヨーロッパ諸侯が応じ、さらには民衆レベルでの十字軍も結成されエルサレムへと大挙して遠征が行われる。しかしその実態は、キリスト教徒以外の異教徒に対し徹底的に殲滅しようとする、人心を震撼せしめる略奪と殺戮の行軍だった。諸侯の中にはコンスタンティノープルを経由しエルサレムへの途上、領地を獲得しそこに国をたてたものもあった（現在のメソポタミア北西部にあたるエデッサ伯国など）。1099 年、エルサレムが十字軍の手に落ち王国が樹立する。

第 2 回十字軍（1147~1149）

第 1 回遠征により多くの領土を奪われたイスラム教徒側が失地回復をしたことにより、フランス王ルイ 7 世とドイツ皇帝コンラート 3 世が救援のため第 2 回遠征行う。しかしダマスクス攻略に失敗し十字軍は解散、両王は帰国する。イスラムによる勢力拡大はこの後も続く。

第 3 回十字軍（1189~1192）

1187 年にエルサレムがエジプトのアイユーブ朝初代スルタンであるサラディンの手に陥落したことにより、ドイツのフリードリヒ 1 世、フランスのフィリップ 2 世、そしてイングランドのリチャード 1 世が十字軍遠征を行う。しかし途上、フリードリヒは小アジアのサレフ川で溺死、フィリップはアッコン攻略後エルサレムまで至らず途中帰国、リチャードのみがサラディンと戦う。彼はサラディンと和睦を結び、キリスト教徒たちは聖地エルサレム巡礼の自由を保障された。リチャードはエルサレムからの帰還途上、ウィーン郊外でオーストリア大公のバーベンベルク家レオポルト 5 世に捕らえられ、2 年近くも幽閉された。この時イングランド側はリチャード釈放のため 15 万マルクという莫大な身代金を支払った。

第 4 回十字軍（1202~1204）

インノケンティウス 3 世に呼応した遠征。しかしエルサレムではなくコンスタンティノープルに向かった十字軍は略奪の限りを尽くし、フランス人の伯爵を皇帝とする東ラテン帝国を樹立する。本来の目的とは異なった十字軍である。

第 5 回十字軍（1228~1229）

神聖ローマ皇帝フリードリヒ 2 世により指揮された。スルタンとの交渉によりエルサレムを 10 年の期限付きで返還してもらうが、これは実際、イスラム教徒との共同統治で 10 年の休戦という約束だった。しかし 1244 年にエルサレムはまたイスラム教徒に奪回され、20 世紀までエルサレムはイスラムの地となった。

第 6 回十字軍（1248~1254）

フランス王ルイ 9 世による十字軍遠征である。第 4 回の遠征と同様にエルサレムではなくカイロを目指したが破れ、ルイは捕虜となる。莫大な身代金を支払い釈放された後、ルイ 9 世は再び第 7 回の遠征を計画する。

第 7 回十字軍（1270）

前回遠征に続きルイ 9 世は北アフリカに十字軍の拠点を築こうとしたが、チュニスで病没し、ここに十字軍遠征は終了する。

＜十字軍のもたらしたもの＞

十字軍は当初は宗教的熱狂を土台とし、ヨーロッパのキリスト教世界における教皇への求心力を高めたが、回を重ね遠征が失敗を重ねるにつれ、かえって教皇の権威は落ちることとなる。また戦費がかさみ、諸候のなかには命を落とすによる家系断絶もあったため、貴族や騎士の没落を招く一方で各国王の中央集権が進んだ。時代はルネッサンスという近代社会へと確実に向かっていくことになる。

十字軍はまた文化的側面での貢献が大きかった。イスラム世界と接触することにより、数多くの新しい事物がヨーロッパ世界にもたらされた。砂糖、香辛料、そしてソバなどの食物だけでなく、アジア原産のバラ、オレンジやレモンといった植物もヨーロッパにもたらされた。さらに戦闘では火薬や望遠鏡もヨーロッパに先駆けてすでにイスラム世界では使用されていた。これらは映画『ロビン・フッド』の中でもアジームが使っている。こうして先進的技術や学問、戦術などがヨーロッパにもたらされたことにより、時代は大きく近代化していった。ここに十字軍の意味合いを見出すことができよう。　　**祖父江　美穂（金城学院大学　非常勤講師）**

エドワード1世

映画 『ブレイブハート』 *Braveheart*

監督：メル・ギブソン（Mel Gibson）
脚本：ランドル・ウォレス
出演：メル・ギブソン、パトリック・マクグーハン、ソフィー・マルソー
制作年（国）：1995年（米）／上映時間：178分

◆原作情報

この映画の原作はないが、ウィリアム・ウォレス（William Wallace, 1272?-1305）にまつわる逸話が残っている。15世紀に吟遊詩人のハリー Harry the Minstrel（Blind Harry）によって書かれたと伝わっている約1万2千行の叙事詩 *The Wallace* がそれで、ウォレスの生涯を詳しく伝えている。スコットランドでは、聖書の次に有名な本である。

◆映画関連記述

この映画は、第68回アカデミー賞で5部門（作品賞、監督賞、撮影賞、音響効果賞、メイクアップ賞）を受賞した。時代は13世紀末、イングランド王エドワード1世（在位1272-1307）は、賢君アレグザンダー3世の落馬事故死(1286)によって生じたスコットランドの王位継承問題に介入して、スコットランドを属国にしようと企んでいた。しかしその悪政に対抗して立ち上がったのが勇者ウォルスである。

幼少のウォレスは家族をイングランド軍に殺害され、叔父のアーガイルに引き取られ故郷を去る。成人したウォレスは帰郷し、幼なじみのミューロンと再会して恋に落ち密かに結婚する。しかし、その翌日、ミューロンはイングランド兵の暴行をうけ惨殺される。こうしてウォレスはイングランド軍への復讐を決意し、スコットランドの民衆を率いて独立・自由を勝ち取るための壮絶な戦いに乗りだす。一時は優位に立つが、スコットランドの貴族たちは自らの利益のためにウォレスを裏切り、彼はエドワード1世に捕えられ無念の死を遂げる。

本作品で主演・監督を務めたメル・ギブソン（Mel Gibson）は、キリストの受難を描いた衝撃作『パッション』でも監督として力量を発揮し、また、俳優として『マッドマックス』、『リーサル・ウェポン』等であまりに

『ブレイブハート』より

も有名である。ミューロン役のキャサリン・マッコーマック（Catherine McCormack）は、舞台女優として活動を初め、本映画のヒロインとして大抜擢されて一躍注目を集めた。エドワード1世を演じるパトリック・マクグーハン（Patrick McGoohan）は、『刑事コロンボ』シリーズに出演し、英国ITVの連続テレビドラマ『プリズナーNo.6』等の出演・監督を手がけるなど幅広く活躍したが、2009年1月13日、満80歳にて死去。そして、政略結婚のためフランスからイングランドに嫁いだ王太子妃イザベル役は、13歳でフランス映画『ラ・ブーム』に主演してトップアイドルとなったソフィー・マルソー（Sophie Marceau）である。

◆映画の見所

貴族たちの衣装の豪華さ、舞台背景となった大自然の雄大さ、そしてスコットランド音楽とケルト音楽を融合させたような勇壮な楽曲は、映画を重厚で贅沢な作品にしている。後半のフォルカーク（スコットランド西岸のグラスゴーにある地）の戦いでは、イングランド勢の華麗で優雅な中世騎士たちの気高さと、ウォレス率いるスコットランド勢の野蛮人的な猛々しさは対照的である。両軍勢の闘争シーンには、時折、目を覆いたくなるような凄まじさがある。しかし、愛のテーマが、戦いの悲劇を和らげている。イングランド王太子妃イザベルはウォレスを愛するゆえに、獄中の彼のもとへ行き、罪を認め国王エドワードに忠誠を誓うよう涙するが、ウォレスは "Every man dies. Not every man really lives."「人はだれも死ぬ。真に生きる者は少ない」といって自分の信念を貫くために死刑を覚悟する。実は、彼女はウォレスの子を身籠もっていた。残虐非道なエドワードに反感を抱く彼女は、死の床に就く国王に「あなたの血筋ではない子がわたしに宿っている」と告げ、エドワードの王家の血が絶えることを予告する。そして、ウォレスは処刑台で残酷極まる拷問にあって意識が遠のくなか "Freedom!"「自由を！」と叫ぶ。それは、スコットランドの自由と独立を願うウォレスの断末魔の声だった。息絶え絶えの彼の瞳に映ったのは、亡き妻ミューロンの幻影だった。ウォレスは最期にミューロンの愛に魂を委ねたのである。

◆テーマ関連記述

<エドワード１世の業績>

本映画のエドワード１世は、スコットランド征服を狙う悪王として描かれているが、歴史上のエドワードの業績を見てみよう。

エドワード１世（在位 1272-1307）は、ヘンリー２世の即位（1154）で始まったプランタジネット朝の王で、父ヘンリー３世（在位 1216-72）とは違い、領土拡大を図る野心家で、フランスとガスコーニュ（フランス南西部の地方）で長期にわたって戦うなど戦闘を恐れない武人でもあった。

イングランドには、地方自治体に関する事項を決定する際に、王やその参事官の面前に自治体の代表者たちを召集する慣習があったが、エドワードは、この慣習を拡大して、彼の統治領の州から代表者たちと貴族たちを時折召集し、この大集会の機会を利用して、国益のために税を徴収する必要性等を説いた。この大集会は、議会（Parliament）と呼ばれ、英国議会の発芽となった。また、エドワードは、ウェールズを征服併合して、1301 年に長子エドワード（後のエドワード２世、在位 1307-1327）にプリンス・オブ・ウェールズ（Prince of Wales）の称号を授けた。以後、これが現代に至るまでイギリス王太子に授けられる称号となった。

<イングランドとスコットランド>

イングランドとスコットランドとの当時の関係をみると、スコットランド王アレグザンダー３世（在位 1249-86）の統治下での国内は安定しており、イングランドと友好的な関係にあった。しかし、彼の死後、王位継承問題が生じ、スコットランド議会は政治の不安定を鎮めようとしたが、結局、イングランド王エドワード１世に国内の混乱の解決を要請した。これを機に、エドワードは、王位継承順位が最優位のジョン・ベイリオルを後押しして 1292 年にスコットランド国王に即位させ、自分への忠誠を強要した。ベイリオルはしばらくの間、エドワードに忠実であったが、1294 年にエドワードがフランスとの戦いのため、スコットランドに徴兵を要求すると、ベイリオルはこれを断り、エドワードへの臣従を絶った。そして、1296 年、ベイリオルは北イングランドに侵攻するが、ダンバー（スコットランド南東部の地）の戦いでイングランド軍に大敗し、王権を奪われロンドン塔に幽閉された。このとき、歴代のスコットランド王が戴冠式のときに座った「スクーンの石」（Stone of Scone）もイングランド軍に戦利品として持ち去られた（この石は、ウエストミンスター寺院で英国王の戴冠式で国王が座る椅子にはめ込まれていたが、1996年、ジョン・メージャー政権のときに700年ぶりにスコットランドに返還された)。

エドワードは、国王の座が空位となったスコットランドに総督を置いて支配した。イングランドの圧政に対する反感はスコットランド国中に広まり、独立を勝ち取ろうとする気運が高まったのである。1297年9月、ウィリアム・ウォレスの軍勢は、「スターリング・ブリッジの合戦」でイングランド軍に勝利した。翌年1298年1月にエドワード1世はフランスから帰国すると、この戦いの報復のため、圧倒的な大軍を率いてスコットランドへ進軍した。この年の7月、エドワードは、フォルカーク近くの森にウォレスが潜んでいるという情報を得た。この時の戦いが、「フォルカークの戦い」である。この合戦によって、ウォレス側は退却を余儀なくされた。しかし、ウォレスは、1301年に再び軍勢を率いてイングランドを相手に戦った。独立獲得に邁進するウォレスの武勇とは反対に、スコットランドの辺境地方の貴族たちはイングランド側につき、1304年の議会で、ウォレスを反逆者として糾弾する。こうして、ウォレスは仲間の裏切りによってイングランド側に生け捕りにされてしまう。彼はロンドンに連行され、ウェストミンスター・ホールで市民の前を引き回された。そして、1305年、彼は反逆者として有罪を宣告され五臓六腑を引き抜かれ八つ裂きにされる。こうしてスコットランドの独立獲得に立ち上がったウォレスの戦いは8年で幕を閉じたのだった。

ウォレスの処刑後、スコットランド独立の意志は引き継がれた。イングランドへの抵抗を先導したのは、貴族ロバート・ブルース(スコットランド王、在位1306-29)である。1314年6月、ブルースが統率するスコットランド軍は、王位を継承したエドワード2世の大軍との合戦(バノックバーンの戦い)に勝利し、念願の独立へと向かった。ちなみにロバート・ブルースを主人公とする歴史小説が、小林正典によって執筆・発表された『英国太平記——セントアンドリューズの歌』(早川書房、2009)である。そこには残忍な処刑による死を含め、イングランド軍に対するウォレスの壮絶な闘いが詳述されている。

壬生　正博(福岡歯科大学)

【参考になる図書】

森　護『スコットランド王国史話』中公文庫　2002.

フランク・レンウィック、小林章夫 訳『とびきり哀しいスコットランド史』ちくま文庫　1998.

Keen, Maurice. *The Pelican History of Medieval Europe*. Penguin Books, 1968.

リチャード2世

映　画『リチャード2世』 *King Richard II*

監督：ウィリアム・ウッドマン（William Woodman）
出演：ウィリアムH. バセット、デヴィッド・バーニー、ジョン・デヴリン、ニコラス・ハモンド
製作年（国）：1982年（米）／上映時間：172分

◆原作情報

ウィリアム・シェイクスピア『リチャード2世』（初演1595年と推定されている）

◆映画関連記述

本作品はシェイクスピアの歴史劇のうち、「ブリテンもの」と呼ばれる、13世紀のジョン王から16世紀のヘンリー8世までのイングランド歴代の王を描いたものの1つである。リチャード2世はエドワード3世の嫡子、エドワード黒太子の嫡子として1367年に生まれた。しかし1376年、父が王太子のまま病没したため、祖父エドワード3世の王太子となり1377年、わずか10歳で即位した。当時イングランドはフランスとの百年戦争のまっただ中にあり、経済状況の悪化や疫病、貴族たちの陰謀など、まさに内憂外患の態であった。

作品冒頭、王の叔父である国の重鎮ランカスター公ジョン・オブ・ゴーントの息子、ヘンリー・ボリングブルックが、王への謀反とグロスター公暗殺の罪でノーフォーク公を告発する。互いに激しい非難応酬がかわされるなか、リチャードは2人を諌めることもできず、決闘が行われることとなった。結局リチャードは2人を追放処分にしてしまう。

そのような国内の不穏な様子にもかかわらず、リチャードはアイルランドでの反乱に対し自ら出征することを決め、戦費の算段に余念がない。息子が追放されたランカスター公が1399年2月、急病で床につくと、リチャードは見舞いに行くものの、彼の死により領地財産が自分の手中にもたらされることに大きな期待を寄せるのだ。

1399年5月、王が没収した財産を元手に1394年に次いで2度目のアイルランド出征を行うと、同年7月ボリングブルックはフランスから帰国し兵を挙げた。父の死によって王に奪われた領地の回復、自らのランカスター公爵位の継承権を訴えたものである。これに賛同し、リチャードに不満を抱

く貴族たちが数多く合流し、ボリングブルックの軍隊は大軍に膨れ上がる。
同年8月アイルランドから帰国したリチャード王は、ボリングブルックの大軍勢と対峙し、王は自分がイングランド諸候からすっかり見放されてしまったことを悟る。身柄を確保され、リチャードはボリングブルックの軍門に下った。その後議会が開かれ、ボリングブルックをヘンリー4世とすることになる。すると同時にヘンリーがリチャードを廃位することを疑問視する声があがる。その議会の場に呼び出されたリチャードはヘンリーのなすがまま、自分の身と運命を嘆きつつも彼に王位を譲ることに同意する。リチャードは王妃イザベラ（フランス王シャルル6世の娘）とも引き離され、ただ一人ヨーク市のポンティクラフト城に収監され、そこで騎士エクストンに命を奪われたといわれる。
作品では王妃イザベラとの別れに際しリチャードと交わされる口づけは、美しくも悲しい叙情的シーンとなっている。しかし史実としてはイザベラは1396年にわずか7歳で再婚のリチャードのもとに嫁いできており、この時はまだ10歳そこそこである。ちなみに前王妃のアン・オブ・ボヘミアは神聖ローマ帝国皇帝カール4世の娘で、1394年、ペストのため病没した。アンとの夫婦仲は非常に良かったとされている。
1970年代後半から80年代前半にかけてイギリスのBBCがシェイクスピアの全作品を新しく製作して放映したが、1978年放映の『リチャード2世』ではリチャード2世を名優デレク・ジャコビが演じている。彼はケネス・ブラナー監督、主演の無削除版の『ハムレット』（1996）では主人公の父を毒殺する叔父の現国王クローディアスを好演している。

◆映画の見所

リチャード2世は王としての高潔さに乏しく、傲慢、短絡、諦観などが入り交じる人間臭い人物像として描かれる。そのために人心も離れていく弱い人間そのものである。物語の前半、自分の王権と優位性を疑いもしなかった蒙昧な王は、ヘンリーの大軍勢を前に戦うことなくあっさりと敗北を認めてしまう。しかし王の姿を目にすると、リチャードの叔父であるヨーク公でさえもその姿の威厳に感服する。「王」という神授の権威のなかに弱い人間性を併せ持つ複雑さがリチャードの魅力である。ボリングブルックはヘンリー4世として即位した後、行方のわからない放蕩息子に心を悩ませる。これが名君と謳われる後のヘンリー5世の若き日の姿、ハル王子である。

◆テーマ関連記述

リチャード2世は1377年6月、10歳という若さで波乱の時代に即位した。その若さで王は、数々の難題に立ち向かわなくてはならなかった。当時、特に大きな難題は2つ。国外においては英仏間の百年戦争、国内では即位4年後に起きた農民一揆であるワット・タイラーの乱であった。

<百年戦争>

1337年から1453年までおよそ100年間争われたフランスの王位継承権と領土権を巡る戦争である。そもそもイングランドには、1066年のノルマンディー公ウィリアムによる征服でノルマン王朝が樹立されていた。王はイングランド王を名乗っているがフランス人であり、大陸のノルマンディーが本拠地であった。ここから代々イギリスとフランスの領有権、王権を巡る主張と争いが勃発する。

1327年、エドワード3世がイングランド王として即位すると、フランス王はエドワード3世に臣下の礼を要求した。エドワードはフランス王フィリップ4世の娘イザベルを母に持ち、れっきとしたフランス王家の血統であった。しかしフィリップ4世の息子3人が即位後に亡くなると、王位はフィリップ4世の弟であるヴァロア伯シャルルの息子に渡り、フィリップ6世が即位する。エドワードは自らの血統を主張し、自らをフランス王と名乗る。そしてさらに領土問題での火種をきっかけにここに百年戦争が始まる(歴史家によってはその始まりに諸説がある)。

<フランス王家とイングランド王家の血縁>

当初はエドワード3世の息子エドワード黒太子の活躍によりイングランド側が優勢であった。しかし次の王リチャード2世は国内情勢の不穏かつ財政逼迫のためにフランスと休戦協定を結ぶ。その後、ヘンリー5世の時代に戦争が再開され、1415年、有名な「アザンクールの戦い」で勝利を収める。再びイングランド側が優勢にたち、ヘンリー5世はシャルル6世の娘カトリーヌ（キャサリン）を妻に迎え、2人の子どもがフランスの王位を継ぐというトロワ条約を締結させた。

しかしヘンリー5世が35歳で没した時、ヘンリー6世はまだ1歳になるかならぬかの赤子であった。条約は反古にされ両国は再び戦争に向かう。その後フランスは救国の神の乙女ジャンヌ・ダルクの出現により1429年4月末、オルレアンが解放され、6月にパテーの戦いに劇的勝利を収めると、ついにシャルル7世は7月17日ランス大聖堂で戴冠式を行った。神の声を聞いたというジャンヌの予言は見事に果たされた。こうしてヘンリー6世は最終的にフランスの領土を失い、1453年、英仏百年戦争は終結する。

ヘンリー5世没後、国を疲弊させたランカスター家に対抗するヨーク家が権力闘争を挑み、イングランドは百年戦争に続いてバラ戦争（1455-85）という内乱の時代に突入する。ここからイギリス・ルネサンスを迎えるテューダー朝（1485-1603）まではもうあとわずかである。

<ワット・タイラーの乱>

少年王リチャードの即位後間もない頃には、叔父のランカスター公ジョン・オブ・ゴーントが実権を握っていた。1377年、百年戦争による財政難対策のため、老若男女収入を問わず全ての人びとに一律4ペンスをかけるという悪名高い人頭税が課されたが、これが庶民を大変苦しめた。さらにペスト流行も加わり、農民たちの生活の苦しみは頂点に達した。1381年、ロンドン東部エセックスにおいて暴動がおき、また一方、イングランド南東部のケントでも屋根瓦の職人だったと言われるワット・タイラー（タイラーはタイル屋という意味から来ているとされる）率いる農民たちの一揆が勃発した。これらの一揆集団は共にロンドンを目指し、あっという間にロンドンを占拠した。リチャード2世は、土地所有や職業選択を認めないという農奴制廃止など様々な要求を突きつけられ、承諾させられた。しかしこの暴動は4週間しか続かなかった。統制された軍ではない農民たちは国王側が要求を受け入れたことをそのまま鵜呑みにし、一定期間が過ぎるとロンドンを後にした。またワット・タイラーは6月15日、リチャードとの会見の最中、ロンドン市長ウィリアム・ウォルワースにより殺害されと言われる。結局、農民たちの要求は人頭税廃止以外ほぼすべて覆された。

同じ反乱軍の首謀者の一人であるジョン・ボールという聖職者が、次のような説教をしたという。「アダムが耕し、イヴが紡いだその当時、誰が地主だったのか」（When Adam delved, and Eve span/ Who was then the gentle man?）神の造り給うた世界に身分の上下はないはずである。一揆により平等を目指した農民の夢は、農奴制廃止を王に受諾させ、叶えられたかのように見えた。しかし結局貴族・領主たちは支配階級のまま、農民は以前と同じ農奴のままであった。この反乱鎮圧後、リチャードは自らの手で国を治めて行くことになる。しかし皮肉なことに今度は貴族たちの反乱を招き、廃位される運命を辿るのだった。

祖父江　美穂（金城学院大学　非常勤講師）

【参考になる図書】

石井美樹子『図説　イギリスの王室』河出書房新社　2007.

佐藤賢一『英仏百年戦争』集英社新書　2003.

Shakespeare,William. Ed. Andrew Gurr. *King Richard II*. The New Cambridge Shakespeare. Cambridge UP, 1984.

第3章
中世後期

1415年　ヘンリー5世、アザンクールの戦いに勝利
1420年　トロワ条約締結、ヘンリー5世、シャルル6世の摂政・推定相続人として容認さる
1429年　ジャンヌ・ダルク、イングランド軍よりオルレアンを解放
1430年　コンピエーニュの戦いでジャンヌ・ダルク捕虜となり、翌年に処刑
1453年　百年戦争終結、ヘンリー6世、カレー以外のフランス領土を喪失
1455年　ヨーク家とランカスター家の間にバラ戦争始まる（セント・オールバンズの戦い）
1461年　タウトンの戦い、ヨーク側が勝利、エドワード4世の即位（ヨーク朝）
1467年　■応仁の乱勃発（下剋上の風潮拡大）
1470年　ヘンリー6世復位
1471年　テュークスベリの戦い、ヘンリー6世、エドワードに敗れ処刑さる
1485年　ボズワースの戦い、リチャード3世の敗北とヘンリー7世の即位（テューダー朝）
1487年　バラ戦争終結
1492年　コロンブス、アメリカ大陸発見

百年戦争

映画 『ヘンリー五世』 *Henry V*

監督・脚本：ケネス・ブラナー（Kenneth Branagh）
出演：ケネス・ブラナー、エマ・トンプソン
製作年（国）：1989年（英）／上映時間：137分

◆原作情報

ウィリアム・シェイクスピア『ヘンリー5世』（1599年春初演と推定される）

【関連情報】 イングランド王ヘンリー5世の生涯を描いた史劇。1605年には宮廷でも上演されたが、シェイクスピア時代には余り人気は出なかった。『リチャード2世』『ヘンリー4世』（第1部・第2部）と共にイングランド歴史劇の第1・4部作の最後を飾る作品である。因みに第2・4部作は『ヘンリー6世』（第1部・第2部・第3部）と『リチャード3世』である。

◆映画関連記述

1413年、ヘンリー5世は25歳で父王ヘンリー4世の後を継ぎイングランド国王に即位する。シェイクスピアの前作『ヘンリー4世第1部』で描かれている王太子時代の彼は悪友仲間と飲み歩く放蕩児であったが、それは改悛をより立派に見せるための計算ずくのもので即位後は一変し、イギリス史上に名を残す名君となる。映画では即位後の1414年ヘンリー5世が、曽祖父エドワード3世（在位1327-77）がカレー条約で得た領地に加え、さらに遡ってジョン王が失った領地（大アキテーヌ、ノルマンディ、大アンジュー）の返還とフランス王位を要求したところから始まる。彼は自分をエドワード3世、ヘンリー2世、ひいてはウィリアム征服王の後継者だと名乗り、この要求の正統性を主張する。無論フランス側はこれを呑まず、フランス王太子は返答としてヘンリー5世にはこちらのほうがお似合いだと使者を介してテニスボールを贈り、王の放蕩時代を嘲笑する。これに怒ったヘンリー5世はフランス侵攻を決意。ノルマンディに上陸し、ハーフラーの市長を説得して城門を開かせアザンクールで6万のフランス軍と対決する。イングランド軍は1万。普通に考えれば勝利の見込みはないが、突撃してくるフランス騎馬兵にイングランド軍は長弓を打ち込み、馬が暴れ泥沼の戦場に足を取られて落馬が続出したところへ徒歩で襲い掛かり次々と敵を

『ヘンリー五世』より

倒し、フランス軍を総崩れとした。

奇跡的に大勝利を収めたヘンリー５世はフランス王女キャサリン（役：Emma Thompson）と結婚してフランス王位の相続人となり、イングランド・フランス二国の統一王国の完成という大いなる野望の実現へと向かうのである。

主役のヘンリー５世を演じたケネス・ブラナーは数多くのシェイクスピア劇の舞台に立った経験を持ち、この映画で初めてメガホンを握り、英アカデミー賞の監督賞を受賞、５部門ノミネートを果たし、米アカデミー賞でも監督賞・主演男優賞にノミネートされた。出演当時28歳で、実際のヘンリー５世と同じ年頃であったことも映画に現実味と活力を与えている。

◆映画の見所

イングランド軍が歴史的大勝利を収めるアザンクールの戦いの直前にヘンリー５世が兵士たちを前にして行うのが有名な「聖クリスピアンの日の演説」である。"This day is called the feast of Crispian." に始まり、"We few, we happy few, we band of brothers; For he to-day that sheds his blood with me Shall be my brother; be he ne're so vile, This day shall gentle his condition;"（第４幕第３場）（「聖クリスピアンの祭日だ」「少数であるとはいえ、われわれしあわせな少数は兄弟の一団だ。なぜなら、今日私とともに血を流すものは私の兄弟となるからだ。いかに卑しい身分のものも今日からは貴族と同列になるのだ」小田島雄志訳）と呼びかける様子は兵士の士気を高めるのに十分であり感動的である。

即位後アザンクールで勝利を得るまでに、ヘンリーは、フランスに買収され王暗殺を画策したケンブリッジ伯ら３人の臣下の裏切りに厳しい処罰を下さなければならなかった。また旧友バードルフが行軍中教会で盗みを働いた時には軍の規律を守るため涙を流しながら処刑を命じる。王としての自覚を徐々に身に着け苦しみながらも成長していく若者の姿も見所である。

ケネス・ブラナー版『ヘンリー五世』以前にはローレンス・オリヴィエ版『ヘンリィ五世』（1944）がある。こちらは舞台をそのまま映画にしたような趣があり両者を見比べてみるのも面白いだろう。

◆テーマ関連記述

一般に「百年戦争」は 1337 年から 1453 年までの 116 年間にわたる英仏両国間の戦争だとされている。もちろん 116 年間ずっと戦争をしていたわけではなく、時々の休戦をはさみながら約 100 年にわたってこの地域では戦争が絶えなかったという意味である。現在のようにイギリス、フランスといった国家の枠組みが定まる以前であり、国家間戦争というよりも主にフランス領土を巡る地域紛争と考えるとわかりやすいかもしれない。「百年戦争」という呼び名も 19 世紀初頭のパリで刊行された C. デミシェルの『中世史年代記図表』に初めて見られ、その後 1869 年に E. フリーマンがイギリスの歴史家に使用を推奨した事から始まったもので古くからの呼称というわけではない。

12 世紀プランタジネット朝イングランド国王ヘンリー２世（仏名アンリ・ド・プランタジュネ）はフランスのほぼ西半分にあたる広大な領地を所有し、フランス国王に勝るとも劣らない強大な力を持っており、イングランド国王という称号を持っていたが、実質的にはフランスに居住するフランス貴族であった。領地相続を巡って４人の息子たちが争い、最終的に末子のジョンがイングランドを含む広大な領土を相続する。しかし初代ローマ皇帝に因み尊厳王（Auguste）の異名をとるフランス王フィリップ２世の策略にはまり、ジョンは先祖伝来のフランスの領土を失い、長年居住したフランスを離れ、海を渡ってイングランドの領土へ逃れなければならなくなる。このためジョンには失地王（John the Lackland）という不名誉な渾名がある。このような歴史からイングランド王家にはフランス王家の土地は本来自分達の領土であるとの思いが強く、この事がその後の百年戦争の遠因の一つとなっているといわれている。

世に言う「百年戦争」の直接的な原因は、1328 年にフランス王シャルル４世が亡くなった時、王の従兄弟に当たるヴァロワ伯がフィリップ６世として即位するが、これにイングランド王エドワード３世が母方の血縁（エドワード３世の母イザベルはフランスのフィリップ４世の娘で、シャルル４世の妹）

を理由に自分こそ正当なフランス王位継承者だと異議を唱えた事とされる。この主張は認められず一旦はエドワード３世はフィリップ６世に対して臣下の礼を取る。1333年エドワード３世はスコットランドに侵攻した時、追い詰められたスコットランド王デイヴィッドがフィリップ６世に助けを求めたため両国関係は再び緊張したものとなる（スコットランド問題）。さらに1336年エドワード３世がフランドル地方（フランス北東部）進出を目論みイングランドからの羊毛輸出を禁止したため、この地の産業は大痛手を被り、それに怒った市民が蜂起し事態を収拾できないフランドル伯はフランス王に助けを求める事態となる（フランドル問題）。これら両国の亀裂を深める要素が重なった結果、エドワード３世は1337年に自らが正当なフランス王であると宣言し、フィリップ６世に挑戦状を送り宣戦を布告するのである。その後1346年クレシーの戦い、1356年のポワトゥーの戦いでイングランドは大勝利を収めフランス王位を断念する代わりにポワトゥーの戦いで捕虜となったジャン２世（フィリップ６世の後継フランス王）の莫大な身代金、フランス国内の領土（全アキテーヌ、カレーと周辺、ポンテュー伯領、ギーヌ伯領）を獲得するカレー条約を締結する。この後フランスはジャン２世の息子の賢王シャルル５世（Charles le Sage）、シャルル６世へと王権が移り、イングランドではエドワード３世の息子である黒太子エドワード（the Black Prince）の死により彼の息子が1377年10歳でリチャード２世となる。

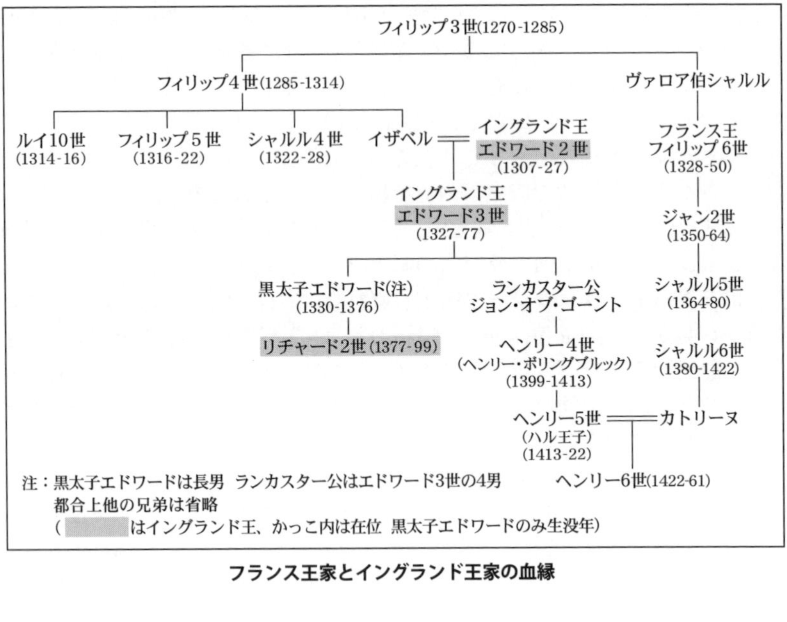

フランス王家とイングランド王家の血縁

しかし宮廷闘争で従兄弟ヘンリーを追放した事で内乱を招き、混乱に乗じて挙兵したヘンリーが王座を奪いヘンリー4世として即位する。その後を継いだのがヘンリー5世である。

映画『ヘンリー五世』はアザンクールでのイングランド軍の輝かしい勝利とトロワ条約の締結で終わっているが、現実の百年戦争はここで終結したわけではない。ヘンリー5世の死によって情勢はまた混沌とするのだが、詳しくは次節「ジャンヌ・ダルク」に譲る事とする。

百年戦争の意義は、人々がまだイギリス、フランスという国家意識を持たなかった時代に、フランスを追われイングランドに逃れた者と、フランス国内に留まった者それぞれに、国家というものを意識し始めるきっかけを与えた事である。特にフランスからイングランドに渡った人々は、過去に先祖が所有していたフランスの土地に固執しそれを取り戻そうと戦う過程で徐々にイングランド人としての自覚を持つようになっていく。映画の中でヘンリー5世がフランス王女キャサリンに結婚を申し込む場面で拙いフランス語を使っているが、これは驚くべき事である。なぜなら彼以前のイングランドでは、貴族は祖国の言語であるフランス語を母語として流暢に話すのが当たり前で、英語は庶民の言葉であり、王がフランス語をしゃべれない事などありえなかったのだ。貴族達のイングランド定着を表す象徴的場面としても面白い。イングランドはこの戦いを通してひとつの国家としてまとまっていき、今日の連合王国に通じる道を歩き出したといえる。

今田　桂子（福岡国際大学）

【参考になる図書】

フィリップ・コンタミーヌ、坂巻昭二 訳 『百年戦争』 文庫クセジュ　白水社 2003.

Georges, Duby. *France in the Middle Ages 987-1460*. tr. by Juliet Vale. Blackwell, 1991.

Robin, Neillands. *The Hundred Years War*. Routledge, 1990.

ジャンヌ・ダルク

映　画　**『ジャンヌ・ダルク』** ***Joan of Arc***

監督：リュック・ベッソン（Luc Besson）

脚本：アンドリュー・バーキン

出演：ミラ・ジョボヴィッチ、ジョン・マルコヴィッチ、ダスティン・ホフマン、フェイ・ダナウェイ

製作年（国）：1999 年（仏・米）／上映時間：158 分

◆映画関連記述

フランスのロレーヌ地方ドンレミ村に 1412 年農家の娘として生まれたジャンヌは、信心深い子供で教会に通い幸せな子供時代を過ごしていた。しかしある日イングランド軍が村を襲い、ジャンヌをかばった姉が殺されてしまう。ショックを受けたジャンヌはその後森で何者かの「声」を聞き、それを「神の声」であると信じる。17 歳の時その「声」に従ってシノン城へ赴き王太子シャルル（役:John Malkovich）に謁見する。そこでジャンヌ（役:Mira Jovovich）は、自分は彼をフランスの「真の継承者」として助け、ランスで戴冠式を挙げさせるために神から遣わされたのだと話す。ジャンヌを信じた王太子は、彼女を悪魔の手先とする司教や貴族たちの反対を退け、義

作品タイトル：『ジャンヌ・ダルク』
価格：￥1,980 円（税込）
発売・販売元：（株）ソニー・ピクチャーズエンタテインメント

母ヨランド妃（役：Faye Dunaway）の後押しもあって、彼女に軍を預けオルレアン解放を命じる。
オルレアンはロワール川岸の都市で、この頃イングランド軍に包囲されていた。ここでの敗北は、パリを押さえているイングランドがフランス全土を支配下に置くことを意味し、王太子シャルルは非常に苦しい立場に追い込まれるという切迫した事情があった。突然現れて神のお告げを聞いたという名もない少女を認め軍まで与えたのには、このような背景も関与していたとされる。
ジャンヌは激しい戦いの末、1429 年 5 月 8 日オルレアンを解放し、王太子シャルルを無事シャルル 7 世として 7 月 17 日ランスで戴冠させる。しかしその後のパリ攻略はうまく行かず、外交戦略でイングランドとの妥協を図るシャルル 7 世に次第に疎まれる存在となっていく。1430 年 5 月 23 日パリ北方コンピエーニュの戦いで、ジャンヌはついに捕虜となり、教会の異端審問裁判にかけられる。映画ではここからジャンヌの心の葛藤が丹念に描かれていく。自分は本当に「神の声」を聞いたのか。ジャンヌの「良心の声」は “You didn't see what was. You saw what you wanted to see.”（「お前は事実を見たのではない。見たかった事を見たのだ」字幕訳）と囁く。
映画の後半では、甲冑姿ではなく女性の服を身に着けたジャンヌを一人の信仰深い少女として描いている。ジャンヌの服装は映画の重要な一要素となっているが最後の火刑の場面では彼女の意思とは無関係に再びイングランド軍によって無理矢理男物の服を着せられているのが哀れである。自分はお告げを聞いたのだと自信を持って主張した前半とは打って変り、戦場を駆けた面影はなく自分の行動が正しかったのかと不安に慄く姿を見せる。1948 年製作イングリッド・バーグマン主演の『ジャンヌ・ダーク』では、最後まで己の信仰に疑いを持たず、神から託されたと信じる使命を懸命に果たそうとする健気なジャンヌが描かれているのとは対照的である。火刑への恐れと神への信仰。揺れ動く人間らしいジャンヌの姿が描かれ、旧来の信仰を貫き通す力強いジャンヌ・ダルクのイメージとは一味違った映画となっている。
映画は膨大な歴史資料を基に製作され、異端裁判でのジャンヌの台詞の多くは今日残されている『処刑裁判記録』の彼女自身の言葉をもとにしたものである(『ジャンヌ・ダルク処刑裁判』高山一彦編訳　現代思潮社や『ジャンヌ・ダルク』J・ミシュレ　森井真・田代葆訳 中公文庫に詳しい)。

◆映画の見所

シャルル 7 世が戴冠式を挙げるのはフランス北部シャンパーニュ地方の都市ランスにある大聖堂である。ここにはフランク人の王クロヴィスがキリスト教への改宗の洗礼を受けた時天使が届けたとされる聖なる油が保管されていて、これを用いて代々のフランス王の戴冠式は執り行われてきたという伝統があった。ステンドグラスの美しさでも知られている。映画の中の戴冠式は当時を彷彿とさせるような美しさである。

また当時の資料から再現された戦闘シーンは『レオン』（1994）を演出したベッソン監督だけに CG に頼らない迫力が凄い。

◆テーマの関連記述

1415 年のアザンクールの戦いの戦後処理として、戦勝国であるイングランドに有利な条件で 1420 年に締結されたのがトロワ条約である。これによりフランス王位はシャルル 6 世崩御後その王女キャサリンの夫であるイングランド王ヘンリー 5 世が継承する事になりイングランド・フランス両国は統合されることになっていた。このことはフランス王太子シャルルの廃嫡を意味していたが、シャルルはこれに不満を持つアルマニャック派と呼ばれるフランス貴族と共にフランス王位奪還を画策していた。一方イングランドと手を結んでいたパリの貴族たちはブルゴーニュ派と呼ばれた。

ところが 1422 年 8 月イングランド王ヘンリー 5 世がシャルル 6 世よりも先に病に倒れこの世を去ってしまう。フランス王位の行方が混沌とした同年 10 月に今度はフランス王シャルル 6 世が亡くなる。ヘンリー 5 世の早すぎる死により、生後 9 ヶ月で即位したイングランド王ヘンリー 6 世（摂政は叔父ベドフォード公）はフランス王位をめぐり王太子シャルルと戦いを繰り返していく。

このような時代背景の中、ジャンヌが登場する。オルレアン解放と王太子をシャルル 7 世として戴冠させる活躍をするが、1430 年パリ北方のコンピエーニュで捕らえられルーアンに護送される。そこで教会による異端審問の裁判にかけられ、異端という判決が下され火刑となるのである。俗に言われるように魔女として火刑となったのではない。火刑を執行したイングランド側は民衆が遺品からジャンヌを崇拝するのを恐れ途中で火を止め焼けた死体を確認し遺骸の灰を残らずセーヌ川へ捨てたとされている。

その後シャルル 7 世は 1449 年にルーアンを陥落させ 1450 年にはノルマンディを征服、1453 年にはアキテーヌの都市ボルドーをも再陥落させ英仏百年戦争を終結させる。

1450 年シャルル 7 世はジャンヌの裁判について調査を命じ、その結果処刑裁判はイングランド側の政治的意図による不正なものであったことがわかり、1455 年ローマ教皇カリストゥス 3 世はジャンヌの復権裁判を命じる。110 名を超す証人の証言をもとに 1456 年ジャンヌは無罪を証明されカトリック教徒としての復権を果たす。

時間的に見ればたった2年間しか歴史の表舞台に登場しないジャンヌを今日のような国民的ヒロインとするきっかけを作ったのはナポレオン・ボナパルトである。対イギリス戦の正当化に利用したのだとされるが、国家指導者として初めてジャンヌを賞賛したのが彼であった。

19世紀後半からジャンヌ列聖（教会による「聖者・聖女」の承認）の気運が高まり、厳しい審査と議論の後1920年5月6日ローマ教皇庁サン・ピエトロ大聖堂で盛大な「ジャンヌ列聖」式典が挙行された。ロレーヌの小さな村に生まれた少女は死後500年余りを経て、聖女ジャンヌ・ダルクとなったのである。

今田　桂子（福岡国際大学）

【参考となる図書】

富山一彦 『ジャンヌ・ダルク』 岩波新書　2005.

堀越孝一 『ジャンヌ＝ダルクの百年戦争』 清水書院　1984.

J・ミシュレ、森井真、田代葆 訳 『ジャンヌ・ダルク』 中央公論新社　1987.

フィリップ・コンタミーヌ、坂巻昭二 訳 『百年戦争』 文庫クセジュ　白水社　2003.

Georges, Duby. *France in the Middle Ages 987-1460*. tr. by Juliet Vale. Blackwell, 1991.

Robin, Neillands. *The Hundred Years War*. Routledge, 1990.

バラ戦争――王権をめぐる戦い

映　画　『リチャード三世』　*Richard III*

監督：ローレンス・オリヴィエ（Laurence Olivier）
脚本：ローレンス・オリヴィエ、アラン・デント
出演：ローレンス・オリヴィエ、ジョン・ギールグッド、クレア・ブルーム
製作年（国）：1955 年（英）／上映時間：158 分

◆原作情報

ウィリアム・シェイクスピア　William Shakespeare『リチャード３世』

【関連情報】シェイクスピアの他作品同様、創作年代は特定できないが、1592-93 年とする説が有力である。最初の出版は 1597 年、『リチャード三世の悲劇』という題名で、表紙に作者名の記載がないまま刊行された（第一四つ折本）。翌 1598 年出版の第二四つ折本の表紙にシェイクスピアの名が登場する。主な材源は、ラファエル・ホリンシェッドの『イングランド、スコットランド、およびアイルランド年代記』第二版（1587）、エドワード・ホールの『ランカスター、ヨーク両名家の統一』（1548）だと考えられる。ただし、この両年代記は、トマス・モアの『リチャード三世伝』（モアは 1535 年に処刑されたが、この伝記は 1543 年に部分的に発表され、1557 年に完全版が印刷された）を参照している。

◆映画関連記述

数多くのシェイクスピア作品（舞台・映画）に出演したローレンス・オリヴィエが、『リチャード三世』でも、製作・監督・主演を務めている。オリヴィエは、『ヘンリィ五世』（1944）と『ハムレット』（1948）でアカデミー賞主演男優賞を二度受賞、また、イギリス王室からは、各界で著名な業績をあげた人に贈られる一代限りの貴族に列せられた（1970）。

時代は中世末期、「タウトン（Towton）の戦い」でランカスター家のヘンリー６世を破り、王位に就いたエドワード４世の戴冠式（1461）から本作品は始まる。この場面では、シェイクスピアの『ヘンリー６世』第三部の結末部分が使われている。続く独白（原作はこの独白から始まる）で、リチャード（役：Laurence Olivier）は、生まれついた身体的不自由と醜さを呪い、その穴を埋めるため、邪魔者を消してでも、王位に上り詰めるのだ、と決意を語る。

最初の標的は、次兄クラレンス公ジョージ（役：John Gielgud）である。リチャードは長兄エドワード4世に、頭文字Gの人物が、王の世継ぎを殺すという予言を伝え、それがジョージ（George）であると信じ込ませる（リチャード自身がグロスター［Gloucester］公であるところがポイント）。王はジョージを幽閉し処刑を命じる。王は悩み後悔した末に処刑命令を撤回するのだが、リチャードはその措置を知りつつも、策謀を巡らせてジョージを殺害させる。その死を知った王はショックに耐えきれず他界。邪魔者がまずふたり消えた。次はエドワード4世の二人の息子である。王太子は、エドワード5世として戴冠するため、弟と共にロンドンへ向うが、戴冠式は行われず、逆にロンドン塔に幽閉される。さらにリチャードは、エドワード4世は私生児なので、その息子にも王位継承権がないと吹聴し、人びとを納得させ、ついに即位する（1483）。一方、幼王エドワード5世と王位継承権をもつ彼の弟の処刑を指示した。

『リチャード三世』より

しかし王位に就いたのもつかの間、それまでの悪行に反発した諸侯たちが反乱を起こし、フランスに亡命していたリッチモンド伯ヘンリー・テューダー（役：Stanley Baker）が王位を主張して攻め込んでくる。ついに、「ボズワース（Bosworth）の戦い」（1485）が起こる。やがてリチャード軍の形勢が不利になり、リチャードは馬を失うと、「馬だ！馬をくれ！俺の国と引き換えてでも馬が欲しい！」（“A Horse! A Horse! My kingdom for a horse!”）と叫ぶ。この台詞は非常に有名だ。あれほど王位に就く事に躍起になっていたリチャードは、最後に馬一頭を手に入れることもできず、戦場で倒れるのである。

『リチャード三世』には、サー・イアン・マッケランが主演した映画作品（*Richard III,* 1995）もあり、第2次世界大戦前のファシズムを彷彿させる設定となっている。シェイクスピアは、すでにフランスに帰国していたはずのヘンリー6世の未亡人マーガレットを、史実を歪めてまで登場させ、長々と恨みつらみを吐露させる感動的な場面を創造したが、オリヴィエ版にもマッケラン版にもマーガレットは登場しない。彼女の不在は、登場人物の多さを圧縮する効果の他、史実に近づける意味合いもあったのだろうか。

その他に、アル・パチーノが主演、そして初めて監督を務めた『リチャードを探して』（*Looking for Richard,* 1996）もある。シェイクスピアの『リチャード三世』の上演に向けて役者たちが奮闘している姿を、戯曲の要所を映像化し、役者同士のディスカッションや街頭インタビュー、そして専門家の意見などを交えながら、ドキュメンタリー風に描いた作品である。

◆映画の見所

付け鼻をつけたオリヴィエ扮するリチャードは、いかにも悪人面であるが、さらに悪人ぶりを際立たせているのは彼の容姿であろう。彼の背中は大きく曲がり、左右の足の長さが異なるため、終始足を引きずりながら歩いている。オリヴィエの演技はシェイクスピアの描く悪人像を踏襲したものである。しかし、実際のリチャードは、特に容姿に問題があったわけではない。悪人像はテューダー神話の所産である（テーマ関連記述参照）。

また、原作でも見所のひとつになっているのが、テュークスベリの戦いで敵方ヨーク家に敗れ戦死したヘンリー 6 世の息子エドワードの未亡人アン（役：Claire Bloom）をリチャードが口説く場面だ。リチャードの巧みなレトリックが圧巻である。

◆テーマ関連記述

バラ戦争の名前は、ヨーク家の白バラ、ランカスター家の赤バラに由来するが、両家がバラの紋章を掲げて戦ったわけではない。バラの紋章が強調されたのは、リチャード 3 世を破ったヘンリー・テューダーが、ヘンリー 7 世として即位してからのことである。ランカスター派のヘンリーがヨーク家のエドワード 4 世の娘エリザベスと結婚し、この結婚によって両家が統合された。ヘンリーは統合を象徴するためにこの赤バラ・白バラを合体させた標（しるし）をつくり、しばしば用いた。

バラ戦争は、英語では Wars of the Roses と複数で表記する。1455 年から 1487 年にわたる 3 回の戦争の総称だからである。バラ戦争には、王位をめぐる王族同士の争いに、貴族の勢力争いが加わった。戦争の要因は主に二つある。第一に、1422 年にランカスター家のヘンリー 5 世がフランス遠征

ヨーク家の白バラ

ランカスター家の赤バラ

テューダー家の紅白のバラ

中に35歳の若さで病死したため、ヘンリー6世が生後9ヶ月で即位し、摂政体制がとられたことによって派閥抗争が生じたことにある。この時期にランカスター家の傍系ボーフォート家が優勢になるが、実質的に王が親政を開始した1437年以降もボーフォート家の力は衰えることはなく、また王も同家を頼りにした。その結果、ヘンリー同様にエドワード3世の子孫であるヨーク公は不満を抱き、ヨーク家はボーフォート家と対立するようになった。ヨーク家が王位継承権を主張する根拠は、ヘンリー4世の即位にまで遡る。ランカスター家のヘンリー・ボリングブルックはリチャード2世から王位を継承した。エドワード黒太子の息子で、自分のいとこにあたるリチャードを廃位に追い込み、王位についたのである。幽閉されたリチャードは謎の死を遂げたという。ヨーク家はこれを「簒奪」と捉え違法だとするのである。そして、第二の戦争の要因は、財政の弱体化が挙げられる。主に、百年戦争後、唯一残ったフランスの領土であるカレーの維持費が財政を逼迫、財政の弱体化が政権の弱体化を招いた。このような状況下で戦争が起こるのである。

第1次内乱は、1455年の第1次セント・オールバンズの戦いから1464年のヘクサムの戦いまで。1453年、ヘンリー6世が精神に異常をきたすと、ヨーク公が王の代行役を果たした。だが、翌年、王が回復すると、ヨーク公は実権を失う。このことが引き金となって、1455年、第1次セント・オールバンズの戦いが始まり、ヨーク側が勝利した。一時的なランカスター派の巻き返しはあったが、1461年のタウトンの戦いでヨーク側が勝利を収めると、エドワード4世が王位に就く。ヘクサムの戦いでは、ランカスター派のほとんどが壊滅、1465年にはヘンリー6世は捕えられ、幽閉される。

第2次内乱は、ヨーク派内部の争いが原因で、特にエドワード4世が、腹心であったウォリック伯と仲違いしたことが大きい。1469年のエッジコートの戦いでは、ウォリック軍とエドワード軍が対峙、ウォリック伯が勝つと、エドワードは幽閉される。翌1470年、エドワード側は一時的な勝利を収めるが、数々の反乱が起こり、エドワードは亡命、ヘンリー6世が復位する。だが、1471年のテュークスベリの戦いでエドワードが勝利、再び王位に就く。

第3次内乱でヨーク派は没落。エドワード4世の死後、エドワード5世の短い治世が謎に満ちた終わりを告げると、リチャード3世が即位（シェイクスピアが描くとおり、エドワード5世がリチャード3世に「処刑」されたかどうかは、史実としては不明である）。しかし、諸侯の反感を買った上、亡命中のヘンリー・テューダーが攻めてきた。1485年、ボズワースの戦いでリチャードは敗れる。ヘンリー7世の即位後もヨーク派の残党による内乱は続き、完全終結は1487年である。

ヘンリー７世は、エドワード３世の血を微かに引いているとはいえ、５代後の末裔に過ぎず、しかも母親経由であるので、王位継承の根拠は薄弱である。そこでリチャード３世を極悪人に仕立て上げることで、テューダー家の正当化を図った。いわゆるテューダー神話のひとつである。悪人像の起源はイタリア出身の御用学者ポリドール・ヴァージルの記述によるもので、その後のリチャード像に大きな影響を与えた。

青木　美奈（白百合女子大学　非常勤講師）

【参考になる図書】

尾野比左夫 『バラ戦争の研究』 近代文藝社　1992.

Carpenter, Christine. *The Wars of the Roses: Politics and the Constitution in England, c.1437-1509.* Cambridge UP, 1997.

Rothwell, Kenneth S. *A History of Shakespeare on Screen: A Century of Film and Television.* 2nd ed. Cambridge UP, 2004.

第４章 テューダー王朝

1509年　ヘンリー７世の次男ヘンリー王子ヘンリー８世として即位
1534年　国王至上法制定、ローマ・カトリックより離反しイングランド国教会成立
1535年　王妃キャサリンとの離婚に賛同せずトマス・モア処刑
1536年　ヘンリー８世の２番目の妻アン・ブーリン（エリザベス１世の母）処刑
1540年　修道院解散の立役者トマス・クロムウェル処刑さる
1544年　ヘンリー８世の後継の順位を定めた王位継承法制定
1547年　ヘンリー８世死去、エドワード６世（第３王妃ジェーン・シーモアとの子）即位
1553年　エドワード６世死去、ジェーン・グレイ９日間で廃位、メアリ１世の即位
1554年　ジェーン・グレイ処刑
1558年　メアリ１世死去、エリザベス１世即位
1560年　■桶狭間の戦い
1587年　イングランドに亡命中の前スコットランド女王メアリ・スチュアート処刑
1588年　イギリス海軍、スペイン無敵艦隊を撃破
1600年　■関が原の戦い
1603年　■徳川家康、江戸に幕府を開く

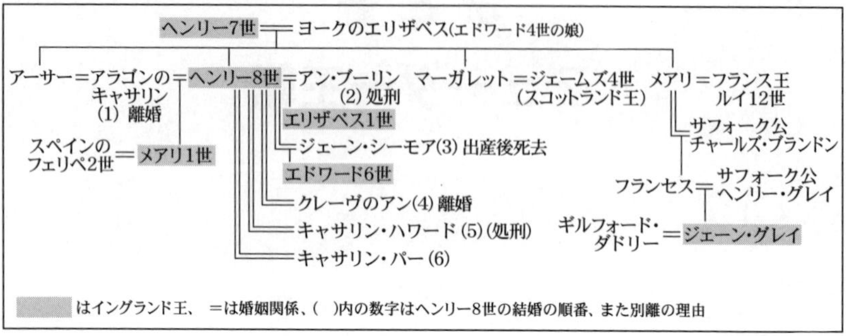
ヘンリー7世
ヨークのエリザベス(エドワード4世の娘)
アーサー
アラゴンのキャサリン (1) 離婚
ヘンリー8世
アン・ブーリン (2) 処刑
マーガレット
ジェームズ4世 (スコットランド王)
メアリ
フランス王 ルイ12世
サフォーク公 チャールズ・ブランドン
スペインのフェリペ2世
メアリ1世
エリザベス1世
ジェーン・シーモア(3) 出産後死去
エドワード6世
クレーヴのアン(4) 離婚
キャサリン・ハワード (5) (処刑)
キャサリン・パー (6)
フランセス
サフォーク公 ヘンリー・グレイ
ギルフォード・ダドリー
ジェーン・グレイ
はイングランド王、 =は婚姻関係、( )内の数字はヘンリー8世の結婚の順番、また別離の理由

テューダー家　家系図

ヘンリー8世

映　画 『ブーリン家の姉妹』*The Other Boleyn Girl*

監督：ジャスティン・チャドウィック（Justin Chadwick）
脚本：ピーター・モーガン
出演：ナタリー・ポートマン、スカーレット・ヨハンソン、エリック・バナ
制作年（国）：2008年（米・英）／上映時間：115分

◆原作情報

原作名：*The Other Boleyn Girl*（2002）
著者名：フィリッパ・グレゴリー（Philippa Gregory）
【原作の概略】「もう一人のブーリン家の娘」という意の原題が示しているように、この小説はヘンリー８世の２番目の王妃となったアン・ブーリンの妹メアリ（史実ではどちらが姉でどちらが妹かはっきりしない）を中心に据えており、王の情婦となり一男一女を儲けたメアリがその地位を姉のアンに奪われ、やがて王妃となったアンが姦淫罪で処刑されるまでの出来事が、メアリの一人称で語られる。小説の中のメアリは映画のメアリよりも、姉のアンに対する嫉妬心や対抗心をむき出しにするが、メアリを苦しめたのは姉の存在よりも、一族の繁栄のために姉妹をとことん利用した叔父の三代目ノーフォーク公、トマス・ハワードをはじめとする一族と言えよう。単なる姉妹の争いではなく、政治的状況と出世欲に翻弄される一家の様子を描いている点で興味深い。

◆映画関連記述

本映画は、ヘンリー８世（役：Eric Bana）の２番目の妻でエリザベス１世の母となったアン・ブーリン（役：Natalie Portman）と、あまり存在を知られていないがアンより先にヘンリーの情婦となった妹メアリ（役：Scarlett Johansson）が、王の寵愛を巡って巻き起こす姉妹の確執と和解を描いている。

アンが､親の言いつけ通りにヘンリーの情婦となったメアリを教訓として、相手の求愛をわざと拒絶するという手練手管でヘンリーを翻弄し、正妻キャサリンを追い出して王妃の座に登りつめたことはよく知られている。映画では、自分を差し置いて先にヘンリーの愛を射止めたメアリに対するアンの嫉妬と復讐という要素が加わることで、アンの人物像にプライドの高さと女の

執念というものが付加される。一方のメアリは、ヘンリーの子を妊娠している間にアンに居場所を奪われ、ヘンリーの裏切りと姉の冷たい仕打ちに打ちのめされて、生まれたばかりの「庶子」と郷里に戻るが、アンの立場が危うくなると再び宮廷へ戻り、最後まで支えとなる。アンが常に「今の自分」を生きることに精一杯で、都合よく妹を排除したり利用したりするのに対し、メアリは父と叔父の野心の道具にされる以前の姉妹愛を希求しているのが対照的である。また、ヘンリーに対する愛についても、相手に捧げる愛と相手を翻弄する愛という、現代の女性にも十分通じる普遍的な対照を描く。

映画では、アンもメアリも共に主役で、どちらの方が重点的に描かれているということはないが、原題から考えてもこれまでアンの陰に隠れて見過ごされてきたメアリをクローズアップする意図が大きいようだ。女王になったのはアンの方だが、ヘンリーが信頼を寄せたのはメアリの方であり、それは姉妹と王のベッド・シーンの描かれ方の違いにも象徴されている（メアリとヘンリーのベッド・シーンがロマンチックに描かれるのに対し、アンの方はしびれを切らしたヘンリーに無理矢理犯される場面が一度あるのみである）。男性たちの野心と陰謀が渦巻く宮廷、最高の地位に登りつめてもなお女性たちが「産む機械」でしかない宮廷において、運命に翻弄されながらも柳のような柔軟さで耐え、最後に慎ましやかな幸せを手に入れたのはメアリの方だった。

ちなみに、アンがフランス宮廷で洗練された教養や宮廷マナーを仕込まれたというのは事実であり（ただしヘンリーに出会う以前のこと）、王妃になった後もフランス流を守った。映画の終幕でのアンの処刑は、断頭台に頭を載せるのではなく背を伸ばしたまま剣で首を切り落とすというものだが、これもフランス流の斬首方法であった。

その見事な時代衣装が第 42 回アカデミー賞の衣装デザイン賞を獲得した『1000 日のアン』（1969）は、ヘンリー 8 世を好演したリチャード・バートンと、迫力あるアンの役にいどんだジュヌヴィエーヴ・ビュジョルド（Genevieve Bujold）とが、それぞれ主演男優賞、女優賞にノミネートされた。

◆映画の見所

姉妹を演じたナタリー・ポートマンとスカーレット・ヨハンソンの豪華競演もさることながら、ヘンリー 8 世役のエリック・バナ（映画『トロイ』においてブラッド・ピット演じるギリシア軍の英雄アキレスと一騎打ちで闘うトロイ軍の総大将ヘクトールの役は印象的だ）は、ホルバインの肖像画に見られる晩年のふてぶてしいイメージを打ち破り、若くて魅力にあふれたヘンリーを好演している。また、姉妹の対照だけでなく、姉妹の両親の対照も面白い。父のトマス・ブーリンは子供達を「家の発展のための道具」としか考えていないが、母のエリザベス・ブーリンは、息子ジョージを含めた三人の我が子に母としての愛情を注ぎながら、権力欲ゆえに我が子を利用する夫に度々警鐘を鳴らす。これは、女性が家のために自らを犠牲にするのは当たり前と考え、娘達のささやかな幸せなど顧みない原作の母親像と大きく異なる点である。アンを探しに来たヘンリーに「娘はどこだ」と言われて「どちらの娘ですか？」（"Which daughter?"）と問い返したり、最終的に二人の子を失った時に夫の頬をひっぱたくなど、ささやかだが痛烈な抵抗を試みるエリザベス・ブーリン（役：Kristin Scott Thomas『イングリッシュ・ペイシェント』の主人公の恋人キャサリンを好演）は、出番はさほど多くはないが強烈な印象を残す存在である。

◆歴史関連記述

ヘンリー８世は、ランカスター家とヨーク家を結びつけバラ戦争終結の象徴となったヘンリー７世とエリザベス・オブ・ヨーク夫妻の第二王子として1491年6月28日に誕生した。次男であったため比較的自由に育てられたが、兄の王太子アーサーが結婚から約４ヵ月後の1502年に急死、翌年には母エリザベス・オブ・ヨークもお産の途中に死亡し、突然王位継承者となったヘンリーは、父の厳しい監視下に置かれた。そのヘンリー７世が1509年４月に他界すると18歳になる少し手前でヘンリー８世として即位した。狩猟と馬上槍試合とダンスを愛する青年王ヘンリーは、政治の実務は家畜業者の息子から枢機卿にまで登りつめたトマス・ウルジーにほとんど任せた。

ヘンリーは父とスペインのフェルナンド２世の協定に従って、即位の２ヶ月後には兄アーサーの未亡人で５歳年上のキャサリン・オブ・アラゴンと結婚したが、キャサリンは流産と死産を繰り返し、生きながらえた唯一の子供は1516年生まれの女児メアリ（在位1553-58）だけであった。男子後継者に恵まれなかったヘンリーは、レビ記の「兄弟の妻を娶ることは汚らわしく、そうして兄弟を辱めた者は子を授からないだろう」という一節に取りつかれ、自分の結婚が呪われたものと考え始めた。1520年代後半になると、40代となったキャサリンが子を生む可能性がほぼ無くなったのに加え、キャサリンの甥であり神聖ローマ帝国皇帝のカール５世としばしば対立するようになったヘンリーにとって、政治的にもキャサリンとの婚姻の意味がなくなってしまった。加えて宮仕えの若い女官アン・ブーリンに熱烈な恋愛感情を抱くようになったヘンリーは、キャサリンとの結婚を解消させるため、兄の未亡人との結婚が無効である旨をローマ教皇に認めてもらおうと画策した。しかしこの直前、キャサリンの甥カール５世がローマを襲撃し、その監視下に置かれた教皇は、ヘンリーの離婚も再婚も許可しなかった。ローマ

アン・ブーリン

1533年	アン・ブーリン、エリザベスを出産。
1536年	アン・ブーリン、不義密通の大逆罪で処刑。 ジェーン・シーモアと結婚。
1537年	王太子エドワード誕生。 ジェーン・シーモア産褥熱で死去。
1540年	アン・オブ・クレーヴスと政略結婚。 容姿に失望し6ヶ月で離婚。 キャサリン・ハワードと結婚。
1542年	キャサリン・ハワード、 婚姻前の不義が発覚し処刑。
1543年	キャサリン・パーと結婚 （キャサリン・パーはヘンリーの最後の妻、 摂政女王、そしてエリザベスの義母として 忠実に尽くす)。
1547年	ヘンリー8世死去（エドワード即位)。

との交渉に失敗したウルジー枢機卿は、ヘンリーの信頼を失って失脚した。

ローマ教皇の離婚認可を受けることに挫折したヘンリーは、離婚問題を自国内で解決しようと、1529年宗教改革議会を召集した。ウルジーに代って台頭した国王評議会議官トマス・クロムウェルの活躍により、宗教改革議会は徐々にイングランドの教会をローマの支配下から国王の支配下にすげ替えていった。特に1534年の国王至上法（Act of Supremacy「首長令」とも訳される）は、国王を「イングランド教会の地上における唯一最高の首長」と宣言し、ローマとの決別を決定づけるものだった。イングランド国教会の成立である。また、その間ヘンリーの離婚問題も国内の法廷を最終決定の場として、キャサリンとの結婚が無効でありアンとの結婚が合法であると認められることで決着がついた。そのアンもやがて断頭台へ送られるが、ヘンリー8世の6人の妻のうち2番目のアン・ブーリン以降を表にまとめると上のようになる。

さて、最初の妻との離婚問題に端を発したヘンリーの宗教改革が、すぐに英国国教会をプロテスタント化したかというとそうではない。むしろヘンリーの死後、熱心なプロテスタントとして成長したエドワード王、逆に熱心なカトリック信者のメアリ・テューダー、中道を模索したエリザベス1世それぞれの治世下で、宗教問題が政治や外交と深く絡んでいくこととなった。

杉浦　裕子（鳴門教育大学）

【参考文献】

八代崇 『イギリス宗教改革史研究』 創文社　1979.

デイヴィッド・スターキー、香西史子 訳 『エリザベス：女王への道』 原書房　2006.

フィリッパ・グレゴリー、加藤洋子 訳 『ブーリン家の姉妹』（上）・（下） 集英社　2008.

トマス・モア

映画 『わが命つきるとも』 *A Man for All Seasons*

監督／製作：フレッド・ジンネマン（Fred Zinnemann）
脚本：ロバート・ボルト
出演：ポール・スコフィールド、ロバート・ショウ、ナイジェル・ダヴェンポート、スザンナ・ヨーク、オーソン・ウェルズ、ヴァネッサ・レッドグレイヴ
製作年（国）：1966 年（米・英）／上映時間：120 分

◆原作情報

ロバート・ボルトが自身による同名の戯曲（1960）を脚色。ボルトは『アラビアのロレンス』（1962 年、イギリスアカデミー賞脚本賞受賞）、『ドクトル・ジバゴ』（1965 年、ゴールデングローブ賞脚本賞、アカデミー賞脚本賞受賞）などの脚本も手がけている。

英語タイトルの “for all seasons” とは、「どのような状況にも順応、対応する」という意味である。もちろん、映画の中で叙情豊かに描かれる、モアを巡る時の流れ、季節の移ろいをそのまま表す。しかしまた、モアを取り巻く宮廷や歴史の蠢きに自分の信念を変節させるのではなく、逆にどれほど周囲が変わろうとも自分を一切変えることなく信念を貫いたモアの生き方がタイトルに込められている。

『わが命つきるとも』より

◆映画関連記述

第39回アカデミー賞において、作品賞、監督賞、脚本賞、さらに撮影賞、衣装デザイン賞、そしてポール・スコフィールドの主演男優賞という6部門を見事に独占受賞した映画史に残る名作である。16世紀ヘンリー8世統治下、イングランドは王の離婚問題に大きく揺れていた。ローマ教皇が認めた正当な王妃キャサリンはすでに年齢的に妊娠が難しくなっていた。彼女との離婚、若いアン・ブーリンとの再婚、そして男子王位継承者誕生こそがヘンリーの悲願であった。

映画の冒頭、大法官のウルジー枢機卿（役：Orson Welles）は議会でただ独り王の離婚に反対するトマス・モア（役：Paul Scofield）を呼びつけ翻意を要求する。熱心なカトリック信者であり当代随一の法律家であるモアにとって、教皇が認めた結婚を無効にすることは、神にも法律にも反する、絶対に受け入れられないことであった。しかしウルジーが離婚問題をうまく処理できず失脚し失意のうちに病死した後、大法官に任命されたのはモアだった。ヘンリー8世（役：Robert Shaw）は自らモアの館を訪れ離婚に賛同するように命ずるが、モアは激高する王を前にしても自らの信念を曲げず、かたくなに拒否する。

ウルジーのかつての秘書クロムウェルは今や王の寵臣となり、控訴員判事、また王国王秘書として国事を一手に引き受け、国王を教会と国家の唯一最高の首長とする国王至上法（首長令とも訳される）を強行に通過させる。この法令発布によりイングランドはローマ・カトリックからの離反が決定的となり、モアはここで大法官を辞任する。しかし彼は反対を明言することを慎重に避けた。声に出して反対すれば反逆罪で死刑にされるからである。王とアン（役：Vanessa Redgrave）との結婚式にもモアは欠席し頑な態度を貫き、ついに逮捕されロンドン塔に収監される。

映画のクライマックスはモアの裁判における激しい論争である。モアは至上法に否認ではなく沈黙により抵抗した。彼を有罪に追いやったのは、かつてモアを慕っていたリチャード・リッチだった。立身出世の野望を抱くリッチはクロムウェルの策略に乗り、司法長官という高位と引き換えにモアの反逆罪を偽証する。死刑宣告後、最後に、しかし初めてモアは反対の意思を声高に叫ぶ。だが法を遵守するモアは法の裁きに従い、1535年7月、静かに刑場に赴き最後の瞬間を迎える。

モアが命をかけてその結婚に反対したヘンリーの2番目の妻アン・ブーリンは、モアの処刑後わずか1年もしないうちに同じロンドン塔で斬首された。1537年、3番目の妻ジェーン・シーモアによりやっと誕生した跡継ぎエドワードは、父の死後エドワード６世（在位 1547-53）として即位するも生来虚弱であり夭逝する。その後、カトリック女王メアリ即位を阻止するためにプロテスタント派貴族たちの策謀によって即位させられたヘンリー７世の曾孫、すなわちヘンリー８世の妹メアリの孫、（詳細な系図は 76 頁参照）ジェーン・グレイの生涯を描いた映画が次節に登場する『レディ・ジェーン』である。宗教が宮廷の権力闘争と結びついた、暗い、不安定な時代であった。

トマス・モア

◆ 映画の見所

裁判での論争も興味深いが、モア逮捕のターニングポイントとなった結婚の祝宴でのヘンリーに注目しよう。これは「モアの不在」がかえって「モアの存在」を高めている重要な場面であり、なぜ彼が破滅に追い込まれたのかの核心がある。宮廷にはヘンリー８世を取り巻く廷臣たちがひしめき合っている。しかしそれこそ王の一挙手一投足に振り回され顔色を窺う輩でしかない。王の意見におもねり自分の主義主張すら変えてしまう。対照的に信念を貫き絶対曲げないモアだからこそ、思い通りにならないにも関わらず王は信頼を寄せている。ヘンリー８世は父ヘンリー７世に始まるテューダー王家の王位簒奪の疑念と自分の王位への正当性の不安を心に抱き、兄アーサー亡き後、兄嫁だったキャサリンとの婚姻が近親婚になり、神の怒りに触れて息子が誕生しないという恐怖に常に苛まれていた。祝宴の席、モアに似た人を見て喜んだ彼は花嫁アン・ブーリンを置き去りにして駆け寄る。王が本当に目にしたかったのは花嫁ではなくモアの姿であった。この場にいてほしかったのはモアであり、「モア不在」の絶望がモアの破滅を決定づけたのだった。

◆ テーマ関連記述

<ロンドン塔の歴史>

ロンドン塔は現在世界遺産として登録されている、ロンドン随一の観光名所である。しかしかつては軍事要塞、王家の居住空間、牢獄でもあった。トマス・モア、そしてヘンリー８世の２番目の妃アン・ブーリン、5 番目の妃キャサリン・ハワード、悲劇の女王ジェーン・グレイなども皆最後はロンドン塔に収監され処刑された。暗い歴史をもった塔である。最後の囚人は20世紀、第2次大戦後に収監されたナチスドイツ高官のルドルフ・ヘスであった。

ロンドン塔の最初の姿はノルマンディー公ウィリアムがイングランド征服後ロンドンに建てた要塞である。その後歴代の王たちの手によって、塔は増改築を重ねられ、王家の住まい、または牢獄、処刑場ともされた。ヘンリー8世も1533年5月、アン・ブーリンの戴冠式にあわせてロンドン塔を改修した。皮肉なことにアンはウォーターゲート（後のトレイターズゲート、反逆者の門）から塔内に入り戴冠式までの期間を過ごしたが、わずか3年も経たない1536年4月に不義密通の罪で逮捕され、再びトレイターズゲート（コートゲートからという説もある）からロンドン塔に入った。彼女は実の兄との近親相姦の罪まで捏造され、裁判の後、翌5月に塔内で処刑された。アンだけではなく、栄華を誇りながらも、失脚しロンドン塔に投獄、処刑された王族や貴族たちは数多い。モアに次いでアン・ブーリンをも死に追いやったトマス・クロムウェルは、大陸との同盟を画策し、第3代クレーヴ公爵の娘アンをヘンリー8世の4番目の妃にしようとする政略結婚を試みた。しかし宮廷画家ハンス・ホルバインによる肖像画と比べ実際のアンの容姿を見たヘンリーはその違いに激怒し、クロムウェルは王の寵愛を失ってしまい（1539年12月）、ついには反逆罪で告発され1540年7月にロンドン塔で斬首された。

塔の処刑の歴史はまだ続く。メアリ女王時代（1553-58）にはカトリック勢力が復活したため、ジェーン・グレイを擁立したダドリー一派を始め、プロテスタント派の貴族や聖職者たちが次々にロンドン塔に投獄され、処刑された。イタリア発祥のソネット（14行詩）という詩の形式をイングランドにもたらした詩人であり外交官のトマス・ワイアットの息子（父と同名のThomas Wyatt, 1521?-54）が1554年2月、メアリとスペインのフェリペ王太子（後のフェリペ2世、在位1556-98）との結婚に反対し反乱を起こし（ワイアットの乱）、反逆罪で逮捕され塔で処刑された。またヘンリー8世時代にクロムウェルと共に権力を握っていたカンタベリー大司教のクランマーも、1556年にメアリ女王時代のプロテスタント粛正の中、異端者としてロンドン塔で火刑に処された。

エリザベスも1554年のワイアットの乱以後、2ヶ月ほどであるが謀反を疑われてメアリによってロンドン塔に収監されたことがある。しかしメアリ女王に迫害されたプロテスタント新興貴族たちの残存勢力がエリザベス即位後に再び力を盛り返し、イギリス・ルネサンスを促進する大原動力となった。しかしながらそのエリザベス治世下においても、寵臣ウォルター・ローリー

クィーンズ・ハウス（ロンドン塔内）

が投獄され、また別の寵臣エセックス伯ロバート・デヴァルーも反逆罪で処刑された。その後もジェイムズ1世時代（在位1603-25）には火薬陰謀事件の首謀者ガイ・フォークス（国王爆殺を目論んだ実行犯で上院議場地下に爆薬を仕掛けた。現在の11月5日のガイ・フォークスデーで知られている）も塔に投獄、処刑された。ロンドン塔の血塗られた歴史である。

処刑跡

罪人とされた人々は「トレイターズゲート（反逆者の門）」というテムズ川に面した水門から舟で塔内に入った。再び塔の外に出られなかった人々の絶望の門である。写真はクィーンズ・ハウス。白壁に黒い木の枠が美しい建物である。

しかし外観とは裏腹にアン・ブーリンやガイ・フォークスらが処刑まで収監された恐ろしい監獄となった。そしてクィーンズ・ハウスを出るとすぐ処刑場跡がある。当時処刑された人々の名が記されたプレートには、アン・ブーリンやジェーン・グレイ、エセックス伯の名が連なる。

さて塔には有名な「ロンドン塔の鴉」が沢山いる。伝説によれば、1666年ロンドン大火の後、焼死体に群がった大量のカラスを駆逐しようとしたチャールズ2世に、この鴉がいなくなるとロンドン塔は崩壊しイギリスが滅びるという予言がなされたという。そのため鴉は今も大切に保護されている。

祖父江　美穂（金城学院大学　非常勤講師）

[参考になる図書]

石井美樹子 『イギリス・ルネサンスの女たち』 中公新書 1997.

サイモン・サーリー他 『ロンドン塔』 ヒストリック・ロイヤル・パレス 1996.

Denny, Joanna. *Anne Boleyn: A New Life of England's Tragic Queen*. Da Capo, 2004.

Kinged, John N. *Voices of the English Reformation.* Pennsylvania UP, 2004.

ジェーン・グレイ

映　画　**『レディ・ジェーン　愛と運命のふたり』*Lady Jane***

監督：トレヴァー・ナン（Trevor Nunn）

脚本：クリス・ブライアント、デヴィッド・エドガー

出演：ヘレナ・ボナム＝カーター、ケイリー・エルウィズ、ジョン・ウッド

製作年（国）：1985年（英）／上映時間：141分

◆映画関連記述

本作品は24歳でロイヤル・シェイクスピア・カンパニーの芸術監督となった稀代の名演出家トレヴァー・ナンが監督、曾々祖父がイギリスの元首相アスキス卿（在職1908-16）という名門出身の女優ヘレナ・ボナム＝カーターの映画デビュー作である。ヘレナ・ボナム＝カーターはこの後、『ハワーズ・エンド』（1992）、『十二夜』（1996）などに出演、『鳩の翼』（1997）でアカデミー主演女優賞にノミネートされるなど、イギリスの古典的名作を映画化した文芸ものに多く出演していた。最近では公私ともにパートナーであるティム・バートン監督の、『チャーリーとチョコレート工場』（2005）や『スウィーニー・トッド　フリート街の悪魔の理髪師』（2007）などに出演、演技の幅を広げている。

物語はヘンリー8世の後王位を継いだエドワード6世の治世末期、王位継承争いに巻き込まれたジェーンと夫ギルフォード・ダドリーの辿った数奇な運命を描いている。ジェーン（役：Helena Bonham Carter）はプロテスタント派貴族サフォーク公ヘンリー・グレイの娘であり、学問好きの信仰心篤い純粋な少女である。しかし実は本人の意思とは無関係に周囲の大人たちの権力争いのため、1553年5月21日、彼女はノーサンバーランド公ジョン・ダドリーの息子ギルフォード（役：Cary Elwes）と政略結婚をさせられてしまう。結婚に反発する彼女は、「妻としての生活」より「信仰の生活」が大切だとギルフォードに言い放つ。しかし彼女の信仰は本の中の虚ろなものであった。現実の貧しい人々の苦しみも国の矛盾も何も知らないことをギルフォードに指摘され、自分の無知を思い知らされる。一方ギルフォード自身も現実を知りながら行動する術のない無力感に傷ついているのだった。2人は互いを知り、心を通わせ、信仰と人々の安寧を望みながら新婚生活を送り始める。

だが幸せは長くは続かない。1553年7月6日（公表は10日）、エドワー

ド6世の崩御により、ヘンリー8世の妹メアリの孫、すなわちヘンリー7世の曾孫にあたるジェーンは、プロテスタント派貴族たちの策略により無理矢理即位させられてしまう。この時本来であればヘンリー8世の長女メアリ、次女エリザベス、ヘンリー8世の妹の娘フランセス（ジェーンの母）についで、ジェーンの継承順位は4番目であった（テューダー家系図については76頁参照）。無理のある即位である。

レディ・ジェーン・グレイの処刑

ギルフォードは大人たちの思惑をよそに、自分たちが望んでいた真の信仰と貧しい人々が困窮しない国を作ろうと熱く語り、2人は希望を抱く。が、その時すでにエドワードの姉メアリが王位を宣言し、軍隊を引き連れてロンドンに向かっていた。ギルフォードの父ダドリー卿が討伐を命ぜられるが敗北、枢密院にも見捨てられた2人はわずか9日間の在位で捕らえられロンドン塔に監禁される。当初メアリはジェーンを処刑するつもりはなかった。しかし1554年1月、ワイアットの乱が起きると、プロテスタント勢力に対するカトリック国スペインの危機感は一層強まった。母キャサリン譲りの熱烈なカトリック信者であるメアリはスペイン王太子フェリペとの結婚を強く望み、自らの即位と結婚によってイングランドを再びカトリック国とすることが悲願であった。スペインはその結婚条件として2人の死刑を提示してきたのだった。メアリは苦しみながらもついに同意せざるを得なくなった。1554年2月、ギルフォードに続きジェーンもロンドン塔の処刑場で斬首され、短い人生に幕が引かれた。

◆映画の見所

ジェーンとギルフォードの食卓には当時高価だったヴェネチア製のグラスが並べられている。ダドリー卿からの結婚祝いである。しかしその豊かさは、1535年に発令された修道院解散令により一旦は国庫に納められた領地や財産がプロテスタント派新興貴族の手に渡った結果である。食卓でギルフォードはジェーンに願い事をするよう促す。彼女が聖書の真の信仰を持てるようにと願うと、彼はグラスを床に叩き付け「叶った」と微笑む。グラスは腐敗しきったカトリック、そして強欲なプロテスタント双方の欲望と欺瞞の象徴である。それを叩き割るのは、偽りの信仰と自分たちを利用する大人たちに対する無力な若い夫婦のささやかな抵抗である。2人は教皇、王侯貴族の支配への反対、一般庶民や子どもへの愛、平等と平和を口々に願う。しかし権謀術数に明け暮れる汚い大人の手によって壊されたのは、ガラスのように純粋で脆い若い2人の人生であった。

彼らの悲願は映画後半で新しいシリング貨幣の鋳造という希望に集約される。新婚のジェーンとギルフォードが目の当たりにしたように、プロテスタント信仰貴族たちの急激な勃興と反比例して当時のイングランド国内は荒廃していた。その象徴とも言えるのが銀の含有量を減らされた悪貨のシリングだった。1553年エドワード6世崩御後、2人の両親の思惑により無理矢理即位させられるジェーンにとって、国の秩序回復のシンボルが新しいシリング鋳造だったのである。「私たち…私は本物のシリング貨幣を作りたい」(“We want. . . I want a real shilling.”)というジェーンの願いはギルフォードの支えとともに、わずか9日間の在位中に何とか叶う。シリング貨幣は2人の愛の結晶だった。周囲の大人たちの権力争いに巻き込まれ、何一つ思い通りにできずに運命に翻弄され続けた2人であるが、ただ1つ成し遂げた新しい貨幣を手にロンドン塔、そしてさらに処刑台へと登り、その短い生涯を終えることとなった。

◆ テーマ関連記述

<テューダー朝の王位継承と確執>

1544年に制定された王位継承法により、ヘンリー8世の後継の順位は決められていた。3番目の妃ジェーン・シーモアが生んだ唯一の男子エドワード、長女メアリ、次女エリザベス、ヘンリー8世の妹メアリの娘フランセス、そしてその娘ジェーンである。しかし肺結核を患う少年王エドワードの余命いくばくもないことがわかると、また後継問題が浮上する。

メアリはヘンリー8世最初の妻であるアラゴン家のキャサリンの娘で、親スペインの熱心なカトリック信者である。この点において反ローマ、宗教改革を押し進めるイングランド新興勢力にとっては好ましくなかった。エリザベスはプロテスタントであったが、ヘンリー8世2番目の妃、不義の罪で処刑されたアン・ブーリンの娘であり、罪人の子として王位にはふさわしくないとされた。そこでプロテスタント派貴族たちが白羽の矢をたてたのは、ヘンリー8世の妹メアリの孫ジェーン・グレイであった。エドワード6世の病状が悪化すると、ダドリー卿は病床の王にメアリ、エリザベスの2人を差し置いてジェーンを次の王にするという法案に無理矢理サインさせ、枢密院で承認させた。ジェーンの在位はわずか9日間であり、歴史上正式に王と認められない場合が多いが、現在のイギリス王室はジェーンの在位を認めている。

ジェーン逮捕後、女王になったメアリはジェーンを処刑、また妹エリザベスもロンドン塔に収監した。カトリックの復権、親ローマ、スペインへの揺り戻しにより、プロテスタント貴族や教会の要人たちは大量に処刑され、これが彼女に「血のメアリ（ブラッディ・メアリ）」というあだ名をもたらした。メアリはわずか5年で病没しプロテスタント女王エリザベスが即位した。王位は宮廷内の権力闘争に左右され、同じ血縁関係のなかで宗教をめぐる権力闘争により確執がもたらされる結果となった。

＜宮廷内権力闘争＞

テューダー朝において宮廷に入り王の目に留まることは立身出世の道を切り開くことであった。しかし王の寵臣は絶大な権力を手中にすると同時に常に失脚の恐れもあった。多くのものに謀反の罪を着せて処刑台に送った本人が処刑台に送られるのだ。ヘンリー8世の庇護の下でクロムウェルは1533年大蔵大臣、1534年には国王秘書、控訴員判事、1535年国王代理、総監督代理となり、またカンタベリー大司教のクランマーなどプロテスタント新興勢力が立身出世の階段を駆け上っていったが、いずれも最後は処刑された。

プロテスタント王エドワード6世時代に権力を掌握したのはエドワードの伯父サマセット公エドワード・シーモアだった。しかしノーサンバーランド公ダドリー卿の策略により反逆罪で逮捕、処刑された。そのダドリー卿も息子ギルフォードと共に、ジェーン・グレイ姫擁立の挙げ句、これに失敗し、反逆罪で処刑された。ここに2代に渡り権力を謳歌したプロテスタント派貴族たちは、続くメアリ1世の治世では厳しい弾圧の憂き目にあうこととなった。しかし時代は巡る。エリザベスは再度イングランドをプロテスタントの国とし、ギルフォードの兄であるレスター伯ロバート・ダドリーがエリザベス1世の寵臣、かつ愛人ともなった。

宗教と政治は車の両輪のように働き、権力闘争をエンジンとして、大きく揺れ動きながらもイングランドに近代国家への道を歩ませていったのだった。

祖父江　美穂（金城学院大学　非常勤講師）

[参考になる図書]

石井美樹子 『イギリス・ルネサンスの女たち』 中公新書　1997.

サイモン・サーリー他 『ロンドン塔』 ヒストリック・ロイヤル・パレス　1996.

Denny, Joanna. *Anne Boleyn: A New Life of England's Tragic Queen.* Da Capo, 2004.

Williams, Penry. *The Later Tudors: England 1547-1603*. Clarendon Press, 1995.

エリザベス１世

映　画　『エリザベス』*Elizabeth*

監督：シェカール・カプール（Shekhar Kapur）
脚本：マイケル・ハースト
出演：ケイト・ブランシェット、ジョセフ・ファインズ
制作年（国）：1998年（英）／上映時間：123分

◆映画関連記述

本映画は、熱烈なカトリック信者でBloody Mary（血のメアリ）の異名をとったメアリ・テューダー治世下でのプロテスタント弾圧という残虐な場面で始まる。背景にあるのは一貫して宗教問題である。映画の序盤では、エリザベス（役：Cate Blanchett）が謀反の疑いでロンドン塔幽閉と軟禁という苦難を経て1558年11月17日25歳で戴冠するまでが描かれるが、その中で幽閉中のエリザベスが「カトリックとプロテスタント、同じキリスト教なのに何故こんなに反目するのかわからない」と述べる。これは義姉メアリの治世を通してどちらかの教義に極端に傾くことの危険を肌で体験し、狂信的な司祭を信じず、「法を犯していない限り宗教で人を罰しはしない」としてできるだけ中道をとろうとしたエリザベスの基本的姿勢をよく表している。中盤では「礼拝統一法」が五票差で可決されるまでのいきさつが描かれ、エリザベスが即位後初めて議会の前で女王としての真価を発揮する場面、また議会の間に旧教の司祭を閉じ込めた秘密諜報長官ウォルシンガム（役：Geoffrey Rush）の活躍の場面としてドラマ化される。そして終盤では、ヴァチカンのローマ教皇からの女王暗殺特許状とノーフォーク公（役：Christopher Eccleston）を中心に内外のカトリックが起こした謀反がクライマックスとなる。この謀反は新教の女王である彼女が直面した危機としてだけでなく、エリザベスと彼女の幼馴染ロバート・ダドリー（レスター伯）（役：Joseph Fiennes）との苦い恋の結末としても描かれている。

◆映画の見所

女王になった当初は迷いが目立った彼女が、徐々に「男の心を持つ」と公言する強さを備えていくまでが、全体として見所であろう。就任当初は、スコットランドに駐屯するフランス軍と戦うための出兵に関する枢密院会議でも、女性を見下すような顧問官たちの視線の圧力の下で適切な判断を下せな

かったエリザベスだが、後半では片腕のセシルに「あなたの助言に従うと結局はフランスかスペインの属国になる。これからは自分の考えに従う」（“Your policy will make England nothing but a part of France or Spain. From this moment I am going to follow my own opinion.”）と反論して退けたり、ダドリーの結婚を知った際には、「侍女を妾にするのは構わないが私を一緒にするな」（“Lord Robert, you may make whores of my ladies, but you shall not make one of me.”）と決然とした態度で臨む。こうしてエリザベスは様々な苦い体験を克服しながらも「乙女」から「女王」へと変貌し、自分の足で歩き出すわけだが、その自立が最終場の、髪を切り白塗りの化粧を施し自らを「英国と結婚した処女女王」というイコンにする場面に繋がる。

作品タイトル：『エリザベス』
価格：￥1,980円（税込、期間限定）
発売・販売元：（株）ソニー・ピクチャーズ　エンタテインメント

◆歴史関連記述

映画では、エリザベスの排除とスコットランドのメアリ擁立を目論んで、ノーフォーク公を中心に内外のカトリックが起こした謀反にロバート・ダドリーも名を連ねたことになっているが、実際にはダドリーは当初ノーフォーク公トマス・ハワードとスコットランドのメアリとの婚姻交渉を支持したものの、この計画が後に孕んだ大きな陰謀に加担したわけではない。

また、映画ではエリザベスとロバート・ダドリーとの恋愛を筋の一つの中心に据えるために、史実の年代をずらしている。ダドリーの秘密結婚がばれて女王の激怒を買うのは 1578 年、フランス王の弟アンジュー公がエリザベスに結婚を申し込みに訪英するのは 1579 年と、エリザベスが 40 代の時のことであるが、映画ではそれらをノーフォーク公の謀反（1572）より前に設定し、秘密結婚がばれて女王の寵愛を失った失意のダドリーが、スペイン大使にうまくまるめこまれて陰謀に加担していくという筋にしている。その他にもスコットランドのメアリ・オブ・ギース（メアリ女王の母）がウォルシンガムに殺される設定など、史実に反する箇所は幾つかあるものの、それらはこの歴史絵巻をより面白くするための操作として看過されてしかるべきであろう。

映　画　『エリザベス：ゴールデン・エイジ』
Elizabeth － The Golden Age －

監督：シェカール・カプール（Shekhar Kapur）

脚本：ウィリアム・ニコルソン、マイケル・ハースト
出演：ケイト・ブランシェット、クライヴ・オーウェン
制作年（国）：2007年（英・仏）／上映時間：115分

◆映画の解説

前作『エリザベス』から10年後に制作された本作品では、設定も1585年～90年と前作の結末より十年以上が経過し、エリザベスも最初から女王としての威厳と風格に満ちて登場する。映画の冒頭約10分で、ヨーロッパ全土をカトリック化しようとするスペインの〈聖戦〉とそれに逆らう英国という対立構図、エリザベスが治める英国内にいまだ多く存在するカトリック教徒の脅威、ノーサンプトンシャーのフォザリンゲイ城に監禁中のメアリ・スチュアートがエリザベスの暗殺をもくろんで行う密書のやりとりなど、本作の背景に関する重要な情報が紹介される。スペインのフェリペ2世が裏で糸を引くエリザベスの暗殺未遂事件からメアリの処刑、そしてスペイン無敵艦隊の襲来までを軸に、そこにエリザベスとウォルター・ローリー卿との絡みが織り交ぜられる。ウォルター・ローリー（役:Clive Owen）は、まず「女王の通り道にあった水溜りの上にマントを広げる」という有名な逸話で登場し、次にスペイン船からの略奪品とともに新大陸からの帰朝報告をする。ローリーはエリザベスより二十歳近く年下だが、映画の中ではそこまでの年の差は感じられず、エリザベスと対等な口をきく良き助言者・友人となる。エリザベスは自分の代わりに侍女のベス・スロックモートンをローリーに近づけて擬似恋愛をするが、彼との出会いは「英国と結婚」して一度は捨てたエリザベスの女心を刺激する。ローリーが女王の寵愛を得ながらもベスと秘密結婚をし、女王の怒りを買って一時ロンドン塔に送られたことは史実に基づいている（1592）。一人間、一女性としての孤独感に苛まれ、かつ暗殺未遂事件や歩み寄るスペインの恐怖に怯えながらも、無敵艦隊の撃破をきっかけにこれらを克服するという形で、人間エリザベスのドラマが描かれている。

◆映画の見所

本作の最大の見どころはなんといっても、スペイン無敵艦隊撃破の場面であろう。映画ではエリザベスが海戦を見渡せる最前線の地に陣を張っているように描かれているが、実際にエリザベスが訪れたのはテムズ川河口近くのティルベリーの野営地である。エリザベスが、言い伝えられているような胸当てだけではなく、全身を鋼の鎧で包み、自ら白馬にまたがって陸戦に備える兵士たちに「自分もここでそなたたちと生死を共にする。…今日のこの闘いが終われば、我々が再会するのは天国か、勝利の地かいずれかだ」（“I am resolved in the midst and heat of the battle to live or die amongst you all! . . .

And when this day of battle ended, we meet again in heaven, or on the field of victory."）と宣言するその姿はなんともほれぼれする。またイングランド軍の焼き討ち船による攻撃の場面も、陸戦に備えてスペインから連れて来られた馬たちが暴れだすなど、CG を駆使した迫力ある映像になっている。

◆歴史関連記述

ローリーが新大陸のロアノーク島付近を処女女王にちなんで「ヴァージニア」と名づけて植民地化を計画したこと、またポテトやタバコを持ち帰ったことは事実に基づいているが、スペイン船からの金品の略奪をしたのは実際にはフランシス・ドレイクである。ドレイクら英国の海賊がスペイン船に働いた略奪行為が無敵艦隊の襲来の重要な背景にある。

1580 年代の出来事として、ヨーロッパの覇権を握ろうとするフェリペの画策、イエズス会によるイングランドへのカトリック伝道、フランシス・スロックモートン（ベス・スロックモートンの従兄）の陰謀、メアリ・スチュアートの支持者バビントンの陰謀、メアリの陰謀加担と処刑、スペインの無敵艦隊の襲撃などは互いに繋がった一連の出来事である。本映画ではその繋がりの解釈の仕方が新しい。映画では、フェリペ 2 世の配下レストンから指名されたバビントン青年が礼拝堂でエリザベスに発砲するものの、銃が空砲でエリザベスが命拾いするという緊迫した場面がある。ウォルシンガムはメアリ・スチュアートの密書を手に入れ、この陰謀の首謀者がメアリであることを突き止めるが、なぜ銃が空砲だったのか理解できないでいた。後に、これらは全てイングランド襲撃の口実を得るためにフェリペ 2 世が仕組んだことだとわかる。つまり、フェリペがわざとエリザベス暗殺を「未遂」に終わらせ、メアリを断頭台に送り込んだ上で、「メアリの処刑に対する制裁」を大義名分にスペイン無敵艦隊が 1588 年 7 月イングランドに総攻撃を仕掛けたというわけである。

杉浦　裕子（鳴門教育大学）

【参考になる図書】

石井美樹子 『エリザベス－華麗なる孤独』 中央公論社　2009.

クリストファー･ヒバート，山本史郎 訳 『女王エリザベス（上）波乱の青春』『女王エリザベス（下）大国への道』 原書房　1998.

デイヴィッド・スターキー、香西史子 訳 『エリザベス：女王への道』 原書房　2006.

Ronald, Susan. *The Private Queen*, New York: Harper Collins Publishers, 2007.

エリザベス１世

エリザベスは1533年９月７日、ヘンリー８世と２番目の妻アン・ブーリンの間に生まれる。母親のアンはエリザベスを出産後、二度流産を繰り返し、男児の世継ぎを産めぬままエリザベスが２歳８ヶ月のときに「姦通罪」で極刑となる。母の処刑に伴いエリザベスは３歳で私生児の烙印を押されたが、ヘンリー８世晩年の1544年の議会で「国王継承法」が制定されると、異母弟エドワード、異母姉メアリの次にエリザベスにも王位継承権が認められた。この間エリザベスは、ケンブリッジ大学の高名なラテン語学者ロジャー・アスカムを初めとする優れた家庭教師たちによって当代最高の教育を受け、天性の明敏さも加わって10代前半までには幅広い教養を身につけていた。

1553年エドワード王が16歳にも満たない若さで死去、メアリが王座に就くが、メアリ女王は、想像妊娠騒動、夫フェリペのスペイン帰還、プロテスタント迫害、カレー（フランスにおけるイングランドの拠点）の陥落などで甚だ評判を落とした挙句、1558年43歳で失意のうちにこの世を去った。こうしてエリザベスに王冠が転がりこむが、それまでの間エリザベスは度々メアリを退位させようとする反乱に巻き込まれた。　特に1554年のワイアットの反乱（ケント州のジェントリ、トマス・ワイアットが蜂起し一時的にメアリ女王を危機的な状況に追い込んだ）の後には、エリザベスもロンドン塔に送られた。20歳のエリザベスは、厳しい取調べを受け迫りくる処刑の影に怯えながら２ヶ月間幽閉された。その２年後にも同様の陰謀が発覚するなど、繰り返し窮地に陥りながらもエリザベスは非凡な理知と勇気と幸運に救われた。しかしエリザベスは単に運が良かったわけではない。ウッドストック城で軟禁生活中も外部との連絡を絶やさず着実に支援者を増やし、結婚を強要されそうになっても、自分の利益にならないとみると頑として撥ねつけるなど、的確な判断力と周到な準備で王位を手に入れたのである。

そんなエリザベスが女王となってから頼りにした廷臣たちには以下のような人物がいる。まず、エリザベスとは幼馴染であった上、その端麗な容姿と多彩な才能が彼女のお気に入りであったレスター伯ロバート・ダドリー。エリザベスは即位後、ロバートを主馬頭（しゅめのかみ）、ガーター叙勲士、枢密院メンバーと惜しげもなく昇進させ人前でも彼に対する好意を隠そうとしなかったが、ロバートの妻アミー・ロブサードの急死に関して不穏な噂を防ぐためにもロバートと結婚することはなかった。その後ロバートは、1578年にレティス・ノリスと秘密結婚をして女王の怒りを買うが結局は許された。

エリザベスの片腕として権力の中枢にいたのが国務卿ウィリアム・セシル。エリザベス戴冠時のセシルは 38 歳だった。女王に執拗に結婚を勧めたという点では意見が合わなかったようだが、後にバーリー卿に任ぜられ、1572 年以降は大蔵卿としても財政運営にあたり、1598 年に 78 歳で亡くなるまで（エリザベス崩御のわずか 5 年前まで）40 年間女王の忠臣であり続けた。

エリザベス政権の中期、セシルとともに女王を支えたのがサー・フランシス・ウォルシンガム。彼は非公式な諜報活動を任せられ、大陸に 70 人ものスパイを派遣・監督し、1573 年には国務卿に任じられた。カトリック勢力を中心に渦巻く様々な陰謀を未然に防ぐことが出来たのもウォルシンガムのスパイ活動の賜物である。ウォルシンガムは 1590 年に没している。

レスター伯やウォルシンガムに代わりエリザベスをとりまく新しい世代の廷臣として、エリザベスより約 20 歳年下のサー・ウォルター・ローリーや、約 30 歳年下のエセックス伯がいた。ローリーは北アメリカ沿岸への航海に度々参加し、ロアノーク島付近に「ヴァージニア」植民地を計画するが挫折する。女王に甘やかされたエセックス伯は、1599 年のアイルランド遠征軍の際にはその身勝手さが度を過ぎ多大な金を浪費したため、さすがのエリザベスも怒り心頭で彼を全ての公職から追放した。女王に面会すら拒否されたエセックスは、1601 年反乱を企てたが支持者が集まらずに失敗し、処刑された。**杉浦　裕子（鳴門教育大学）**

エリザベス 1 世
白テンの肖像画

エリザベス 1 世
虹の肖像画

宗教問題と無敵艦隊の襲撃

ヘンリー８世の宗教改革以降、英国の宗教政策は二転三転したが、エリザベスは国教会の再プロテスタント化を明確にした。しかしエリザベスはカトリック教徒に対し比較的寛容で、彼らがイングランドの法に従い女王に忠誠心を持っている限りはプロテスタント信仰を無理強いしようとはしなかった。そのため、イングランド北部の大貴族を中心に地方にはカトリック勢力が根強く残り、国内外のカトリック信者や司祭が結託してエリザベスに対する陰謀を度々企てた。また、1570年にローマ教皇がエリザベスを破門し、80年代からイエスズ会宣教師の活動が活発化すると、エリザベスもカトリック勢力に対して強硬路線に出ざるを得なくなった。1570年代以降繰り返されたエリザベス暗殺計画とスコットランドのメアリの擁立の陰謀の背後には、常にイングランドのカトリック教徒を支援するスペインの影があった。

1588年イングランドはスペインの無敵艦隊を撃破し、一挙に国威を示すこととなるが、この無敵艦隊襲撃に至るまでの背景の一つがこの宗教問題である。もう一つは、カリブ海地域で植民地から帰国の途にあるスペイン船をイングランドの海賊がたびたび略奪して両国の関係を悪化させたことである。海賊とはいっても女王ないしは政府から敵性国の船舶を襲撃する特許状を与えられており、ドレイクやホーキンズといった船乗りたちが太平洋のスペイン船から略奪した金銀宝石を満載して戻ってくると、女王を含めその私掠船に投資をした者たちが莫大な儲けを得た。スペイン大使が女王に抗議したが、女王は取り合わなかったのでいよいよ両国の緊張が高まった。

1587年にメアリが処刑されると、スペインはいよいよイングランド襲撃の機会を窺い、大艦隊を準備した。一方イングランドの海軍も小型の艦艇からなる強力な艦隊を建設した。海軍司令長官はエフィンガム男爵チャールズ・ハワードだが、副長官のドレイクが事実上の指揮を執った。また女王は自ら最高指揮権を握った。スペインの無敵艦隊は130隻の艦隊に1万7千の兵士を乗せ、メディナ・シドニア公爵に率いられて1588年5月30日にリスボンから出航したが途中嵐に遭い、ラコルニャで一時避難してから7月22日に再出航した。しかし、7月28日、フランスのカレー沖に停泊中にイングランド艦隊の放火作戦の攻撃を受けた。スペイン艦隊は散り散りになりながらブリテン島東海岸に沿って北上するが、スコットランド沖からアイルランドに向けて回航する際に嵐にあって半数以上の船を失った。

スペインの無敵艦隊撃破は、プロテスタントもカトリックも関係なく国が一つにまとまって外国勢力と戦ったことでエリザベスの名声を高め愛国心の高揚をもたらしたが、一方では財政負担が重く国庫にのしかかり、エリザベスの晩年は不況に襲われ国は経済的に停滞することになった。　**杉浦　裕子（鳴門教育大学）**

シェイクスピア

映画 『恋におちたシェイクスピア』*Shakespeare in Love*

監督：ジョン・マッデン（John Madden）
脚本：マーク・ノーマン、トム・ストッパード
出演：グウィネス・パルトロウ、ジョセフ・ファインズ、ジュディ・デンチ、ルパート・エヴェレット、ジェフリー・ラッシュ、コリン・ファース
制作年（国）：1998年（米）／上映時間：124分

◆映画関連記述

翻訳家・演劇評論家の松岡和子は、本作品の日本版パンフレットに「史実、黄金の嘘、そしてあふれるシェイクスピア愛」というタイトルで寄稿しているが、まさにこの映画の面白さを言い当てたタイトルだ。シェイクスピアの劇作品にはほとんど種本があり、『ロミオとジュリエット』もイタリアから輸入され英訳されたノヴェラ（novella、中・短編物語。アーサー・ブルックの『ロメウスとジュリエット』やウィリアム・ペインターの「ロミオとジュリエッタ」など）を下敷きにして書かれている。それゆえシェイクスピアが自分の恋愛体験を出汁にして『ロミオとジュリエット』を書き始めたという設定自体がまず一番大きな「黄金の嘘」である。しかし、シェイクスピアとその恋の相手ヴァイオラの二人が、様々なハプニングの末に最後には舞台

恋におちたシェイクスピア
発売元：ユニバーサル・ピクチャーズ・ジャパン
価格：1,800円（税込）

の上でロミオとジュリエットを演じるというフィクションの面白さ。そこに様々なノンフィクションの要素が融合し、ちょうどエリザベス朝の大衆演劇が貴族から一般大衆まで誰もが楽しめるものだったように、この映画もシェイクスピアファンでもそうでない人でも誰もが楽しめる作品となっている。ノンフィクション要素の例を挙げると、他のシェイクスピア作品への言及として、シェイクスピア（役：Joseph Fiennes）がヴァイオラ（役：Gwyneth Paltrow）に宛てたラブレターに“Shall I compare thee to a summer's day”（「君を夏の一日と比べてみようか？」柴田稔彦訳）で始まる「ソネット 18 番」が使われていること、同時代人への言及として、居酒屋でのマーロウ（役：Rupert Everett）の不慮の死や、劇場の周りをうろつく血なまぐさい劇が好みのジョン・ウェブスター少年、当時の演劇風土や時代背景への言及としては女性が舞台に上がることを禁じた当時の法律や、カーテン座とローズ座の対抗、劇場を悪徳の温床とみなしたピューリタンの存在などがある。

また、シェイクスピアその人を主人公とした映画というのも非常に新鮮であった。この映画の中で、シェイクスピアが「劇聖」ではなく生身の人間、まだ駆け出しの青二才で目下スランプに陥った冴えない“ウィル”として登場したとき、いい意味で我々の偶像を壊したその姿が万人に拍手で迎えられたのである。

◆映画の見所

見どころはなんといっても、最後の『ロミオとジュリエット』の上演シーンであろう。ロミオ役のトマス・ケントが女性であることが露顕し、ジュリエット役の少年俳優のサムも突然の声変わりというハプニング続きで、結局はロミオをシェイクスピアが、ジュリエットを結婚式の後で劇場に駆けつけたヴァイオラが演じることになる。この場面は、いわば「劇中劇」という形で上演される『ロミオとジュリエット』に、シェイクスピアとヴァイオラの本物の「運命に阻まれた恋」が重なる妙もさることながら、当時の芝居小屋や観客の雰囲気がよくわかる点でも興味深い。当時の貴重な娯楽であった劇場には様々な階層の人が詰め掛け、女王や貴族もいれば平土間には娼婦らしき女性も混じっている。張り出し舞台の特徴として観客と舞台の一体感が強く、両家の喧嘩の場面などは迫力満点だ。おかしなことに痛烈な劇場批判をしていたはずのピューリタン説教師メイクピースまでがいつの間にか芝居の虜になっている。他にも、劇場経営の金銭面にしか興味のなかった高利貸しが芝居大好き人間になったり、芝居で本当の恋が描けるかということに懐疑的だったエリザベス女王（役：Judi Dench）が舞台上の悲恋に感動してヴァイオラに味方するなど、様々な人物がこの『ロミオとジュリエット』の上演を通して変容しているのも面白い。なぜ芝居にそんなマジカルな力があるかは “I don’t know. It’s a mystery”（この映画の中で四回も繰り返される重要なフレーズ）だが、紆余曲折を経ての『ロミオとジュリエット』の上演と観客の拍手喝采の場面は、何度見ても見飽きることがない。

◆歴史関連記述

この映画は冒頭からエリザベス時代の演劇風土を視聴者に知らせている。まず、1593年のロンドンでカーテン座とローズ座の二つの芝居小屋が競って劇作家と観客を取り合っていたことが紹介されるが、カーテン座とローズ座の対抗にはそのまま当時の二大劇団と二大俳優の対抗が重なる。映画の中で、シェイクスピアにしつこく海賊コメディを書くようにせがむフィリップ・ヘンズロー（役：Geoffrey Rush）は、この時代の演劇興行師・劇場所有者で、彼がテムズ川南岸に建設したローズ座は1592年以降、ヘンズローの娘婿で俳優のエドワード・アレン率いる海軍大臣一座（Admiral’s Men）の拠点となる。アレンは、フォースタス博士、タンバレイン大王、ユダヤ商人バラバスなどのマーロウが描いた主人公を演じて花形悲劇役者の地位を確立した。一方、ヘンズローより先に新作を読ませるようにシェイクスピアに頼んでいたのが当時アレンと人気を二分した俳優、リチャード・バーベッジである。彼は1594年にシェイクスピアも加わって結成された宮内大臣一座（Lord Chamberlain’s Men）の主要俳優で、1600年代にはハムレット、リア王、オセロー等を演じた。

1593年に時代設定しているこの映画は、こういったアレン一派とバーベッジ一派の対立という背景をうまく物語に取り入れている。シェイクスピアの台本をヘンズローに横取りされたと思い込んだバーベッジがローズ座に殴りこみに来る場面があるが、当時のロンドン演劇界の二大勢力の喧嘩という構図になっている上、それがうまく稽古の最中だったキャピュレット家とモンタギュー家の喧嘩の場面に重なっている。しかし最後は『ロミオとジュリエット』の上演のためにこの二大勢力が手を取り合うことになる。ロミオ役のトマス・ケントが実は女性であることが露見し、ローズ座の閉鎖に追い込まれたヘンズローと海軍大臣一座のために、バーベッジがカーテン座を提供する。この展開は虚構とはいえ、ライバル同士が一つの芝居の上演のために手を携えるという意味で感動的である。そして事実、『ロミオとジュリエット』の初演はカーテン座で上演されているのだ。

本作品は、架空の人物たちにも「いかにもありそうな」設定を持ち込んでいる。まず、シェイクスピアが恋に落ちる相手ヴァイオラ・デ・レセップスは、成り上がり下級貴族の家の娘である。テューダー朝、スチュアート朝のジェントルマン社会はそこまで固定したものではなく、成功した商人が農村に土地を購入してジェントルマンの土地所有者にふさわしい生活様式を身につけている場合もあった。財力の上では貴族と肩を並べるほどの彼らが、先祖代々の由緒正しい貴族との縁組みを望むことはいかにもありそうである。大の芝居好きのヴァイオラは、男装してシェイクスピアの劇に出演しようとするわけだが、これは女優を禁じた当時の大衆演劇の慣習を踏まえただけのものではない。最終場面で彼女が『十二夜』のヒロイン、ヴァイオラのモデルとなることをも最初から踏まえている。シェイクスピアの傑作喜劇『十二夜』のヴァイオラは、それこそ劇のほとんどを男装したセザーリオという姿で登場するからだ。

ヴァイオラの婚約者のウェセックス卿（役：Colin Firth）は、新大陸ヴァージニアでのタバコ農園経営に乗り出しながら資金繰りがうまくいっていないという設定だ。エリザベス女王の時代、イングランドはスペインやポルトガルには遅れをとりながらも大航海時代に突入した。1585 年～ 87 年にかけてウォルター・ローリーが開拓したヴァージニア殖民地は 1607 年のジェームズタウンの建設まで一旦頓挫するものの、新大陸への進出という時代背景は、資金難に陥った貴族と大商人で成り上がり下級貴族の娘の縁組みという設定にリアリティを与えている。ウェセックス卿の「ありそうな嘘」といえば、「ウェセックス」という貴族の称号自体、テューダー朝にはありそうでなかった。エリザベスの廷臣としてエセックス伯、サセックス伯などの名前はよく聞くが、もともとアングロ・サクソン七王国の一つだった「ウェセックス」は 1066 年のノルマン人の征服とともに行政単位や伯爵領としての名前を失った。しかし 1999 年に現女王のエリザベス 2 世の三男エドワードが、ウィリアム征服王に負けたハロルド 2 世以来となる「ウェセックス伯爵」の称号を授与され、「ウェセックス」が再びイギリスの伯爵位として復号している。映画のウェセックスの役柄は架空の為、実在した貴族の称号は避けつつしかし現代人もどこかで聞いた事があるような称号という、絶妙なネーミングになっている。

杉浦　裕子（鳴門教育大学）

【参考になる図書】

アンドルー・ガー、青池仁史 訳 『演劇の都ロンドン：シェイクスピア時代を生きる』北星堂　1995.

スティーブン・グリーンブラット、河合祥一郎 訳 『シェイクスピアの驚異の成功物語』 白水社　2006.

ピーター・アクロイド、河合祥一郎、酒井もえ 訳 『シェイクスピア伝』白水社, 2008.

シェイクスピアの生涯

ウィリアム・シェイクスピアは、エリザベス女王が即位した6年後の1564（ひとごろし）年4月、ストラットフォード（ロンドンから西北へ100マイル離れた、当時人口1,500人ほどの田舎町）でジョン・シェイクスピアとメアリ（旧姓メアリ・アーデン）の長男として誕生した。全部で8人兄弟姉妹だが、二人の姉はウィリアムの誕生前に夭逝し、五人の弟妹たちもほとんど彼より先に他界しており、ウィリアムより後まで生き残ったのは五歳年下の妹ジョーンだけである。父ジョンはストラットフォードで手袋業、羊毛取引などを行う一方、町の警吏、町議会議員、参事会員などにもなり、ウィリアムが4歳の時には町長にも就任した。ウィリアムが5歳の頃、町長である父の招きでストラットフォードに女王一座とウスター伯一座が巡業にやってきた。この後数年のうちに、ウォリック伯一座、オックスフォード伯一座、エセックス伯一座などもストラットフォードで公演をし、幼きウィリアム少年は、ロンドンから遠く離れた地で最盛期を迎える直前のエリザベス朝演劇を目の当たりにできた。また、ウィリアムは町の有力者の息子として、キングズ・ニュー・スクールというグラマースクールで6、7歳の頃から14，15歳くらいまで無料で教育を受けたらしい。1577年頃から父親は（おそらく経済状況が悪化したため）町議会を欠席するようになり、公的役職から身を引き、一家の盛運に陰りが出始める。その頃に学校を出た（もしくは去った）ウィリアムが、どういう仕事に就いたかは、教師説、弁護士の書記説その他あるがはっきりしない。1582年、18歳のときに8歳年上のアン・ハサウェイといわゆる「できちゃった結婚」をし、半年後には長女スザンナが誕生、その二年後には双子のジュディスとハムネットが誕生している（長男ハムネットは11歳で死亡）。

双子が誕生した1585年から7年間は、シェイクスピアに関する記録が残っていない「失われた年月」とされる。この間のどこかで、おそらく地方巡業をしていた劇団に付いて行く形でロンドンに出て役者となり、1591年までには『ヘンリー六世』三部作を書いたようだ。それから約20年の間に、ほんの一部だけ書いた『トマス・モア』なども含めると40篇の劇を書き、1592年～94年には劇場が疫病で封鎖された間に『ヴィーナスとアドーニス』、『ルークリースの陵辱』など物語詩や『ソネット集』の大部分を書いて貴族（サウサンプトン伯爵）に献呈した。

シェイクスピアは次々にヒット作を手がけながら財をなし、父が紋章の認可を再申請する手助けをしたり、故郷で二番目に大きな屋敷ニュー・プレイスを購入したりして郷里に錦を飾った。また、1599年にはグローブ座の、1608年にはブラックフライアーズ座の株主になるなど、実業家としての一面も持っていた。

1612年までにはストラットフォードに引退し、1616年4月23日に52歳の生涯を終えた。これに先立ち彼は遺言書を作成しその中で二人の娘（スザンナとジュディス）や妹（ジョーン）、その他の親族友人たちに財産や金品を分与している。中でも注意を引くのが、妻のアンに与える遺産として「二番目に上等なベッド」しか記載されていないという事実で、研究者たちの間でシェイクスピアとアンの夫婦関係についてさまざまな憶測を呼んでいる。しかし、夫婦関係にとどまらず、シェイクスピアの人となりを示すような記録はほとんど残っていない（最近シェイクスピアの生前に描かれた唯一の肖像画と言われるものが発見されたが）。シェイクスピアについては同時代の劇作家に比べればはるかに多くの事実が明らかにされてきたが、それでもなお記録からたどるシェイクスピアは、一人の人間の実像として目の前に現れるものでは決してなく、今日でもシェイクスピア別人説も主張されるほどである。

杉浦　裕子（鳴門教育大学）

シェイクスピアの生家

© Stott Nigel (www.british-culture.net)

メアリ・スチュアート

映画 『メアリ・オブ・スコットランド』
Mary of Scotland

監督：ジョン・フォード（John Ford）
脚本：ダドリー・ニコルズ
出演：キャサリン・ヘプバーン、フレデリック・マーチ
制作年（国）：1936年（米）／上映時間：123分

◆映画関連記事

この映画では、メアリ・スチュアート（1542-87）がフランス王である夫フランソワ2世の崩御に伴い1561年8月にフランスからスコットランドに帰国した時点から、イングランドで断頭台に上るまでが描かれている。

メアリ（役：Katherine Hepburn）にとって、13年ぶりの故国スコットランドの状況は厳しいものだった。異母兄マリー伯の新政府樹立、狂信的なプロテスタント長老派の説教師ジョン・ノックスの台頭、新教の国教制定（1560）という状況で、旧教徒のメアリはいわば敵に囲まれていた。マリー伯ら新教徒貴族達はいつ裏切るかわからない存在であったし、メアリの再婚問題にはイングランドのエリザベスも干渉してきた。メアリは年下の貴公子ダーンリー卿と結婚に踏み切り、嫡男ジェームズ（1567年ジェームズ6世としてスコットランド王になり、1603年ジェームズ1世としてイングランド王となる）を身ごもるが、ダーンリーはまもなく酒飲みで横柄な本性を現し、メアリの愛は急速に冷めた。妻に疎んじられたダーンリーは反乱貴族に担ぎ上げられてクーデターを起こし、女王の前でデイヴィッド・リッチオ（女王の秘書官として特別な信頼と寵愛を得ているイタリア人）を惨殺した。メアリ自身捕虜となり窮地に陥るが、機転を利かせてダーンリーを懐柔し身重の体で脱走、ボズウェル伯（役：Fredrick March）をはじめとする女王派貴族と合流した。その後ダーンリーの暗殺事件、メアリとボズウェルの愛と結婚と続いた後、マリー伯を初めとする反乱貴族達がメアリとボズウェルにダーンリー殺害の嫌疑をかけて蜂起する。不利に立たされたメアリは、女王の座の保証を条件にボズウェルと別れるが約束は果たされず、ロッホ・リーヴェンに監禁され退位を迫られる。メアリはわずかな供を従えエリザベスを頼ってイングランドに逃亡するが、エリザベスから期待していたような援助

メアリ・スチュアート

を得られないどころか、幽閉と裁判の憂き目にあい結局処刑される。

メアリの生涯は悲劇的でありながらも一本芯の通った女王として描かれ、スコットランドの貴族たちの前でもイングランドの法廷でも毅然として男性達に立ち向かう彼女の姿は魅力的である。また、メアリは恋に生きた女王としても有名であるが、映画の中のメアリの恋愛や結婚は事実よりも美化されている。史実では、ダーンリー卿との結婚もボズウェル伯との結婚も恋におぼれたメアリの誤った判断という面が多分にあるのに対し、映画では彼女の3番目の夫となるボズウェルとのロマンスがストーリーの一つの中心になっており、一つの愛を貫く彼女の姿が描かれている。

エリザベスの干渉について、興味深い点を二つ挙げておく。一つは、エリザベスがメアリに対して、自分の王座への脅威としてだけではなく、女性として激しいライバル意識を持っていたことである。実際、スコットランドの外交官メルヴィルは、エリザベスから「メアリと自分のどちらが美しいか」「メアリと自分のどちらが背が高いか」などと執拗に尋ねられたことを『回想録』に記している。映画でも、エリザベスはメアリの細密画を見てその美しさに驚き、鏡で自分の顔を覗き込みながら明らかにメアリに対する個人的感情を悪化させている。もう一つは、ジェームズ5世の庶子であるマリー伯に対する同情である。エリザベスがスコットランドの新教徒貴族を陰で支援していたのは有名であるが、自らもアン・ブーリンの子として「庶子」の汚名を着せられたことのある彼女は、映画の中ではっきりと「生まれながらの女王」メアリよりも「庶子」としての苦悩を知るマリー伯に共感を表明している。

◆映画の見所

史実にはないが、映画では、メアリの処刑の前にエリザベス（役：Florence Eldridge）とメアリが直接対面する場面が付け加えられている。ここでは自分の人生に対する二人の女性の誇りと誇りがぶつかり合う圧巻の場面である。メアリは「こういう状況になっても自分とエリザベスの立場を取り替えたいとは思わない。…あなたの百年の人生と引き替えにしてもボズウェルとのたった一日の思い出を手放しはない」（“Even now, standing where I am at my last night in this world, I wouldn’t change the place with Elizabeth’s. . . . I wouldn’t give up the memory of one day with Bothwell for a century of your life.")と言う。するとエリザベスは「生まれながらの女王であったお前に私の人生の何がわかるというのか」("What do you know of my life? You were born a queen.")と言い返し、母アン・ブーリンの処刑、幽閉や処刑の恐怖に怯えた日々、王座に登るまでの苦労、我が身を男性に捧げる代わりに国に捧げてきたことを語り、愛のために王国を捨てたメアリを愚か者と非難する。これに対しメアリはエリザベスの人生を「華麗なる失敗」("A magnificent failure")と言い、「自分は愛のためなら何度でも国を捨てる」("Ay, and I'll do it again a thousand times.")とまで断言する。ここでは主人公メアリのみに観客の共感が寄せられるような仕組みにはなっていない。非常に対照的な人生を歩みながらも、二人の女性がそれぞれ自分の生き方に誇りを抱いていることに観客は心を打たれる。この対立する二人の女王をヴァネッサ・レッドグレーブとグレンダ・ジャクソンが火花をちらす演技で競演した映画『クイン・メリー　愛と悲しみの生涯』(*Mary, Queen of Scots,* 1971)も強く印象に残る作品である。

◆歴史関連記述

メアリ・スチュアートは1542年12月8日、時のスコットランド王ジェームズ5世(ヘンリー8世の甥)とその后でフランスの大貴族ギーズ家の令嬢マリー・ド・ギーズの間に生まれた。ジェームズ5世は、ヘンリー8世のイングランド軍との対戦の中で、自らも戦場で瀕死の重傷を負って、メアリ誕生のわずか6日後に息を引き取る。こうして、メアリは生まれながらのスコットランド女王となる。

メアリ誕生後まもなく、ヘンリー8世は嫡男エドワード王太子をメアリと結婚させてスコットランドを併合しようと試みる。武力に訴えて幼い女王を連れ去ろうとするイングランドのやり方に危機感を抱いたメアリの母マリーは、母国でもありイングランドのライバルでもあるフランスに助けを求め、メアリとフランス王太子フランソワの婚約にこぎつける。

5歳でフランスに渡ってから10年後の1558年4月、メアリはフランソワとノートルダム寺院で盛大な婚礼の式を挙げる(エリザベス1世がイングランド女王に即位するのは、この7ヶ月後のことである)。生まれながらのスコットランド女王、今やフランス王太子妃、その上ヘンリー7世の曾孫でもあるメアリの存在は、以後絶えずエリザベスにとって脅威となる。

挙式の翌年、フランス王アンリ2世が急死、15歳のフランソワと16歳のメアリが新しい王と王妃として即位した。しかし元来病弱なフランソワ2世は、即位後わずか1年5ヵ月で病死、18歳で未亡人となったメアリは、義母カトリーヌとの確執もあり、「元王妃」としてフランス国内に留まるより「女王」としてスコットランドに帰還することを決意する。

メアリの二番目の夫となったダーンリー暗殺については、不倫の恋に走ったメアリとボズウェルが共謀したという見方がある一方、実際に裏で糸を引いていたのはマリー伯だったという見方もできる。マリー伯が「メアリとの結婚」という餌でボズウェルに国王暗殺をけしかけ、今度は二人に国王暗殺の罪を着せて追い払うという計画である。いずれにせよ、1567 年メアリがボズウェルと 3 度目の結婚をすると、貴族達はすかさず「反ボズウェル」の旗印のもとに結集したのである。

メアリのイングランドへの逃亡は賢明な選択ではなかった。それまでエリザベスは公的には「女王」の不可侵性を脅かす反乱軍を批判しながらも、武力で反乱軍を鎮圧しメアリを救出するつもりはなかった。メアリは絶えずエリザベスの王位にとって脅威だったからである。エリザベスは彼女の庇護を求めてやってきたメアリの処置に頭を痛めた。メアリを英国内に匿っては彼女が国内のカトリックの反乱分子の温床となる恐れがあるし、不当に始末してはスペイン、フランスといったカトリック大国から攻撃を受けかねないからである。結局エリザベスは、「ダーンリー卿殺害事件の共犯の容疑が晴れるまでは会えない」という口実の元、メアリをカーライル城に軟禁しながら裁判に引き込み時間を稼いだ。そしてこの後メアリはなんと 18 年もの間イングランドの城を点々としながらエリザベスの囚人として過ごすことになる。結局メアリはカトリック圏の国々や英国国内のカトリック教徒と密かにエリザベス暗殺を共謀した罪で極刑に処せられる。1587 年 2 月 8 日、ロンドンの北約 160 キロに位置するファザリンゲイ城の広間で断頭台にのぼったメアリは、自らをカトリックの殉教者と称して 44 年の生涯を閉じた。

杉浦　裕子（鳴門教育大学）

【参考になる図書】

石井美樹子 『エリザベス－華麗なる孤独』 中央公論社 2009.

小西章子 『華麗なる二人の女王の闘い』 朝日新聞社 1988.

アントニア・フレイザー、松本たま 訳 『スコットランドのメアリ』 中央公論社 1988.

クリストファー・ヒバート、山本史郎 訳 『女王エリザベス（下）大国への道』原書房 1998.

Doran, Susan. *Mary Queen of Scots: An Illustrated Life*. London: British Library, 2007.

第 5 章
17 世紀

1603 年　スコットランド王ジェイムズ 6 世がジェイムズ 1 世として即位（スチュアート朝）
1607 年　ヴァージニア植民地設立
1628 年　議会が「権利の請願」を提出、翌年チャールズ 1 世議会解散、11 年間召集せず
1637 年　■島原の乱
1639 年　■鎖国令
1640 年　議会召集・解散権などに関する大抗議文、議会通過
1642 年　ピューリタン革命始まる、エッジヒルの戦いで議会軍敗退
1645 年　ネーズビーの戦いでオリバー・クロムウェルの新規範軍が国王軍に勝利
1649 年　裁判の末、反逆罪でチャールズ 1 世処刑
1658 年　護国卿オリバー・クロムウェル死去
1660 年　ブレタ宣言発表、亡命中のチャールズ 2 世帰国し即位、王政復古
1665 年　ペスト（黒死病）流行
1666 年　ロンドン大火
1688 年　名誉革命、オランダのオラニエ公ウィレム王位要求
1689 年　議会提出の「権利宣言」を承認し、ウィリアム 3 世、メアリ 2 世共同即位（-1702）
1702 年　■赤穂浪士の討入
1707 年　イングランド、スコットランド合同、グレート・ブリテン連合王国成立

植民地

映 画 『テンペスト』 *The Tempest*

監督・脚本：デレク・ジャーマン（Derek Jarman）
出演：ヒースコート・ウィリアムズ、カール・ジョンソン、
トーヤ・ウィルコックス
製作年（国）：1979 年（英）／上映時間：97 分

◆原作情報

原作名：『テンペスト』*The Tempest*（執筆：1610-11 頃）
著者名：ウィリアム・シェイクスピア（1564-1616）
【関連情報】シェイクスピアが単独で書いた最後の作品とされるロマンス劇。

◆映画関連記述

シェイクスピアの原作に、あらすじの上ではある程度忠実でありながら、デレク・ジャーマン監督の個性が光る作品になっている。ジャーマンは『カラヴァッジオ』（1986）や『エドワード II』（1991）など、詩的な映像と、非商業的で実験的な作風で知られている。本作では、シェイクスピアの世界とジャーマンの独特の感性の融合が見られる。

映画のあらすじは以下の通りである。プロスペローは孤島で一人娘のミランダと暮らしている。プロスペローはミラノ大公であったが、魔術の研究に没頭する間に、大公の地位を狙う弟アントーニオがナポリ王アロンゾーと結託し、約 12 年前に当時 3 歳の娘ミランダとともに追放された。プロスペローとミランダは二人きりで小舟に乗せられ、大海に放り出された。流れついた孤島では、プロスペローに仕えるのは、妖精のエアリエルと「怪物」と呼ばれるキャリバンだけである。キャリバンはプロスペローが漂着する以前にこの島を支配していた魔女シコラクスの息子である。

しかしある時、プロスペローに復讐の機会が訪れる。勢力拡大を狙って北アフリカ沿岸の国チュニジアに娘を嫁がせたナポリ王の一行が孤島の沿岸を船で通りがかると、プロスペローは魔術によって嵐（テンペスト）をおこして船を難破させ、ナポリ王アロンゾー一行を孤島へと引き寄せる。一行の中には、プロスペローを裏切り、ミラノ公国を我がものとした弟アントーニオ、それにナポリ王の息子ファーディナンドがいた。

難破して漂着した一行から一人はぐれたファーディナンドは、プロスペローにとらえられ、下働きを命じられるが、ミランダと恋に落ち相思相愛の仲になる。一方、ナポリ王とアントーニオたちは、プロスペローの魔術によって懲らしめられる。また、「怪物」キャリバンは、酔っ払いの乗組員たちを味方に引き込んで、プロスペローを殺害しようとするが、彼らの企ては彼に仕える妖精エアリエルによって阻止される。

当初は、憎き裏切り者を殺害し、復讐を成就しようとしたプロスペローも、魔術によって苦しめられる彼らの姿を見て憎悪を和らげ、仇敵との和解へと向かっていく。そして、和解を象徴的に示すものが、ミランダとファーディナンドの結婚である。

◆映画の見所

映画でもそのまま使われている「我々人間は夢と同じ糸で織られており、我々のはかない人生は眠りで終わる」（“We are such stuff / As dreams are made on; and our little life / Is rounded with a sleep.”）という有名な台詞が示すように、『テンペスト』は魔術や妖精など幻想的な要素が溢れている。そのような作品世界が、デレク・ジャーマンの独自の解釈によって、耽美性とグロテスクが混合した形で映像化されている。シェイクスピアの世界に現代的な小道具や衣装を随所に持ち込み、独特の映像美を作り上げている。

シェイクスピアの『テンペスト』は、ジャーマン以外によっても映画化されている。そのため、他の映画化作品と見比べるのもよいだろう。中でも、『英国式庭園殺人事件』（1982）で鬼才ぶりを発揮したイギリスのピーター・グリーナウェイ監督（Peter Greenaway）による『プロスペローの本』（*Prospero's Books,* 1991. 主演ジョン・ギーグルッド（John Gielgud））は必見である。

◆テーマ関連記述

登場人物がイタリア人であり、舞台となる孤島は地中海に位置するものの、『テンペスト』からはシェイクスピアの時代における、英国人の植民地に対する見方が透けて見える。

原作であるシェイクスピアの『テンペスト』は、1609年に起こった海難事故から着想を得たとされている。ウォルター・ローリー卿によって“Virgin Queen”エリザベス女王に“Virgin Land”として捧げられた北アメリカの植民地ヴァージニアへと向かうイギリスの船団のうち一隻が、嵐のために船団からはぐれてバミューダ諸島の海岸で沈んだものの、乗組員は新たに小型船を作り、翌年に改めてヴァージニアへと出航した。ここで注目したいのは、この船が目指した場所がヴァージニアという「新世界」であるという事実であ

ウィリアム・ホガース作『テンペスト』(1735)

る。1492年のコロンブスによるアメリカ大陸の発見以来、イギリスもアメリカ大陸への入植を進め、1607年には北米での史上最初のイギリス植民地、ヴァージニア植民地が設立された。つまり、『テンペスト』では植民地の歴史が背景となっているのである。事実、西洋人プロスペローは、原住民であるキャリバンを奴隷のように従えている。キャリバンは、孤島に住み着いていた魔女シコラクスの息子であり、島の原住民である。シコラクスの死後、住人はキャリバン一人となり、孤島はキャリバンのものであった。それが、プロスペローの「入植」によって、島の支配権はプロスペローに移ることになった。キャリバンはプロスペローの魔術の力に逆らうことができず、まき割りなどの肉体労働をして仕えることになる。ちなみに、このプロスペローの魔術とは、現代人が思い浮かべる「魔法」とはやや異なり、ルネッサンス期に大きな影響力があったオカルト哲学に基づくもので、宇宙を知的に体系化する科学としての魔術である。

プロスペローが魔術師=科学者としての西洋人(高貴な人間)であるのに対して、原住民キャリバンは醜く野蛮な人物として描かれている。キャリバンは土くれのように醜く、魚のように臭い「怪物」だとされている。上のホガースの絵においても、右端に描かれているキャリバンは「人間」としてとらえてよいのかわからない。さらに、外面だけでなく内面も卑しい人物とされており、ミランダを犯そうとするし、酒の虜となり主人であるプロスペローの寝首をかこうとする。そのため、単純化すれば、理性的で先進的な西洋人と衝動的で野蛮な原住民という構図を見ることができる。

そもそも、「キャリバン」(Caliban)という名は、「食人種」を表す「カニバル」(Canibal)という語のアナグラムとされている。この命名には、モンテー

ジョン・スミスのヴァージニア地図

ニュの『随想録』（1580）の第30章「カニバルについて」が影響しているとしばしば指摘されるが、「カニバル」という語が史上初めて記されたのは、コロンブスの航海日誌においてである。つまり、キャリバンという名前からは、新世界の開拓における、原住民に対する歪んだファンタジーが透けて見えるのである。

福原　俊平（福岡大学）

【参考になる図書】

本橋哲也　『本当はこわいシェイクスピア——“ 性 ” と “ 植民地 ” の渦中へ』　講談社選書メチエ　2004.

アルデン・T・ヴォーン、ヴァージニア・メーソン・ヴォーン、本橋哲也 訳　『キャリバンの文化史』　青土社　1999.

フランセス・イエイツ、藤田実 訳　『シェイクスピア最後の夢』　晶文社　1980.

ヤン・コット、高山宏 訳　『シェイクスピア・カーニヴァル』　平凡社　1989.

Scorer, Pat. *“The Tempest,”* in Kiernan Ryan ed. *Shakespeare: Texts and Contexts*. St. Martin’s Press, 2000.

ピューリタン革命

映　画　**『To Kill a King』**　***To Kill a King（Cromwell & Fairfax）***

監督：マイク・バーカー（Mike Barker）

脚本：ジェニー・メイヒュー

出演：ティム・ロス、ダグレイ・スコット、オリヴィア・ウィリアムズ

製作年（国）：2003 年（米）／上映時間：102 分

映　画　**『クロムウェル』**　***Cromwell***

監督・脚本：ケン・ヒューズ（Ken Hughes）

出演：リチャード・ハリス、アレック・ギネス、ロバート・モーレイ、ドロシー・テューティン

製作年（国）：1970 年（英）／上映時間：134 分

◆映画関連記述

一番目の映画のタイトルである『To Kill a King』（*To Kill a King*）は文字通り「国王殺し」という意味で、1649 年のチャールズ 1 世（役：Rupert Everett）の処刑を指しているが、『ロブ・ロイ』や『海の上のピアニスト』での名演技で知られるティム・ロス（Tim Roth）演ずるオリバー・クロムウェルと、『エニグマ』や『デスパレートな妻たち』での渋い演技で知られるダグレイ・スコット（Dougray Scott）演ずるサー・トマス・フェアファックスの深い友情を描いている。この映画の主人公であるクロムウェルは、イングランド中東部ケンブリッジ県にあるハンティンドン（「狩人の丘」の意味を持つ）という田舎の地主階級（郷紳（ジェントリー））の家（大伯父にヘンリー 8 世のもとで行政改革を実施した政治家トマス・クロムウェルを輩出した名高き家系）に生まれ、母エリザベスとグラマー・スクールの教師から

作品タイトル：『クロムウェル』
価格：￥1,980 円（税込）
発売・販売元：（株）ソニー・ピクチャーズ　エンタテインメント

清教主義について学び、所領を治める地主、治安判事、ケンブリッジ選出の下院議員として、イギリス近代史上最大の市民革命を指導した実在の人物である。また、もう一人の主人公であるフェアファックスは、ヨーク県のオトレー村近郊でキャメロン男爵フェアファクス家の長男として生まれ、ケンブリッジ大学を卒業後、ネーデルラントの三十年戦争に従軍して王に仕え、スコットランド従軍の功績により騎士（ナイト）の爵位を授かったが、国王チャールズ 1 世（在位 1625-49）の圧制に反対してクロムウェルと共に戦った人物である。

二番目の映画のタイトルである『クロムウェル』（*Cromwell*）は、『ハリー・ポッター』シリーズの第 1 作と第 2 作でホグワーツ魔法魔術学校のダンブルドア校長を好演したことで知られるリチャード・ハリス（Richard Harris）が演ずるオリバー・クロムウェルを指している。この映画の冒頭は、ピューリタンの二人の指導者ジョン・ピム（役：Geoffrey Keen）とヘンリー・アイアトンが馬に乗ってケンブリッジ県のクロムウェルの田舎屋敷を訪れ、国王チャールズ 1 世（役：Alec Guinness）の圧政に対して反旗を翻す一員として加わるよう説得を試みる場面から始まる。

この時点でのクロムウェルは君主制を否定するものではなかった。実際、イングランドの人民の権利を守るためには国王をイングランドの敵とみなし、同国人同士で矛先を交え、王を捕らえた後には裁判にかけて国家への謀反人として処刑すべきだという究極の考え方を抱くまでには数々の出来事が起きる。クロムウェルは、王命により土地の強制収用が行われている現場に居合わせた時、教会の祭礼道具にカトリック的偶像崇拝の表れを見た時、そして、王命に反抗した廉で捕らえられた小作人の男が両耳削ぎ落としの刑に処せられて教会に血だらけで戻ってきた姿を見た時、怒りの表情を険しくしてゆく。かくして、徐々に王の暴政を阻止せんとの決意を固めてゆく彼は、王に反抗する議員たちを逮捕しに軍隊と共に議会に乗り込んできたチャールズ 1 世を相手に、逮捕される危険を覚悟して議席に座ったまま、帽子をかぶったまま、正々堂々と対峙する。王による越権的な議会解散宣言を耳にしたクロムウェルは、「そのような行為は国家を内乱に追い込むものですぞ」（"Are you aware by your action in the House today you may have pushed this nation to the breakup, civil war"）と言って応報する。

議会軍と国王軍に分かれての長期の内戦状態に入ったイングランドでは、紆余曲折を経て、1649 年 1 月 30 日の寒い朝、国王の頸とともに王政が廃される。しかしながら、期待された共和制も結局は内部分裂して失敗に終わる。クロムウェルはインフルエンザを患い、1658 年 9 月 3 日に 59 歳の生涯を閉じる。

彼の没後、息子リチャード（役：Anthony May）が「護国卿」（Lord

Protector）の位を引き継ぐが、議会と軍隊との衝突に対して無力で職を辞し、議会で正統の国王の復位が提議され、1660 年 5 月 29 日に新しい国王チャールズ 2 世が亡命先のオランダからロンドンに入った。

◆映画の見所

映画『To Kill a King』はクロムウェルとフェアファックスの関係を描いた歴史ドラマである。この映画は内乱勃発後の 1648 年から、前者が死ぬ 1658 年までをカバーし、王による裏取引、拷問や処刑の残酷さ、暴君化するクロムウェルとフェアファックスとの間に生じる温度差を見事に描く（ただし、王のピアノ伴奏に合わせてフェアファックス夫人が歌うシーンなどは時代考証が甘い）。他方、映画『クロムウェル』では名優リチャード・ハリスが題名の役（タイトル・ロール）を、『戦場に架ける橋』でオスカー賞を受賞した名優アレック・ギネスが堂々たる国王チャールズ 1 世を演じる。この映画の見所は厳密な時代考証にある。また、国王の圧制に次第に怒りを募らせてゆくハリスの表情が、チャールズ 1 世の処刑後に、期待とは裏腹の議会の機能不全に辟易して、疲れ果てたものに変化していくところも見所である。

◆テーマ関連記述

イギリス史上最大の市民革命をいわゆる「ピューリタン革命」と言い習わすことが一般的に定着化しているが、これは少なくとも正確な呼び名としてはふさわしくない。確かに議会には多くのピューリタンたちがいて、王の圧制に不満を示し、革命を指導する中心的働きをしたことは事実である。とはいえ、イングランド国教会の「浄化」を求めたカルヴィン派である彼らは、国教会から分離して独立教会を結成し、長老派、独立派、水平派などに分かれ、全く純粋（ピュア）なものではなかった。しかも、この内乱では、農業経営者や商工業者や自由土地保有農や郷紳（ジェントリー）の小作人や中流階級の人たちの多くが議会側に加わって戦った。常識的に考えてみても、純粋なピューリタン勢力による革命とはいえないのであって、市民革命もしくは内乱（the Civil War）と呼ぶ方がより適切である。

この市民革命は、国王チャールズ 1 世の専制政治への不満に端を発し、君主政治から議会政治への転換を要求した。そもそも、議会の承認なき課税の禁止、民間人への軍法裁判の禁止などを求めた「権利の請願」（the Petition of Right, 1628）を契機に、王は 1629 年から長期にわたって議会を開いていなかった。スコットランドの反乱の鎮圧費用を調達するため、側近ストラフォード伯の進言を受けて王がやむなく議会を召集したのは 1640 年 4 月 13 日のことである。11 年ぶりに開かれた議会で、国王側は一切の審議に先立って臨時課税を承認するよう求めた。他方、ジョン・ピムは各州から寄せられた請願に基づいて王政の暴挙と議会軽視の態度を糾弾した。このような下院の抵抗に遭った王は、5月5日に議会を解散した。

スコットランド軍はこの機に乗じ、8月末にはニューキャッスルを占拠した。そのため、王は10月に停戦条約調印を余儀なくされ、スコットランド軍撤退のための条件である賠償金5万ポンドの財源の承認を得るために、議会を召集する必要が生じた。

10月の総選挙後の11月3日に開かれた新しい議会では、カトリックの陰謀の脅威が説かれ、カトリック国スペインならびにアイルランドとの結託が噂されるイングランド国教会の一部の者に批難が向けられた。同じ11月にアイルランドで反乱が起こり、数千人のピューリタンが虐殺されるという事件が起きた（一時これらの犠牲者の数は数十万人と誇張されて伝えられた）。これは、カトリック勢力の復活をもくろんでいるとの噂のあった王妃ヘンリエッタ・マリア（フランス王アンリ4世と妃マリー・ド・メディシスの娘）がカトリックの国際組織を通じて企てた「ピューリタン」革命阻止のための陰謀と受け取られた。こうして反カトリック、反国教会、反国王（王妃をはじめとする王の悪しき取り巻きたちへの反感）の世論が高まる中、国王の側近であったカンタベリー大主教ロードとストラフォード伯が主な攻撃の対象として選ばれ、後者は1641年5月12日に革命最初の犠牲者として断頭台に送られた。

議会召集・解散権や官吏任命権などの国王大権の侵害の是非をめぐって審議が大紛糾する中、「大抗議文」が僅差（賛成159、反対148）で下院を通過したのは1640年11月22日のことである。映画『クロムウェル』では、議会の承認を経た「大抗議文」を携えたピムたちの訪問後、王権神授説に従って神の力で王権の行使をするよう、王妃マリア（役：Dorothy Tutin）は気弱になった王に対して進言する。

1642年1月4日、5人の下院議員（ピム、ハムデン、ホールズ、ヘーズル、ストロードリグ）とマンデヴィル卿（後のマンチェスター伯）を反逆罪で捕らえようと王が兵士を引き連れて下院に乗り込んだことを契機として内戦が始まる。議会の中には国王大権の侵害に反対の立場から国王軍に加わる者もいた。それら立憲的国王派を加えた国王軍と議会軍は、1642年10月末にエッジヒル（イングランド中部ウォリック県南部の山）で初めて干戈を交える。この戦いでは両軍とも決定的な勝利を収めることができなかったが、実戦に不慣れな民兵隊を率いる総司令官エセックス伯の指揮系統に混乱が生じたことが災いし、議会軍はやがて敗北を喫する。クロムウェルはマンチェスター伯とエセックス伯のだらしない指揮ぶりに激昂し、「鉄騎隊」（Ironsides）

を中核とする新規範軍（ニュー・モデル）（New Model Army）を自ら組織する。総司令官にはフェアファックス卿、騎兵部隊の司令官を兼ねる副総司令官にはクロムウェルが就いた。1645年6月14日の「ネーズビーの戦い」（ネーズビーはイングランド中部ラグビーから東20キロほどの所にある田舎町）では新規範（ニュー・モデル）軍の活躍により議会軍が勝利を収め、王はオックスフォードに孤立する。王はスコットランドに逃げるが、1647年1月に捕えられる。1648年12月、王と和解しようとする長老派を、王との妥協を許さない独立派（クロムウェル）と急進的な水平派が議会に新規範（ニュー・モデル）軍を入れて追放し、残部議会（Rump Parliament）が形成される。クロムウェルは王を裁くことが目的ではないとして、これまでの専制君主的な態度を改めるよう最後まで粘り強く説得を試みた。だが王は全く妥協せず、むしろクロムウェルとの交渉の裏をかいて、マンチェスター伯と密約し、スコットランド軍やアイルランド軍と結んで反撃を企てようとしていたことが露呈する。かくして、王は裁判にかけられて反逆罪の廉で斬首による死刑を宣告され、1649年1月30日の寒い朝に公開処刑が行われた（この間、フェアファックス卿は軍と議会の対立から距離を置き、王の処刑には関わらなかった）。

共和制成立後、軍令官兼アイルランド総督となったクロムウェルは1649年8月にダブリン遠征して勝利を収めた。だが今度は、軍隊に基盤を置くクロムウェルと議会が対立する。議会は新憲法「統治章典」によって権限が制限された護国卿への就任という流れを作って革命のカリスマと言われたクロムウェルを厚遇する。しかし、クロムウェルによる軍事独裁体制への移行が市民革命の終焉を招いた。

大和　高行（鹿児島大学）

【参考になる図書】

浜林正夫　『イギリス市民革命史』　未来社　1959（増補版1971）.

小野功生、大西晴樹 編　『〈帝国〉化するイギリス――17世紀の商業社会と文化の諸相』　彩流社　2006.

クリストファー・ヒル、小野功生 訳　『十七世紀イギリスの宗教と政治』（叢書・ウニベルシタス、331）　法政大学出版会　1991.

Cook, Chris & John Wroughton. *English Historical Facts 1603-1688*. Macmillan, 1980

チャールズ2世

映　画　『恋の闇　愛の光』 *Restoration*

監督：マイケル・ホフマン（Michael Hoffman）
脚本：ルパート・ウォルタース
出演：ロバート・ダウニー・Jr.、サム・ニール、ポリー・ウォーカー、
　デイヴィッド・シューリス、メグ・ライアン
製作年（国）：1995年（米・英）／上映時間：118分

◆原作情報

原作名：『王政復古』 *Restoration: A Novel of Seventeenth-Century England*
著者名：ローズ・トレメイン（Rose Tremain）（1989）
【関連情報】 チャールズ1世は議会が提出した「権利請願」（1628）をいったん受諾しながら翌年議会を解散したため、王を支持する国教徒信者が多い国王派と、ピューリタンが多数の議会派との対立が激化し、1642年ついに内戦状態になった。この内乱（1642-60）の後に訪れた王政復古の時代の希望と不安、見せかけの恋と真実の愛、生と死などを、徹底した時代考証のもと、青年医師ロバート・メリヴェルの一人称の語りを通じて描いた傑作小説。

◆映画関連記述

この映画の邦題『恋の闇　愛の光』は、いわゆる「ピューリタン革命」の終焉を迎えたイングランドでチャールズ2世が王位に就いた「王政復古」（Restoration）の時代に、恋の苦しみで人生の光を失った若き医師が一人の女性との出会いから生まれた癒しの愛を通じて光明を見出すまでの過程を意味する。この作品はローズ・トレメイン原作の同名の小説を映画化したもので、主人公の若き医師ロバート・メリヴェルをタランティーノ監督作品『ナチュラル・ボーン・キラーズ』で有名な個性派俳優ロバート・ダウニー・Jr.（Robert Downey Jr.）が演じる。

本映画は、国王チャールズ2世（役：Sam Neill）の一匹の愛犬（スパニエル犬）の病気を治したことから、宮廷お抱えの医師に取り立てられたメリヴェルが、贅沢主義・快楽主義と疫病・狂気などの光と闇に満ちた王政復古期の激動を生き抜く半生を描く。宮廷内に私室を与えられ享楽に耽る生活を送るようになったメリヴェルに、ある日、王の愛人シリア（役：Polly Walker）と

『恋の闇　愛の光』より

形式だけの結婚をしろとの王命が下る。偽装結婚式の当日、初めて目にする美女シリアの妖艶さに圧倒されたメリヴェルは、あろうことか彼女に一目惚れしてしまう。王の愛人との愛のない夫婦生活を送るという条件を呑んだメリヴェルには騎士（ナイト）の爵位が授けられ、サフォークの領主となる。彼は自分の屋敷を華美に飾り立てて美女シリアの関心を惹こうとするが、もとより愛情を持ち合わせていない彼女から冷たく扱われる。

ある夜、メリヴェルは屋敷の庭に出て、望遠鏡を覗くようシリアを促す。望遠鏡で金星を眺めるシリアのうなじと胸の谷間に欲情をおぼえた彼は、彼女を押し倒す。そしてこれが運悪く、王の知るところとなる。メリヴェルは、屋敷を追われ、失意のうちに、かつての医師仲間ジョン・ピアース（役：David Thewlis）が働いているクエーカー派の病院（精神病院を兼ねる）にたどり着く。

やがてメリヴェルは、医術を通じて患者の容態を快復へと導くことが己の天職だと実感し、生きがいを取り戻す。病院の患者の一人に、不眠症と狂気に悩むキャサリン（役：Meg Ryan）がいた。年輩医師が彼女に対して行なう治療は瀉血（しゃけつ）だったが、その効果に疑問を抱くメリヴェルはキャサリンの狂気の原因を突き止めるために、患者に話をさせるというフロイト的精神分析治療、ならびに、音楽とダンスを取り入れた治療を試みる。やがて医師と患者以上の仲となった二人は、病院を出て夫婦となる。キャサリンは妊娠しており、旅の途中で産気づく。だが、胎児は自然分娩には大きすぎた。メリヴェルは帝王切開の執刀を決意するが、生まれた命と引き換えに、キャサリンは命を落とす。

その後メリヴェルは自分の医術ではどうしても救えなかった今は亡きピアース医師（死因は結核）の名を借りて、黒死病（ペスト）の猛威が襲うロンドンの貧しい病人たちを命がけで診察している。その腕の確かさが王の耳に入り、「ピアース医師」は宮廷に呼ばれる。正体がばれないようにと仮面をつけて宮廷に参上したメリヴェルが診たのは、かつて自分が思いを寄せたことのあるシリアだった。

シリアの体調がすぐれないのは妊娠のためと診断し終えたメリヴェルは宮廷の外に出る。そこで見たものは、ロンドン大火（the Great Fire, 1666）であった。赤ん坊（マーガレット）を乳母に預けて往診に出ていた彼は、一面火の海と化したロンドンの街を駆け抜け、必死にマーガレットを捜す。

◆映画の見所

この映画は 1665 年の黒死病（ペスト）の流行や 1666 年のロンドン大火など王政復古期に実際に起きた出来事を背景に、ロバート・メリヴェルという人物の劇的な半生を描き出したものである。主役のロバート・ダウニー・Jr は若き医師の非凡な技術、病気や死に瀕した患者を前にした時の勇気・自信・怖れを見事な演技で見せている。王を演ずるサム・ニールは『ジュラシック・パーク』で知られるが、『エクスカリバー 聖剣伝説』（*Merlin*, 1998. 米）でアーサー王を助ける魔法使いのマーリン役をこなしている。その他のキャストとして『めぐり逢えたら』や『ユー・ガット・メール』などで有名な人気女優メグ・ライアンが、真の愛による癒しを主人公に与える重要な役どころで登場する。第 68 回アカデミー賞美術賞ならびに衣裳デザイン賞を受賞したことが示す通り、当時の王宮の華麗な世界を再現した衣裳やセットなど、映像の美しさも見所である。

◆テーマ関連記述

いわゆる「ピューリタン革命」の動乱はイギリス近代史上最大の内乱（1642-60）として 18 年の長きに及んだ。その終焉は、「自由な議会」を求める声に応じて軍を南下させるスコットランド軍司令官ジョージ・マンクをロンドン市が受け入れる形でもたらされた。1660 年 2 月 3 日にマンクがロンドンに入ると、長期議会の自発的解散、「ブレダ宣言」の発表、仮議会の召集、チャールズ 2 世の国王宣言という出来事が続いた。イングランド国民の大部分は、内乱末期に見られた軍事独裁、それに、軍の内部分裂の結果陥った無政府状態に嫌気がさしていた。したがって、君主制の復活は大いに歓迎された。

1660年の5月に、大陸に亡命していたチャールズ（1649年1月に処刑されたチャールズ1世の遺児）を国王として迎えたイギリスでは、再び君主制が復活、これを王政復古と呼ぶ。

既にチャールズは、4月4日、亡命先のオランダ南部のブレダから「ブレダ宣言」を発し、復位の前提となる4つの方針を示していた。それらは、(1) 革命中の行動について大赦を与え、国王に対する犯罪の責任を問わない、(2) 宗教上の意見の相違を許し、宗教上の寛容を認める法律を議会が制定した場合には、それに同意する、(3) 革命中の土地所有権の移動は議会で処理する、(4) 議会の決定にしたがって軍隊の給与を速やかに支払う、という内容であった。ただし、君主制復活に伴う緊急の課題を処理するために召集された仮議会では教会や大学からもピューリタンを排除しようとする旧来の厳格な国教会体制が望まれたので、方針 (2) で示された宗教上の寛容というチャールズの願いは叶えられなかった。

仮議会は、国王に安定した財源を保証し、新体制の財政基盤を整えるという重要な課題に取り組み、国王には年120万ポンドを保証することになった。その財源は関税と革命中に導入された消費税によって確保するものとされ、上級領主としての国王の土地保有権に基づく課税・徴発権は認められなかった（ここにおいて、イギリスの君主制に最後まで残されていた封建制的要素は完全に消滅した）。また、国王の関税収入を確保しやすくするために、革命中に制定された航海法を強化した新航海法が制定され、重商主義政策が継続された。

仮議会は1660年12月に解散され、1661年春に新しい議会が召集された。新議会は旧国王派が多数を占めたため、「騎士議会」と呼ばれる。あるいは、1679年に解散されるまで18年もの長きにわたって開かれたので、「チャールズ2世の長期議会」とも呼ばれる。

映画『恋の闇　愛の光』は1663年のテムズ河沿いの様子から王立大学病院での診療シーンへと移り、クライマックスでは1666年のロンドン大火の様子が映し出される。徹底した時代考証で定評を得ているこの映画から、当時の医術の様子を知ることができる。

この映画の冒頭は、あらゆる種類の患者の治療にあたる医師たちの様子を映し出している。だが当時、医学書はあっても、医術そのものは試行錯誤の時代であった。忙しい治療の合間を縫ってセックスに明け暮れる若き医師メリヴェルは、手袋職人である父親に向かって、「今の医学では患者を救えないのが悔しい。いや、怖いんだ…無力なのに信頼されている」（“our science gives us no hope of curing most of them and I am frustrated! No, I'm frightened. . . .Their faith; my ignorance.”）と心中を告白する。この場面は、医術という天賦の才能に恵まれた者でさえも、治療法の決定は悩みの種であったことを示している。

メリヴェルは国王の愛犬を殺してしまったと誤診したものの、犬用の棺桶を運び出そうとするまさにその時に中から国王の愛犬の鳴き声がして、名医として取り立てられる。これは、治療の成功と国王の寵愛は運次第だということを喜劇的に描いた名場面である。

一度は明らかな誤診をするものの、メリヴェルは当時の医術に懐疑を抱く科学的思考の持ち主である。当時の医学書は、患者の精神を落ち着けるために静脈を傷つけて体内から一定量の血液を抜く「瀉血（しゃけつ）」を推奨していた。だが、メリヴェルはこれに異を唱える。また、疫病がはやった折に、感染患者のみを隔離するよう明確に指示する。

キャサリンの丸々としたお腹を診て、妊娠中の彼女を案じながら医学書を読みふけるメリヴェルの姿にも注意が必要である。結局、彼は帝王切開手術を決意するに至る。だが、この決断を下した瞬間、母体の命はほぼ助からないことを意味していた（止血法が発達していなかった当時、大量出血は命取りとなることが多かった）。

その他、この映画は、建築家クリストファー・レンの設計によるロンドン都市計画の模型や天文学への関心など、王政復古期の科学熱の高まりを映し出している。

大和　高行（鹿児島大学）

【参考になる図書】

Cook, Chris. and John Wroughton, *English Historical Facts 1603-1688*. Macmillan, 1980.

Falkus, Christopher. *The Life and Times of Charles II* (Kings & Queens of England). Weidenfeld Nicolson Illustrated, 1992.

Harris, Tim. *Restoration: Charles II and His Kingdoms, 1660-1685.* Penguin Global, 2006.

Masters, Brian. *The Mistresses of Charles II* (History & Politics). Constable, 1997.

Tapsell, Grant. *The Personal Rule of Charles II, 1681-85* (Studies in Early Modern Cultural Political and Social History). Boydell, 2007.

貴族の生活

映　画　**『リバティーン』** ***The Libertine***

監督：ローレンス・ダンモア（Laurence Dunmore）

脚本：スティーヴン・ジェフリーズ

出演：ジョニー・デップ、サマンサ・モートン、ジョン・マルコヴィッチ

製作年（国）：2004年（英）／上映時間：114分

◆原作情報

脚本を書いているスティーヴン・ジェフリーズ（Stephen Jeffreys）の戯曲が原作で、1994年Royal Court Theatreにおいて、映画の中で2，3度触れられるジョン・ウィルモットをモデルとしたジョージ・エサリッジの劇『当世風の男』（*The Man of Mode*,1676）と同時に上演された。本作品はジョン・マルコヴィッチ出演の舞台を映画化したもので、主人公であるジョン・ウィルモットは17世紀のイギリスに実在した人物である。僅か12歳でオックスフォード大学に入学し、14歳で文学修士号を授与されるほどの秀才であった。

◆映画関連記述

この映画のタイトルである『リバティーン』（*The Libertine*）は「放蕩者」という意味で、『パイレーツ・オブ・カリビアン』や『チャーリーとチョコレート工場』などで有名な個性派男優のジョニー・デップが演じるジョン・ウィルモットを指している。

本映画は、ジョン・ウィルモットが国王チャールズ2世と、王妃の出身国ポルトガルからの客人たちとの面前で卑猥な詩を詠んだせいで自分の領地の田舎に1675年に追放され、3ヶ月後に恩赦を受けて解放されるところから始まる。彼は国王とも親しく、宮廷詩人的な立場であるにも拘わらず、性描写にあふれた政府批判の詩を詠んで度々追放された。ロンドンに戻ってきても、彼は相変わらず悪友の劇作家エサリッジと酒を飲み交わしたり、芝居小屋で芝居を観ていたりしていた。

ある日、観客にブーイングを受けるエリザベス・バリー（役：Samantha Morton）という女優を目にする。彼女の隠れた才能に気づき、個人指導を申し出るが、彼女はジョンのことを警戒する。ところが、彼の熱意に押されて、演技指導を受け『ハムレット』のオフィーリア役で、バリーは大喝采を

発売・販売元：アミューズソフトエンタテインメント
税込価格：3990円

浴びる程の成長を遂げる。そして、いつしか2人は恋に落ちていった。そんな彼の周りには3人の女たちがいた。彼女が18歳の時略奪婚をした無謀な彼を愛しぬく貞節な妻エリザベス・マレット、女優バリー、そして梅毒に罹ってからも彼を看病する心優しい娼婦のジェーンである。3人の女たちとのやりとり、特に女優との問答「芝居の中にこそ真実がみられる。感動がある」というセリフや妻が最後の最後に愛情のこもった怒りを爆発させるシーンも素晴らしい。

ジョン・ウィルモットは天才といわれた宮廷詩人的な立場にありながら、酒とセックス三昧の奔放な生活に明け暮れ、ある事件から逃亡し、生活費を稼ぐために医者を装いイカサマの薬草を売ったりした。32歳の時酒毒と梅毒によって身体を壊し、梅毒のために顔は崩れ、最後には哀れにも愛人にも娼婦にも捨てられた。病床で、自分はThe deathbed convert（改宗者）、The pious debauchee（信心深い放蕩者）だと語り、病床で今までの生き方を後悔しつつ、1680年7月26日に33歳の若さで生涯を閉じる。本映画はジョン・ウィルモットという人物の華々しくも短く、波乱万丈の半生を描き出した物語である。

◆映画の見所

この映画はジョニー・デップ扮するウィルモットの「初めに断っておく。諸君は私を好きになるまい。男は嫉妬し、女は嫌悪し、物語が進むにつれてどんどん私を嫌いになる」（Allow me to be frank at the commencement. You will not like me. The gentlemen will be envious and the ladies will be repelled. You will not like me now and you will like me a good deal less as we go on.）という前口上で始まる。実在の破天荒な放蕩詩人を演じた歴史ドラマである。ジョニー・デップは若くしてこの世を去る悲運の男の狂気や色気を、迫真の演技で見せている。これは彼の役者としての本領を大いに発揮した作品といえよう。その他のキャストとして『太陽の帝国』、『二十日鼠と人間』、『クリムト』など、多くの映画で有名なジョン・マルコヴィッチが、人間味あふれる王役で登場する。更に環境破壊が進んだ近未来社会を描いた『CODE46』のサマンサ・モートンが、舞台女優役で深みのある芝居を見せるところも見所である。

◆テーマ関連記述

日本の貴族といえば「公家」、身分は高いが武力は持たず、経済的に弱いというイメージがあるが、イギリスの貴族は、日本でいえば大名に近い存在で、広大な領地と武力を所有し、かつては戦争や政治に積極的に参加していた。

イギリスの貴族の起源は、「征服王」として有名なウィリアム1世の頃である。彼はフランス北西部ノルマンディの公爵であったが、王位継承を主張してイングランドに渡り、1066年エドワード懺悔（ざんげ）王死去の翌日（1月6日）に国王に即位したハロルドを、同年10月ヘイスティングズの戦いで撃破して、イングランドの国王になった。その時フランスから引き連れて来たノルマン人の臣下を重用し、これが貴族の始まりだとされている。

貴族とは、爵位を持っている人とその家族を指し、英国王室を頂点に公爵

		爵　位	男　性	女　性
貴族	世襲	公爵	Duke	Duchess
		侯爵	Marquess	Marchioness
		伯爵	Earl	Countess
		子爵	Viscount	Viscountess
		男爵	Baron	Baroness
	一代	男爵	Baron	Baroness
准貴族	世襲	准男爵	Baronet	Baronetess
	一代	騎士爵	Sir	Dame

貴族階級

から男爵までの世襲貴族をいう。その爵位は最年長の子供に引き継がれる。また、世襲貴族以外にイギリス国家への貢献度の高い人に対して授与される一代貴族の男爵位を有する者が存在する。爵位を持つと貴族院での議席が自動的に保障されていたが、現在では自動的に上院議員になれるのは一代貴族のみで、世襲貴族には 92 席の議席しか与えられておらず、そのうえ議員としての報酬はない。

イギリスの正式名称は「グレート・ブリテンおよび北アイルランド連合王国」で、かつては イングランド王国、スコットランド王国、アイルランド王国の連合であった。しかし 1707 年にグレート・ブリテン王国への合同で各王国は消滅した。現在の女王エリザベス 2 世はこの連合王国の女王であって、昔の各王国の女王ではない。ただし、貴族の場合はそれぞれどの王国によって授爵されたかによって、次のように分類され、序列化される。上席になれるのは、授爵された年や次のどのタイプの貴族かで決まるのである。

1. イングランド貴族
2. スコットランド貴族
3. グレート・ブリテン貴族
4. 1801 年の併合法以前に授爵されたアイルランド貴族
5. 連合王国貴族
6. 1801 年の併合法以降に授爵されたアイルランド貴族

（数字の若い方が上位である）

貴族の序列

映画『リバティーン』の第 2 代ロチェスター伯爵であるジョン・ウィルモットが生きていた 17 世紀のイギリスは王政復古直後で、政治的には王と議会との対立があった。また、ロバート・ボイルのボイルの法則（1662）、エドモンド・ハレーのハレー彗星の周期発見（1682）、アイザック・ニュートンの万有引力の法則（1687）などの有名な科学者が多数現れた時期であり、技術、芸術様々な面でも急速に発達していた。1665 年はペストが大流行し、ロンドンの人口の 5 分の 1 が死亡した時期でもあり、社会的には自由主義の風潮から性に対する考え方も大きく変わっていた頃で、放蕩三昧を送ったジョンが登場する下地になっていたといえるだろう。

国王冠　公爵冠　侯爵冠　伯爵冠　子爵冠　男爵冠

映画の中で、第２代ロチェスター伯爵は酒や女に浸った贅沢三昧の生活をおくっているが、貴族は全員彼のように裕福だったのだろうかという疑問が湧く。一般に貴族といえば、自分の土地への入口から屋敷の玄関まで何分もかかるほど広い土地を所有しているというイメージがある。実際、世襲貴族の場合、代々伝わる広大な土地や屋敷を維持していくだけでも、かなりの費用がかさむのである。17 世紀や 18 世紀にはそのようなことはほとんど起きなかったが、時代を経るにつれて貴族の中には莫大な維持費と相続税などを捻出できずに没落していく貴族も出てきた。とりわけ、第２次世界大戦後には、莫大な相続税その他がかけられるようになり、家財産を売却して税金を払うという有様で、必ずしも貴族だから裕福だとはいえないようである。例えば、故ダイアナ元妃の生家であるスペンサー家では、2005 年からオルソープの邸宅の一室を、一泊 1000 ポンド（約 15 万円）で開放し、2006 年からは結婚式場として営業を開始しているほどである。

高瀬 文広（福岡医療短期大学）

【参考になる図書】

小林章夫 『イギリス貴族』 講談社現代新書 1991.

水谷三公 『英国貴族と近代 持続する統治』 東京大学出版会 1992.

海保真夫 『イギリスの大貴族』 平凡社新書 1999.

Jeremy, Black. *The Historical Atlas of Britain: The End of the Middle Ages to the Georgian Era*. Sutton Pub Ltd, 2000.

「ジェントルマン」と「ジェントリ」

ジェントルマン（Gentleman）は地主貴族を核とするイギリスの名望家をさす。17 世紀以来のイギリスの資本主義の担い手であり、19 世紀半ばを境に農村部の広大な所領を基盤とする地主から、ロンドンあたりを基盤とする証券保有者へと徐々にかわっていく。勿論、ジェントルマンが全部そのようになっていくのではなく、あくまでもその核となる部分の人達だけの話である。

近代のジェントルマンは法的身分ではなく、社会的な身分であり、自称して得られるものではなかった。英語で gentleman とは、「紳士、有閑階級の人」の意味であり、もともとは「高貴な人」という意味であった。そして、「紋章院」への登録と認可を得た「紋章」を有し、社会的に認められた人達であった。ただし、近代になると紋章もお金で買えるようになり、ジェントルマンと称することが可能となる。そこで教養や品性の高さなどの個人的な資質、更には物質的な条件が重視されるようになった。即ち、巨大な富や財産を有することであり広大な所領を有する地主であることであった。その後、金融制度の発達に伴い巨額の利子収入を得られる有価証券保有者がジェントルマンの仲間入りをするようになる。

ジェントルマンは不労所得で生活ができる裕福な階層であるが、労務に従事しても「高貴」だと見なされた職種もあり、これをジェントルマン的職業（gentlemanly occupation）という。その典型的な職種が、聖職者、法律家、内科医等であるが、これも時代とともに変化した。貿易商や高級官僚などもジェントルマン的職業と次第にみなされるようになったのだ。ジェントルマンになる機会がイギリスの帝国主義の拡大や国家諸制度の整備・充実に伴い増大していった。

ジェントリ（gentry）とは、中世のイギリスにおける下級の領主層の総称で、貴族とヨーマン（ジェントリと小農民との中間に位置する農民）の中間に位置する階層の人達である。男爵の下に位置し貴族ではない。中世後期に軍役の義務から解放され地方に土着した中小の地主が起源で在地の有力者や領主たちであった。治安判事として地方行政を無給で担当したり下院の議員となったりして、地方社会への影響力を保持し続けた。

イギリス貴族の多くは、ノルマン・コンクエストの際にイングランド各地に封じられたノルマン人が起源で、それ以前からの在地の有力者や領主であったジェントリは 14 世紀から 15 世紀にかけて有力貴族の家臣となる事が多かった。ジェントリは 14 世紀中頃の黒死病や百年戦争などの戦乱や封建制社会の動揺を経て 16 世紀には領主から地主への転化を始める。その後も、貴族とともにジェントルマン階級として一定の尊敬を集め、社会への影響力を保持し続けた。ジェントリと貴族の間には称号や貴族院議席以外の特権において大きな差はなかったため通婚が進み、その差は小さくなり、地主貴族層として伝統的エリート層を形成していった。

高瀬　文広（福岡医療短期大学）

第 6 章
18 世紀

1714 年　アン女王死去、ジェームズ 1 世の曽孫、ジョージ 1 世として即位（ハノーヴァー朝）
1716 年　■徳川吉宗八代将軍となる
1756 年　七年戦争勃発（プロセインと同盟しオーストリア、フランス、スウェーデン、ロシアと戦う）
1760 年　ジョージ 3 世（ジョージ 2 世の孫）、22 歳で即位（-1820）
1763 年　パリ条約締結で七年戦争終結
1768 年　キャプテン・クック第 1 次南太平洋探検を開始
1773 年　ボストン茶会事件
1775 年　アメリカ独立戦争始まる、ジョージ・ワシントン総司令官に任命さる
1783 年　パリ条約締結（アメリカ独立を承認）
1799 年　■幕府、蝦夷地直轄開始
1800 年　■伊能忠敬、蝦夷地の測量開始
1800 年　アイルランド併合法可決、翌年 1 月 1 日施行
1805 年　トラファルガー海戦、フランス・スペイン連合艦隊に勝利、ネルソン提督戦死
1811 年　ジョージ 3 世精神異常、王太子ジョージ摂政となる（-20）
1832 年　第 1 次選挙法改正案成立（首相はホイッグ党のチャールズ・グレイ）

英国と植民地

映画 『ロビンソン・クルーソー』 ***Robinson Crusoe***

監督：ロドニー・K・ハーディ（Rodney K. Hardy）、
ジョージ・ミラー（George Miller）
脚本：クリストファー・ロフトン
出演：ピアース・ブロスナン　ウィリアム・タカク　ポリー・ウォーカー
製作年（国）：1996 年（米）／上映時間：91 分

◆原作情報

ダニエル・デフォー　Daniel Defoe　『ロビンソン・クルーソーの生涯と冒険』*The Life and Strange Surprising Adventures of Robinson Crusoe*　（1719）

ブレーメンからヨークへ移住してきた男性を父に、ヨークの良家の女性を母に持つ三男ロビンソンが、世界を見ながら一旗揚げようと船乗りになるものの、遭難して 28 年間の無人島生活を経験する。ロビンソンのキリスト教的回心とフライデーのキリスト教への帰依、また西洋文明を「野蛮な」人々に教えるというイギリス人としての使命がテーマ。

映画 『モル・フランダース』 ***Moll Flanders***

監督：ペン・デンシャム（Pen Densham）
脚本：ペン・デンシャム
出演：ロビン・ライト　モーガン・フリーマン　ストッカード・チャニング
製作年（国）：1998 年（米）／上映時間：123 分

◆原作情報

ダニエル・デフォー　『有名なモル・フランダーズの運不運』*The Fortunes and Misfortunes of the Famous Moll Flanders*　（1722）

五度の結婚（うち一人は実の弟と）、十数年に及ぶ愛人生活、そして泥棒生活を経てついに自分の母親が収監されていたニューゲートに投獄される。そこで以前夫だった男性と遭遇、二人でアメリカのヴァージニア植民地に流刑囚としてわたる。そこにはかつて肉親とは知らずに結婚して息子をもうけた相手である弟の家族が住んでいる。モルにとっては二度目の渡米であった。一度目は弟と結婚したときで、アメリカに渡って母親と対面したときに自分の夫の母親が自分の実の母親でもあるということに気づいて絶望し、アメリカを去るのであった。二度目の渡米の時モルは他界していた母親の遺産を受け継ぎ、裕福になってイギリスに帰国する。そしてそれまでの人生に犯した罪を悔い改めつつ余生を送るのであった。

映　画 『レジェンド・オブ・ヒーロー　ロブ・ロイ』 *Rob Roy*

監督：マイケル・ケイトン＝ジョーンズ（Michael Caton-Jones）
脚本：アラン・シャープ
出演：リーアム・ニーソン　ジェシカ・ラング　ジョン・ハート　ティム・ロス
製作年（国）：1995 年（米）／上映時間：139 分

◆映画関連記述

映画『ロビンソン・クルーソー』は主人公を 18 世紀のスコットランド人に設定するなど（原作では 1632 年生まれでヨーク出身）、原作を大幅に改編している。1718 年、原作者デフォーのもとにロビンソンの日誌が持ち込まれるところから物語は始まる。スコットランド人ロビンソン（役：Pierce Brosnan）は、1703 年、女性をめぐる決闘で友人パトリックを殺してしまう。追っ手から逃れるため船乗りとなったロビンソンは、大嵐に遭って無人島へと漂着する。生き残ったのはロビンソンと犬のスキッパーだけであった。それから六年間のサバイバルの中で、ロビンソンはいけにえにされそうになった「未開原住民」の青年フライデー（役：WilliamTakaku）との交流を通じてキリスト教や西洋文明の絶対性・優位性に疑問を持つ。ロビンソンの考え方のターニングポイントとなったのは、愛犬スキッパーの死である。フライデーをいけにえにしようとした原住民の支配部族たちと戦うのに、はじめロビンソンは火薬という西洋文明の利器を用いることを思いつく。しかしその爆発に巻き込まれてスキッパーが死んでしまう。スキッパーの墓の前で、魂の無い犬は天国に行けないと言うロビンソンに対し、フライデーはワニ神パキアにスキッパーの霊の加護を頼む。これによってロビンソンは、火薬に象徴される西洋文明に頼ることと、キリスト教の絶対性に対して疑問を持つようになる。そしてロビンソンのフライデーに対する自称が変化する。はじめロビンソンはフライデーに自分を「ご主人様（Master）」と呼ばせていた。しかし真実の友情を感じるようになったロビンソンは自分を「マスター」と呼ばせていたことを恥じ、ロビンソンという名を告げるが、奴隷視されていたことを悟ったフライデーは「私は奴隷ではない」（“I am not a slave!”）と怒る。仲違いを悲しみながらも無人島を脱出するべくカヌーを作るロビンソンにフライデーが近寄り、自分の真実の名を告げる。ここで初めてロビンソンとフライデーは真の友情で結ばれるのである。ここから、矛盾なく植民政策を進めるにあたっては、宗教をも含めた文化的差異を互いに認めなければならないという反省を読み取ることができる。

映画『モル・フランダース』も、モル（役：Robin Wright）が娼館にいたころ友情を交わした黒人男性ヒブル（役:Morgan Freeman）が語り手となっていて、原作とは大幅に異なった話となっている。モルの娘フローラをある篤志家の夫人の住むアメリカへ連れて行く道中に、ヒブルの口によってモルの回顧録を読むという方法でモルの生涯が語られるのだ。ロビン・ライト演じるモルは痩せこけた修道女見習いから美しい娼婦へ、さらに清純な妻から母へと変貌してゆくが、その根底には一貫して男性に虐げられながらも強く生き、幸せを勝ち取る女性の強さが流れている。はじめは司祭によるセクシュアル・ハラスメント、次に上流階級の娘たちによるいじめ、次にオールワージー夫人（役：Stockard Channing）が経営する娼館での商品としての扱い、というようにモルは身分の低い女性として抑圧される。またオールワージー夫人に仕えるヒブルがモルの娘を探しにいくときに、黒人であることをののしられる場面もある。これらは当時のイギリス社会における身分、人種、性別による差別を明らかに示す描写である。娼婦となったモルを変えるのは夫となる画家（役：John Lynch）との出会いである。それまでは自分の女としての武器を最大限に活用して金銭を得ていたモルが、初めて自分の内面的美しさを認めてくれた画家との真実の愛に目覚める。そして人種や性別を超えた平等を学ぶのである。ラストシーンでモルとモルの娘フローラとヒブルがアメリカの海岸で踊る姿に、"All men and women are created equal. We are one being—humankind."（男も女もみな平等に造られている。私たちは同じ生き物、同じ人間よ）というセリフが重なる。これこそが、原作を改変することによって強調された映画『モル・フランダース』のテーマなのである。

『ロブ・ロイ』の主人公ロブ・ロイ・マグレガーは実在の人物である。アン女王の治世（在位 1702-14）の末期、イングランドの圧制と搾取に対するスコットランド人、特に高地民（ハイ・ランダー）の抵抗を描いた映画。1713 年、ロブ・ロイ（役：Liam Neeson）は二百人ほどの村人の面倒を見ながらつつましく幸せな暮らしを送っていたが、村は困窮していた。ロブは土地を担保としてモントローズ侯爵（役：John Hurt）から千ポンドを借り、牛を購ってそれを売ることで儲けを手に入れようと考える。ロブが手形の受け取りを依頼したのは、アメリカに渡ることを夢見る一族の仲間アランであった。侯爵の出納係キーランは、侯爵の客人であり借金をかかえたイングランド人カニンガム（役：Tim Roth）と画策し、アランに手形ではなく現金を渡したうえでその千ポンドを奪い、アランを殺して湖に沈めてしまう。ロブの弟アリスデアはアランが金を持ってアメリカに逃亡したと主張するが、ロブはアランを信じる。そして侯爵に必ず金を返すと約束する。モントローズ侯爵は、政敵であるアーガイル公爵を中傷すれば借金を免除しようと持ちかけるが、ロブは卑劣な手段をとることは良心が許さないとそれを断る。牢に入れられそうになったため逃亡し、山に身を隠す。しかしその間にカニンガム率いる兵士たちが家畜を殺し、ロブの家を焼く。ロブの妻メアリ（役：Jessica Lange）はカニンガムに強姦される。アリスデアはそれを察するが、メアリはアリスデアに口止めをする。ロブたちは仕返しに、侯爵の地代と牛を盗み始める。腹を立てた侯爵は再びカニンガムに村を攻撃させる。大戦闘となり、アリスデアは戦死してしまう。ロブは捉えられるがうまく脱出。そのときにはメアリがアーガイル公爵に真実を告げ、助力を請うていた。メアリのもとに戻ったロブにメアリは妊娠を告げ、カニンガムの子かもしれないと言うが、ロブは子供を育てる決心をする。ロブはアーガイル公爵にカニングカムとの決闘の仲立ちを頼み、アーガイル公爵はロブが勝てばロブの罪を免じ、千ポンドの借金を帳消しにすることをモントローズ侯爵に約束させる。そして決闘でカニンガムを負かしたロブは、メアリのもとへ帰ったのだった。

ところでカニンガムはイングランド女性の私生児で、父親が誰だか分からないという設定である。そのために母親という存在や女性に対して屈折した感情を抱き、愛というものを信じられない。カニンガムの子を宿したことを告白した使用人に対しても、夫としての責任を取ろうとしないのである（映画『海の上のピアニスト』で繊細なピアニストを演じたティム・ロスが、私生児としてのコンプレックスを抱えたカニンガムという男の悪役ぶりを好演、アカデミー助演男優賞候補にあがった）。それに対してロブは、メアリのお腹の子が自分の子ではないかもしれないにも関わらず、その子を育てていくことを決意する。愛や正義、名誉など、様々な概念についてイングランドとスコットランドとが対比されている。

◆映画の見所

これらの映画に共通するのは、主人公たちがみな当時のイギリス社会におけるマイノリティだということである。ロビンソン・クルーソーとロブ・ロイはスコットランド人、フライデーは南太平洋の原住民、そしてモル・フランダースは女性。イングランドが植民活動を通じて大英帝国を形成していくにあたり、彼らマイノリティが彼らを抑圧する力にどのように抵抗し、また生き抜いていったのかが掴みやすい映画だ。

ロビンソン・クルーソーが無人島に上陸したのは 1705 年、スコットランドとイングランドとの連合の二年前である。フライデーをいけにえにしようとした支配部族との最終決戦にて吹くバグパイプはスコットランド人の誇りの象徴だ。スコットランド人の誇りは映画『ロブ・ロイ』でより強調されている。政治的対立相手の腹を探り合い、うわべだけの付き合いをし、裏で汚い取引をしようとするイングランド貴族に対して、ロブ・ロイたちスコットランド高地人は名誉と誇りと愛を何よりも大切にしている。スコットランド人が豪快に大剣を振り回すのに対してカニンガムが見せるイングランド貴族の洗練された剣さばきも、見所の一つである。また華麗なる剣さばきとは対照的に、カニンガムは寝起きに室内用便器に小用を足すのであるが、それを見て侯爵の出納係を務めるスコットランド人キーランが眉をひそめる。ここではイングランド貴族のマナーの悪さが強調されている。室内用便器は映画『モル・フランダース』にも出てくる。ここではさらにマナーがひどく、なんと食事をしているのと同じ部屋の隅で小用を足すのである。当時のイングランド人の実態が垣間見える描写だ。映画『モル・フランダース』の中でモルが浴びるように飲む酒はジンであり、ここからも 17 世紀にオランダから持ち込まれたジンが 18 世紀には人々の間に広まっていたという、当時のイングランドの状況をうかがわせる。

◆テーマ関連記述

18 世紀イングランドの植民活動は、スコットランドやアイルランドを初めアメリカやカナダ、カリブ海諸島、アフリカ、インド、そして太平洋の島々へと広く行われた。各植民地での目的は様々である。アメリカとカリブ海では大規模農園、カナダでは毛皮中心の貿易、インドではムガル帝国との香辛料の取引、アフリカでは現地の支配者との奴隷の取引。また太平洋の島々は 18 世紀後半になって探検が盛んになり、アメリカに続いて囚人を送る新たな場所としてオーストラリアが選定されることとなる。

スコットランドはイングランドと陸続きで、早くから密接な関係を持っていた。スコットランド王ジェイムズ 6 世は 1603 年、エリザベス 1 世の後継者イングランド王ジェイムズ 1 世として即位。両国は共通の王を戴くことになる。しかしイングランドは 1651 年のクロムウェルの時に制定された航海法によって植民地との交易を掌握していたため、スコットランドは独自の経済圏を築くことができなかった。映画の中でロビンソン・クルーソーが遭難するのは 1705 年、イングランドとスコットランドの合同法制定直前である。合同法はスコットランド教会の独立と、法律と教育の自由は認めたが、議会と貨幣鋳造権を認めなかったため、事実上スコットランドはイングランドの支配下に置かれた。イングランドとスコットランドとの格差が大きくなってゆく中で、映画『ロブ・ロイ』の時代には、アン女王の後継者にプロテスタントであるハノーヴァ家を推す一派と、カトリックであるスチュアート家の正統を主張するジャコバイトとが対立していた。映画の中で、モントローズ侯爵は宮廷でアーガイル公爵をジャコバイトだと言いふらし、公爵の立場を危うくさせた。映画の中で明言はされていないものの、ロブ・ロイとロブの子供たちとのやりとりの中には、ロブもジャコバイトであることが暗示されている。

またアイルランドにも早くにイングランドの手が伸びた。17 世紀初頭にはアイルランドへの植民活動が行われ、このときアイルランドのアルスターで開かれた農園は後の西インド諸島での農園の手本となった。映画『モル・フランダース』の中で、娼館の女主人オールワージー夫人がヒブルの恋人エドナをアイルランドの地主に売ってしまうが、この地主も植民活動によって進出していったイングランド人であろう。

18 世紀におけるイギリスの植民活動のうち、大きなものはやはりアメリカであろう。イングランド人のアメリカ定住は 17 世紀初頭、1620 年にメーフラワー号で移住したピルグリム・ファーザーズから始まり、18 世紀前半、アメリカ植民地は北アメリカ大陸の東海岸に広がっていた。映画『モル・フランダース』ではモルたちの新たな人生はアメリカで始まる。『ロブ・ロイ』でもアメリカ移住は大きな要素になっていて、ロブ・ロイの仲間のアランは常日頃からアメリカ行きを強く願っており、キーランから渡された金銭を持ってアメリカへ逃亡したのだとロブの弟に誤解された。

またアフリカとの奴隷貿易は、アメリカや西インド諸島での農園で使役する奴隷を運ぶためのものだった。黒人は肌の色のために白人より劣っているとされ、黒人は白人の奴隷とされた。ロビンソンはフライデーに自分のことを「ご主人様（Master）」と呼ばせ、ヒブルは白人の労働者に「黒人野郎（Blacky）」とからかわれる。肌の色を民族の優劣と結びつけることは、当時のヨーロッパでは当たり前だったのである。

荒木　雪葉（西南学院大学　非常勤講師）

【参考になる図書】

C. A. ベイリ 編、中村英勝、石井摩耶子、藤井信行 訳 『イギリス帝国歴史地図』東京書籍　1994.

ノーマン・デイヴィス、別宮貞徳 訳 『アイルズ：西の島の歴史』共同通信社 2006.

メアリー・ベス・ノートン他、本田創造 監修 『アメリカの歴史①　新世界への挑戦』三省堂　1996.

七年戦争

映　画　『バリー・リンドン』 *Barry Lyndon*

監督・脚本：スタンリー・キューブリック（Stanley Kubrick）
出演：ライアン・オニール、マリサ・ベレンソン、パトリック・マギー
製作年（国）：1975 年（英）／上映時間：185 分

◆原作情報

原作はウィリアム・メイクピース・サッカレー（1811-63）の同名小説。サッカレーは、『オリバー・ツイスト』『大いなる遺産』を著したチャールズ・ディケンズと同時代のイギリスの小説家。ディケンズは貧しい人を主人公にした物語を作っているが、サッカレーはそれとは対照的に、中・上流階級社会の虚栄と俗物根性とを諷刺する作品を書いた 19 世紀イギリスを代表する写実主義作家である。東インド会社の重役を父に持ち、インドのカルカッタで生まれ、29 年ケンブリッジ大学に入学したものの中途退学し、イタリア、ドイツ、フランス辺りを旅した後ジャーナリズムに職を求めた。ナポレオン戦争時代を背景に文無しの芸術家とフランス人踊り子との遺児ベッキー・シャープが紳士階級へのし上がろうとする風刺小説『虚栄の市』（*Vanity Fair*,1847-8）によって作家としての名声を確立。

◆映画関連記述

『バリー・リンドン』は、18 世紀半ば、レドモンド・バリーというアイルランド人の栄枯盛衰の人生を描いた 3 時間 5 分の大作である。本作品は、アカデミー賞の撮影賞、歌曲賞、美術賞、そして衣裳デザイン賞を受賞した。監督はキューブリックで、彼の完全主義的なきめの細かい演出で、非常に芸術的な映像として完成している。本作品は封切り当初、長すぎるとか、古臭いとか、アメリカではあまり良い評価を得なかったが、日本では絶賛され第 50 回（1976 年度）キネマ旬報ベストテンで第 4 位に選ばれた。

この物語は 1756 年の七年戦争（1756-63）、即ちプロイセンとイングランドとが同盟を結んで、オーストリア、フランス、スウェーデン、そしてロシアと戦うというヨーロッパの主要国間の国際戦争時のものである。

アイルランドの貧しい地主階級の生まれであるレドモンド・バリーは、従姉に初恋をするのだが、持参金のない彼女は村に来ていた年収 1,500 ポンドの裕福なイングランドの大尉と婚約してしまう。その婚約発表の場で腹いせに大尉に酒をかけて仕掛けた決闘において、バリーは相手を撃ち倒す。

『バリー・リンドン』より

そして殺してしまったと思いこみ、村を出てダブリンに向かう。これは麻玉を銃に詰めて将校を殺したと思わせ、バリーを村から追い出すための従姉一家の企てだった。ダブリンへの途中で追いはぎに逢い、母からもらったお金も父からの形見の銃も奪われ一文無しになる。仕方なくイギリス軍の兵員補充に志願して大陸に渡り、七年戦争に参加する破目になるのである。

キューブリック監督は、戦争シーンでは本物のアイルランド陸軍の歩兵を利用している。赤と青の軍服姿の兵士たちが戦うシーンでは、軍服の色のコントラストが鮮やかだが、横一列に銃を構えて並んで敵に向かって前進し、兵士たちが次から次へと倒れていく様は衝撃的である。

この戦闘で、例の金持ち大尉との決闘の真相を教えてくれた上官を失い、将校の軍服と馬を盗んで脱走する。その後は、プロイセン軍の大尉に正体を見破られ、その下士官となり、彼の指示でプロイセン警察のスパイとなる。ところがスパイをする筈のオーストリア人とされるシュバリエ・ド・バリバリが実はアイルランド人であることを知ると、バリーは自分の正体を明かす。2人はギャンブラーとその相棒というペアになって、プロイセンの貴族たちから金を稼ぐが、国外追放となりベルギーに流れ着く。そこでバリーはリンドン一家と出会う。

バリーは、チャールズ・リンドン卿が病弱なのを知って、彼の若い妻レディ・リンドンを籠絡する。バリーの思惑(おもわく)通りリンドン卿が病死すると、レディ・リンドンと結婚して、ついに貴族の一員となる。ところが、バリーは公衆の面前で前夫の息子バリンドンの挑発に乗りバリンドンを殴りつけ爵位を授かる望みを失ったり、実子のブライアンが馬の事故で亡くなったりして、絶望のあまり酒におぼれる。また、レディ・リンドンも精神を病んでしまう。その惨状をみて、ついにバリンドンは家を建て直す決心をし、バリーと決闘する。バリーはこの決闘で負傷し、イギリスを追放されてしまう。七年戦争という時代に、「決闘」に始まり「決闘」に終わったレドモンド・バリーの波瀾万丈の物語である。

◆映画の見所

本作品の見所は、NASAが開発した日本製の高性能レンズで撮影された映像である。撮影は、野外では自然光、室内ではロウソクの灯のもとに行われた。特にカード賭博をする室内の美しさは素晴らしい。この映画は美しい自然や 18 世紀様式の荘厳な建造物やドレスや軍服などの衣類や装飾品全てが非常に美しく映像化され、芸術的に仕上がっている。

また、異文化理解の観点からは、①当時の「決闘」のやり方、②先に銃を撃つ方を決めるためのコイントス、③バリーが前夫の息子バリンドンを躾けるときにお仕置きで使用していた「鞭」などは、注目に値するだろう。

◆テーマ関連記述

バリーが生き延びていくためのお金を得るために仕方なく参加した七年戦争は、プロイセンとそれを支援するイギリスと、オーストリア、ロシア、フランス、スウェーデンなどヨーロッパ主要国間との国際戦争である。また、この戦争はヨーロッパだけでなく他の地域にも戦闘が広がった。プロイセンとオーストリアとの戦争を第 3 次シュレージエン戦争、フランス軍にインディアンが協力した北米での英仏植民地戦争をフレンチ・インディアン戦争、インドでの英仏戦争を第 2 次カルナティック戦争と呼び、これらの戦争を総称して七年戦争ということもある。

七年戦争はハプスブルク家の後継ぎ問題がきっかけであった。このハプスブルク家というのは、11 世紀頃元々は小さな領主だった。ところが幸運にもホーエンシュタウフェン朝の没落からハプスブルク家のルドルフ 1 世の即位まで（1256-73）の時期で、ドイツにおいて名目上の国王のみで実質的支配者が存在しなかった大空位時代に、ルドルフ 1 世が神聖ローマ帝国の皇帝に推挙されたことから繁栄の糸口をつかんだ。その後もハプスブルク家から皇帝を輩出し、ブルゴーニュ公国をはじめ多く領土を政略結婚で手に入れ繁栄した。元々ブルゴーニュ公国は、フランスの王国の血筋であったので、このことからフランスとの仲が悪くなったのである。

神聖ローマ帝国のカール 6 世（1685-1740）の娘であるマリア・テレジアが 1740 年にこのハプスブルク家の家督を相続したのだが、これを機にプロイセンのフリードリヒ 2 世（大王）が神聖ローマ皇帝位とオーストリアの支配権を求めて、マリア ・テレジアにオーストリア継承戦争を起こした。緒戦においてベーメンやオーバーエスターライヒを失ったが、マリア ・テレジアは態勢を立て直し、長年の宿敵であるフランスとさえ同盟を結ぶ決意をし、フリードリヒ 2 世に対する復讐を果たそうとした。

フリードリヒ大王は、1756 年開戦と同時にザクセンに先制攻撃をかけ、10 月にはロボジッツの戦いでザクセン・オーストリア軍を撃破。その後オーストリアのベーメンへ侵攻しプラハを包囲したが、救援に駆けつけたオーストリア軍に撃退されてしまう。西からはフランス軍が侵攻を開始し、プロイセンは窮地に陥るが、11 月にはフランス軍を撃退する。12 月のロイテンの戦いでもオーストリア軍を撃破した。プロイセンの同盟国のイギリスは、フランスの植民地である北アメリカ大陸などの攻撃に専念して、プロイセンへの援軍や艦隊を送ることはしなかった。東からはロシア軍が侵攻を開始し、東プロイセンを占領後､ベルリンへ迫るが､プロイセン軍は 1758 年 8 月ツォルンドルフの戦いでロシア軍を破った。

ところが、10 月のホッホキルヒの戦いや 1759 年 8 月のクネルスドルフの戦いで、プロイセン軍は主要な戦力を無くし、絶望的な大打撃を受ける。このときベルリンはほとんど無防備となったが、オーストリア・ロシア連合軍はベルリンへ進撃しなかった。ベルリン総攻撃のために結んだ協定をオーストリア軍が守らなかったために、ロシア軍が冬営に引き返してしまったからである。これを「ブランデンブルクの奇跡」という。

プロイセンは 1760 年 8 月のリーグニッツの戦いや 11 月のトルガウの戦いでオーストリア軍に勝利するが、両陣営ともに大きな損害を受けた。

そのような状況の中 1762 年 1 月ロシアのエリザヴェータ女帝が急死。彼女の後を継いだピョートル 3 世はフリードリヒ 2 世の信奉者であったのでプロイセンとの戦争を中止した。これによってオーストリア単独での戦争継続が不可能となり、停戦交渉が始められた。フランスも北米やインドなどにあった植民地でイギリスに完敗し、プロイセンとの戦争どころではなくなっていた。1762 年 5 月にはスウェーデンがプロイセンとの和議を成立。11 月にはフランスの主導でイギリス、フランス、スペインによるフォンテーヌブロー仮条約が締結。翌 1763 年 2 月 10 日にはイギリスとフランス間で、フランスがカナダの領土とミシシッピ川以東のルイジアナをイギリスに割譲し、ミシシッピ川以西のルイジアナをスペインに割譲する等の条件が入ったパリ条約が締結され、15 日にプロイセン、オーストリア、ザクセンが、プロイセンのシュレージエン領有の確定 やアーヘンの和約の再確認を含むフベルトゥスブルク条約を締結し、この時点で七年戦争は終結した。この七年戦争により植民地の勢力図が大きく変わった。フランスはインドや北アメリカの植民地のほとんどを失い、代わりにイギリスが北米とインドを獲得するに至った。しかし、イギリスは多額の負債により、植民地への課税を行い、これがアメリカ独立革命を引き起こすきっかけとなった。

高瀬　文広（福岡医療短期大学）

【参考になる図書】

Black, Jeremy. *The Historical Atlas of Britain: The End of the Middle Ages to the Georgian Era*. Sutton Pub Ltd, 2000.

イギリス海軍

映　画　『戦艦バウンティ号の叛乱』*Mutiny on the Bounty*

監督：フランク・ロイド（Frank Lloyd）

脚本：タルボット・ジェニングス、ジュールス・ファースマン、
ケイリー・ウィルソン

出演：チャールズ・ロートン、クラーク・ゲーブル、フランチョット・トーン

製作年（国）：1935 年（米）／上映時間：132 分

◆原作情報

Charles Nordhoff and James Norman Hall, *The Mutiny on the Bounty*（1932）

映　画　『マスター・アンド・コマンダー』*Master and Commander: The Far Side of the World*

監督：ピーター・ウィアー（Peter Weir）

脚本：ピーター・ウィアー、ジョン・コリー

出演：ラッセル・クロウ、ポール・ベタニー、マックス・パーキス

製作年（国）：2003 年（英）／上映時間：138 分

◆原作情報

パトリック・オブライアン著「オーブリー＆マチュリン」シリーズ：『英国海軍の雄　ジャック・オーブリー』第 10 巻『南太平洋、波瀾の追撃戦』他 Patrik O'Brian, *The Far Side of the World*（1984）, the tenth in *Aubrey-Maturin series* and others.

◆映画関連記述

イギリス 18 世紀は、国内的には 1707 年のスコットランドとの合邦による「国民国家」の成立を見るとともに、国外的には断続的に続いたアメリカやインドを巡っての対仏植民地戦争に勝利し、世界的制海権を確立していく時期に当たる。本 2 作品はそれぞれ、3 回の世界周航（1768-71, 72-75, 76-79）を成し遂げたキャプテン・クック（Captain James Cook, 1728-79、ハワイで死亡）が活躍した 18 世紀後半と、ナポレオン戦争（Napoleonic

ネルソン提督

Wars, 1799-1815）のさなか、ネルソン提督（Vice-Admiral Horatio Nelson, 1758–1805）がスペイン南部トラファルガー岬沖合での海戦（The Battle of Trafalgar, 1805）でフランス・スペイン連合艦隊に対して勝利を収めた（本人は 10 月 21 日戦死、47 歳）19 世紀初頭におけるイギリス海軍木造帆走艦船とそれに乗り込んだ人々の姿を描く。

『戦艦バウンティ号の叛乱』は 1789 年、南海を航行中のイギリス艦船で実際に起きた事件を題材としたノードホフとホールによる同名ベストセラー小説の映画化である。1935 年、アカデミー賞最優秀作品賞を受賞している。イギリス海軍武装船バウンティ号（HM Armed Vessel Bounty）は、1787 年、西インド諸島植民地における奴隷用食物にあてるべく、パンノキ（breadfruit trees）の苗木を入手することを目指して、タヒチへ向け出航する。艦長ウィリアム・ブライ（役：Charles Laugton）は、肉やチーズなどの食料や水を充分に与えずに船員を酷使し、鞭打ちやマスト吊しなどの苛酷な刑罰で独裁体制を敷いていた。ブライは言い放つ。「覚えておけ。お前らの運命は私の手の中にある。（“The ship's company will remember that I am your captain, your judge and your jury.”）」若き士官候補生バイアム（役:Franchot Tone）は、船員達の人望を集める一等航海士クリスチャン（役：Clark Gable）に接近していく。タヒチを出航後、クリスチャンはさらなるブライの暴虐への怒りを抑えきれず一部の船員と決起、艦長らを無蓋船に乗せ追放する。叛乱には荷担しなかったバイアムであったが、クリスチャンらとともにバウンティ号でタヒチに向かう。一方ブライらを乗せた船はチモール島付近で救助され、ブライの執拗な反乱者追跡が始まる。ブライが指揮するパンドラ号がタヒチに迫ると、クリスチャンらは追っ手を逃れ、再び南海に漕ぎ出す。バイアムは反乱者の一部や他の船員らと共にパンドラ号でイギリスに戻るが、叛乱幇助の罪で軍法会議にかけられる。バウンティ号でのブライの横暴を告発したバイアムは、いったんは有罪を宣告されるも、恩赦により無罪となるのであった。

『マスター・アンド・コマンダー』はオブライアン作海洋冒険小説シリーズの映画化作品である。1805 年、ナポレオン率いるフランスと交戦中のイギリス海軍。「不敗神話」を誇り、ネルソン提督を敬愛する艦長オーブリー

（役：Russell Crowe）が率いる戦艦サプライズ号（HMS Surprise）は、フランスの私掠船アケロン号（the Acheron）の追跡指令を受けるが、逆にブラジル北岸でアケロン号からの奇襲に遭遇してしまう。復讐に燃えるオーブリーがアケロン号の次の目的地と予測するガラパゴス諸島は、オーブリーの親友の軍医で博物学者でもあるマチュリン（役：Paul Bettany）にとっての憧れの地でもあった。サプライズ号を捕鯨船に偽装するおとり作戦でアケロン号をおびき寄せたオーブリーは、決戦を前に乗員全員を鼓舞する。「英国は侵略の危機にある。我々は今、世界の裏側にいる。今はこの艦が英国なのだ」（“England is under the threat of invasion. And though we be on the far side of the world, this ship is our home. This ship. . . is England.”）」

◆映画の見所

『戦艦バウンティ号の叛乱』では、原作小説同様、冷酷なサディストとして描かれるブライ艦長役を演じたチャールズ・ロートンの圧倒的な存在感と、情熱と人間味あふれる航海士クリスチャン役のクラーク・ゲーブルの熱演が目を引く。また同事件を題材とする映画には、ルイス・マイルストン（Lewis Milestone）監督の『戦艦バウンティ』（*Mutiny on the Bounty*, 1962. 米）やバーナード・ウィリアムズ（Bernard Willams）監督『バウンティ　愛と反乱の航海』（*The Bounty*, 1984. 英）とがある。前者は『戦艦バウンティ号の叛乱』と同じ原作に基づき、ブライにトレバー・ハワード（Trevor Howard）、クリスチャンにマーロン・ブランド（Marlon Brando）を配して二人の対決を描く。そして、主演のメル・ギブソン（Mel Gibson）がクリスチャン、アンソニー・ホプキンス（Anthony Hopkins）がブライを演じた後者では、艦長以下の登場人物に、より史実に沿った現実的な性格付けがなされるなどの新解釈が見られる。

『マスター・アンド・コマンダー』は、アカデミー撮影賞、音響効果賞受賞にふさわしく、アケロン号との戦闘や嵐のシーンの迫力が素晴らしい。加えてオーブリーとマチュリンの友情をはじめ、12歳の士官候補生ウィリアム・ブレイクニー（役：Max Pirkis）を含めた艦上の多様な人々の人間模様と心理描写は、本作品を質の高い人間ドラマにしている。

◆テーマ関連記述

18世紀の海外植民地争奪戦において、イギリス海軍はめざましい戦績を挙げるとともに、さらなる領土獲得を目指し、未知の海域への探検航海へと赴いた。後にバウンティ号で艦長を務めるブライは、キャプテン・クックの第3回航海（1776-79）に航海長として乗船し、また叛乱の後の1791年から 1793 年にかけては軍艦プロヴィデンス号（HMS Providence）の海尉艦長兼航海長として、タヒチから西インド諸島へのパンノキ輸送を目指す二度目の航海に赴き、成功している。海軍の「船乗り」は、国家の政治的軍事的組織の一員として、国家戦略に係わる重要な任務を忠実に履行していた。

一方で彼らの存在は、必ずしもいわゆるエリートとして位置づけられるものでなかった。18 世紀の文豪ジョンソン（Samuel Johnson, 1709-84）は、スコットランド西方諸島への旅行の最中、付き添っていた年下の友人ボズウェル（James Boswell, 1740-95）に次のように語っている。「監獄に入りたいと思うような人間でも船乗りにはならないだろうな。船の中にいるということは監獄にいるのと同じだし、それにおぼれて死んでしまうかもしれないじゃあないか」

ことに海軍の船乗りの場合、熾烈を極める植民地競争の中、従軍するとなれば激しい戦闘を覚悟せねばならず、厳格な階級制度も存在した。また限りある国家予算のもと、軍備以外、船内生活環境などの整備は概ね著しく遅れ、もちろん、給与も低かった。2 作品でも、船員たちの劣悪な食事や苛酷な労働が描かれる（『バウンティ号』ではブライ艦長の暴政により、状況は一層悪化していたのであるが）。

イギリス海軍の将兵の補充方法は基本的に志願兵制であったが、優秀な船乗り、特に莫大な利益を生み出す可能性のある商船の船乗りが海軍に公募で集まることはまず考えられず、特に多数の戦闘・運航要員が必要となる戦時、イギリス海軍は著しい人手不足に悩んでいた。18 世紀末から 19 世紀初頭のナポレオン戦争時代ですら、艦長は強制募兵隊（pressgang）を派遣、手当たり次第に男たちをとらえたり、商船から船員を奪って自艦の下級水兵にするほか、浮浪者や犯罪者も海軍に送り込まれていた。『戦艦バウンティ号の叛乱』冒頭シーンでも、酒場（パブ）からトマス・エリソンらがクリスチャン率いる募兵隊によって連行されるさまが描かれる。

このような人員調達方法が、技術的に未熟で、素行にも問題のある船員が多数存在する事態を招き、その統制のために、映画でブライ艦長が行ったような厳しい規律と懲罰とが求められた一面もあった。もっとも映画には史実と異なる部分も多く、例えば、映画で繰り返し描かれる鞭打ち刑は、実際のバウンティ号では当時の平均より少なく、船底くぐりの刑は行われなかった。

このほか、『マスター・アンド・コマンダー』では、戦闘での負傷者に外科手術が施される際に床に滑り止めの砂がまかれる、上陸した島でサボテンから蒸留酒をつくるなど、当時の船上生活や船員たちの労働の細部が描き込まれている。一方、士官たちの食事シーンで士官候補生カラミーは、提督の指揮の下、ナイルの海戦（The Battle of Nile, 1798）を戦った経験を持つオー

バウンティ号から追放されるブライ艦長

ブリーに、憧れと羨望をこめて提督の人となりを尋ねる。その卓越した戦術「ネルソンズ・タッチ」により、数々の海戦でイギリスに勝利をもたらした提督は、広く人々の尊敬を集め、神格化された存在であった。その死の翌年、君主以外の初の国葬としてセント・ポール大聖堂（St Paul's Cathedral）に葬られ、1843年には提督の戦功をたたえる記念柱（Nelson's Column）がロンドン、トラファルガー広場（Trafalgar Square）に完成している。ネルソン提督を主要登場人物とする映画には、アレクサンダー・コルダ（Alexander Korda）監督、ローレンス・オリヴィエ（Laurence Olivier）、ヴィヴィアン・リー（Vivien Leigh）主演による『美女ありき』（*Lady Hamilton,* 米国では *That Hamilton Woman*）（1941年製作・英／米）がある。

井石　令子（活水女子大学）

【参考になる図書】

石原保徳、原田範行 『シリーズ世界周航記別巻：新しい世界への旅立ち』 岩波書店 2006.

小林幸雄 『図説イングランド海軍の歴史』 原書房 2007.

Bligh, William, Edward Christian & R. D. Madison. *The Bounty Mutiny*. Penguin Classics, 2001.

Lavery, Brian & Geoff Hunt, *The Complete Story of the Ship Made Famous in the Novels of Patrick.* O'Brian Conway Maritime, 2008.

アメリカの独立

映 画 『英国万歳！』 *The Madness of King George*

監督：ニコラス・ハイトナー（Nicholas Hytner）

原作・脚本：アラン・ベネット

出演：ナイジェル・ホーソーン、ヘレン・ミレン、ルパート・エヴェレット、イアン・ホルム

製作年（国）：1994 年（英）／上映時間：111 分

◆映画関連記述

この映画は、1788 年ジョージ 3 世（役：Nigel Hawthorne）による国会議事堂上院での開会宣言の場面から始まる。1783 年 9 月のパリ条約締結でイギリスはアメリカの独立を承認したにもかかわらず、国王はアメリカが一つの国家（nation）となったことを認めたがらず、「植民地」と言及したりする。ジョージ 3 世は、15 人の子持ちである愛妻家として知られていた。映画の中では、Mr.King/Mrs.King とお互いを呼び合う。王太子（Prince of Wales）である息子ジョージ（役：Rupert Everett）は、父親が許しそうもないカトリックの未亡人との結婚を望んでおり、秘密裏に結婚していたが、表向き未婚のままであった。議事堂に向かう途中でも、王は国情を知らないとして息子を厳しく叱責する。それから間もなく秋口から贅沢で怠惰な生活のため、王は、異常行動を取るようになる。そこで王太子はこの機会に乗じて、自分と同じように王に反発をするホイッグ党のフォックス下院議員と図って王位を狙うようになる。フォックスは王太子を摂政に任命して実質的に王の権力を奪おうとピット首相に圧力をかけていた。国王の地位を守ろうとする首相は、医師のウィリス（役：Ian Holm）を呼び寄せた。ウィリスの治療方法は徹底したもので、王をただの一般の患者と同様に取り扱い、自分の指示に王が従わない場合には、強制的に椅子に縛りつけ猿ぐつわをさせ徹底的に拘束をした。ウィリスの治療のおかげで王の病は回復し、1789 年 2 月精神不安定の症状を治せるように待ってから約半年後、王太子を摂政とする法案の採決の直前に、王は政務に復帰し、映画は幕を閉じる。

この映画は、ロンドンで公開された舞台劇を映画化したもので、脚本を原作者ベネット自身が担当し、監督ニコラス・ハイトナー、主演ナイジェル・ホーソーンのいずれも同じである。

国王を演じたナイジェル・ホーソーンは、この映画で英国アカデミー賞主演男優賞を受賞した。黒人奴隷の問題を正面から取り扱った『アミスタッド』では、彼は悪役のビューレン大統領を演じていた。女王役のヘレン・ミレン（Helen Mirren）は、『キャル』では、IRA に夫を殺害された未亡人を演じてカンヌ国際映画祭の主演女優賞を受賞し、『クィーン』でアカデミー賞主演女優賞を獲得した。頑固な医者として好演をしているイアン・ホルムは、『炎のランナー』で英国アカデミー賞助演男優賞を受賞し、『エイリアン』のアンドロイド役としても有名である。王太子役のルパート・エヴァレットは、『理想の結婚』のアーサー役でも好演している。

『英国万歳！』より

◆映画の見所

発病して異常行動を取り始めたジョージ３世のもとに、首相が呼び寄せたウィリス医師がやって来る。誇り高いジョージ３世は、目をそらすことなく王である自分を直視するウィリスに対しても高圧的な態度を取り、そのままそこを立ち去ろうとする。ウィリスは、相手が国王であることを気にもせず、彼の肩をつかみ、にらみつける。このような無礼な態度に対して、王は暴力的に対抗するが、ウィリスは拘束するための椅子を見せて逆に脅す。結局は王の方がおじけづき、涙目になって走って逃げ出そうとする。しかしすぐに捕らえられ拘束されてしまうのである。ここの場面は、王が威厳を失い、ただの患者になってしまう分岐点である。「私は王だ」というジョージ３世に対して、「いや、患者だ」とウィリスが言い返す場面は、象徴的である。そして映画のラストシーンも皮肉なほど象徴的で、病から回復したジョージ３世は、妻や子供たちとともにセントポール寺院の正面で国民の歓声に手をふって応えながら、手切れ金を使ってカトリック教徒の未亡人を追い出したことを告げていた息子に、こう諭す。“We must be a model family for the nation to look to.”「皇族は英国の模範家族とならねば」（深沢三子訳）

◆テーマ関連記述

この映画の主人公となっているジョージ３世（1738-1820）は、1760 年から 1820 年までの長きにわたりイギリス国王であった。映画の冒頭部分で議事堂へ赴きながら王自身が王太子に述べるように、民衆からは、「農夫ジョージ」という愛称で呼ばれていた。彼は、7年戦争（1756-63）の途中で即位し、1755年から王太子時代の家庭教師役だったビュート伯を重用し、1762年5月から1年弱首相に任命しこれまで続いていたホイッグ優越を終わらせることに成功した。

当時のイギリスは、帝国拡大の最中であった。7年戦争の端緒の一つ1756年のフレンチ・インディアン戦争において北米でフランス軍を破り、1757年6月に大ピットの指導の下で制海権を確立、1759年から60年にかけてカナダでフランス軍を次々に撃破。1761年にインドでフランス軍を破り、その翌年にはハバナやフィリピンでスペインを破った。そして1763年にイギリスは7年戦争に勝利しフランス領カナダを手に入れた。しかし、これまでの戦争により出費がかさみ経済が逼迫したため、アメリカ植民地に対するそれまでの「有益なる怠慢」という方針をやめて、1764年の砂糖税法、1765年の印紙税法などというように、アメリカ植民地に税を課そうとした。それに反発しサミュエル・アダムズが率いる植民地の民衆が「自由の息子」（Sons of Liberty）を組織した。彼らが行ったイギリス商品のボイコット運動は効果をあげ、印紙税法はわずか1年後に廃案、砂糖税法も修正されることになった。1767年に制定された鉛、ガラス、紙、ペンキ、茶などに輸入税を課すタウンゼント諸法も同様の運命をたどり、1770年には、茶に対する税金だけを残して廃止された。この間にイギリスは手をこまねいていたのではなく、植民地の反発を抑えるためにマサチューセッツ植民地会議を解散するなどの強行手段を取った。それでも1772年にロード・アイランド植民地の住人が密貿易監視船を焼き払うという事件なども起こった。

1773年の茶税法は、東インド会社の財政的な困窮を救うためのものであり、東インド会社がアメリカ市場で安く茶を売ることを可能にするものであった。ところが、オランダ商人から茶を密輸していた植民地の業者がこれに強く反発をした。同年12月にアメリカ先住民に変装した「自由の息子」がボストン港に停泊している東インド会社の船の茶箱を海に投げ捨てるという「ボストン茶会事件」（Boston Tea Party）が起こった。イギリスは、これに対してボストン港を閉鎖し、駐米イギリス軍司令官のT. ゲージ将軍をマサチューセッツ総督に任命した。

このようなイギリスの強行方針に対して、アメリカ植民地では、翌年の1774年に各植民地の代表が集まり第1回大陸会議を開き、イギリス議会の植民地に対する立法権を否認する宣言と決議を行った。イギリス側では、ちょうどこの頃に滞英中であったベンジャミン・フランクリンを通して和解交渉をする動きもあったが、ジョージ3世が植民地との和解を望んでいなかったためにこれも実現しなかった。

そして、1775年にイギリス軍と植民地の民兵がコンコードとレキシントンで戦闘を開始し、アメリカ独立戦争が始まったのである。大陸会議はジョージ・ワシントンを大陸軍の総司令官に任命した。そして1776年に「独立宣言」が採択された。

1777年にイギリス軍がサラトガの会戦に破れたのをきっかけにイギリスの敗戦が濃厚となった。これを受けて、翌年にはフランスがアメリカの独立を承認し米仏同盟が結ばれ、さらにスペインもイギリスに宣戦布告をしたために、イギリスはフランスやスペインとも戦わねばならなくなった。さらにはイギリスは、アメリカと友好関係を結んでいるオランダとも戦うことになった。1781年には、イギリス将軍コーンウォリスがフランス軍に降伏した。ジョージ3世はアメリカの独立を望んでいなかったが、イギリスは1783年にアメリカとパリにおいて講和条約を結んだ。

『英国万歳！』は、アメリカ独立後のイギリスが舞台となっており、議会でも独立後のアメリカに関することが議論されている。そんな中ジョージ3世は、未練がましくアメリカ「植民地」について不満を述べている。植民地の独立というストレスが彼の病気の一因であった可能性も否定できない。映画の中で国王と敵対関係にあったフォックスは外務大臣の任にあった1782年にアメリカの無条件独立を求めており、この一件でも立場が照的であった。一方、映画の中で王を終始支持しかばっていたピット首相（大ピットと区別して小ピットと呼ばれている）は、1784年から17年間にわたる長期政権を守っており、この時の野党の指導的立場にあったのがフォックスであった。

ジョージ3世は1810年に再び精神に異常をきたし、職務を執ることが不可能となり、1811年2月に王太子が摂政となり、1820年に父親の死後、ジョージ4世として即位した。こののち、1830年にジョージ4世がなくなると、ジョージ3世の三男クラレンス公ウィリアムがウィリアム5世として即位したものの、1837年に亡くなってしまう。その結果、ジョージ3世の四男ケント公エドワードの娘ヴィクトリアが女王の座についた。

八尋　春海（西南女学院大学）

【参考になる図書】

佐伯彰一他 『講座アメリカの文化5　アメリカとヨーロッパ』 南雲堂　1970.
E.S モーガン、三崎敬之 訳　今津晃他 監修 『合衆国の誕生』 南雲堂　1976.

中・上流階級

映画 『ある公爵夫人の生涯』*The Duchess*

監督：ソウル・ディッブ（Saul Dibb）

脚本：ジェフリー・ハッチャー

出演：キーラ・ナイトレイ、レイフ・ファインズ、ドミニク・クーパー

製作年（国）：2008年（英）／上映時間：114分

映画 『プライドと偏見』*Pride and Prejudice*

監督：ジョー・ライト（Joe Wright）

脚本：デボラ・モガー

出演：キーラ・ナイトレイ、マシュー・マクファーデン、ドナルド・サザーランド

製作年（国）：2005年（英）／上映時間：127分

映画 『ジェイン・オースティン　秘められた恋』*Becoming Jane*

監督：ジュリアン・ジャロルド（Julian Jarrold）

脚本：ケヴィン・フッド

出演：アン・ハサウェイ、ジェームズ・マカヴォイ、マギー・スミス

製作年（国）：2007年（英）／上映時間：115分

◆原作情報

『ある公爵夫人の生涯』

Amanda Foreman, *Georgiana, the Duchess of Devonshire*（1998）

アマンダ・フォアマン著『ジョージアナ伝』

『プライドと偏見』

Jane Austen, *Pride and Prejudice*（1813）

翻訳：『自負と偏見』中野好夫 訳　新潮文庫／『高慢と偏見』上下　富田彬 訳　岩波文庫／『高慢と偏見』上下　中野康司 訳　ちくま文庫

『ジェイン・オースティン　秘められた恋』

Jon Spence, *Becoming Jane Austen: A Life*（2003）

翻訳：『ビカミング・ジェイン・オースティン』中尾真理 訳　キネマ旬報社　2009

◆映画関連記述

18世紀、『百科全書』のモンテスキュー、ヴォルテール、ルソーなどに代表されるヨーロッパ啓蒙主義の影響を受け、「理性」（reason）重視の合理主義が時代精神となった英国であったが、それに反発するように、世紀の後半には人々の関心は「感性」（sensibility）へと向かう。この時代から、「摂政時代」（1811-20. ポリフェリン症にかかった父ジョージ3世に代わって、長男のジョージが政務を執った）と呼ばれる19世紀初頭までを描くこれら三作品では、英国上流・中流階級の生活様式や、それぞれに特徴的な道徳観、階級意識を見ることができる。『ある公爵夫人の生涯』と『プライドと偏見』では、上流と上層中流という異なる階級社会に属する二人のヒロインを、気鋭の女優キーラ・ナイトレイ（Keira Knightley）が演じている（『パイレーツ・オブ・カリビアン』（*Pirates of the Caribbean*）のような娯楽ものに出演する一方で、イアン・マキューアン（Ian McEwan, 1948- ）原作の小説を映画化した『つぐない』（*Atonement,* 2007）でも好演）。

Duchessは「公爵夫人」の意味。1998年に刊行され、ベストセラーとなったアマンダ・フォアマン著の伝記をもとに、ヘンリー8世の治世から権勢の中枢に居座っていた、名門キャヴァンディッシュ家の第5代デヴォンシャー公爵ウィリアムの妻、ジョージアナ（Duchess of Devonshire, Georgiana, 1757-1806）の半生を描く最新作である。華やかな上流生活の裏側で、彼女の親友をも愛人として同居させるなど、度重なる夫の浮気に悩んだジョージアナは、自らもホィッグ党に属するチャールズ・グレイ（Charles Grey, 1764-1845）との不貞に走る（グレイは1830年に66歳で首相となり、有権者層を拡大する「第一次選挙法」（Great Reform Act, 1832）を成立させ

プライドと偏見
発売元：ユニバーサル・ピクチャーズ・ジャパン
価格：1,800円（税込）
ユニバーサル・ザ・ベスト キャンペーン第4弾

トマス・ゲインズバラ作
『レディ・ジョージアナ』(1783)

た)。結婚後16年目の1790年に法定相続人資格を持つ男子を出産した後、夫婦関係は破綻し、次第に心の平静を失っていく彼女が、名門スペンサー家の出身、すなわち故ダイアナ妃の祖先であることも興味深い。最後に二人が和解するシーンで、レイフ・ファインズ(Ralph Fiennes)演ずる公爵が、庭で遊び回る子どもたちを見ながら、「ああも自由なのはすばらしい」("How wonderful to be that free.")と言い、初めて寂しい笑いを浮かべるのを見るとき、実は公爵もまた縛られ、自由がなかったのだと思わされる。

一方、ジェイン・オースティン(Jane Austen, 1775-1817)の小説を原作とする『プライドと偏見』は、『いつか晴れた日に』(金星堂『映画で楽しむイギリス文学』で紹介)と同じく、上層中流階級(主に地主階級からなるジェントリー(gentry))に属する若い女性の恋愛と結婚へのプロセスを描く。『いつか晴れた日に』(原作名『分別と多感』(*Sense and Sensibility*))は、「分別」と「多感」という性質を、姉エレノアと妹メアリアンのそれぞれに具現化させ、特に、性急な恋愛に走る妹に男性の裏切りと重病という試練を課すことで、ロマン派的な価値観が批判されるが、『プライドと偏見』においても、不遜な大地主ダーシーの「プライド」と、5人姉妹の次女エリザベスの「偏見」を対置することで、前作の二項対立的枠組みが踏襲されている。一度はダーシーの求婚を断るエリザベスであるが、その後、彼から手紙や、訪問した邸宅において耳にした彼の評判、また妹リディアの駆け落ち騒ぎへの尽力によって彼の真摯な側面を知り、自らの偏見を反省する。そして時を経て、やがて敬意が愛情へ変わって幸福な結婚へいたる。その過程が、ユーモアとウィットに富む会話のやりとり、あるいは二人の迫力ある口論などを通して描かれる人気作である。

◆映画の見所

緻密な時代考証によって、上流・中流の生活様式が映像化されている。貴族の館(「カントリー・ハウス」)におけるセレブな生活ぶり、特に1780年代のファッション・リーダーであったジョージアナが身につける豪奢なドレス、かつらや髪型（ダチョウの羽飾りも大流行）は必見（ろうそくの火がしたたかに酔った彼女の髪に燃え移り、大騒ぎとなるシーンは史実に基づく）。『プライドと偏見』では、摂政時代中流階級の女性にとって、重要な出会いの場であった舞踏会の様子が印象的である。また、エリザベス一家は父が亡くなると、土地、家屋などの全財産が一番近い親戚の男子のところに行くことになっているが、それがコリンズ牧師であり、5人の娘の誰かと結婚してやろうという施しの精神から、自惚れ屋の彼がエリザベスに求婚するシーンは、そのあまりの慇懃無礼さと「自己中心」ぶりに抱腹絶倒させられる。

◆テーマ関連記述

この時代の中・上流階級に共通するのは、男尊女卑、家父長制的社会秩序である。したがって貴族の妻に求められたのは、夫の引き立て役としての忠誠心と男子の世継ぎを生むことであり、もともと政略的な思惑によって結びついた彼らの多くに結婚の幸福感などあるはずもなかった。1780年代、抜群のファッションセンスと知性、自由な言動によって国民の人気を独占したジョージアナの生涯はその典型であった。女性に参政権が認められていなかった時代、彼女は熱烈に「小ピット」（Pitt the Younger, 1759-1806. チャタム伯ウィリアム・ピット［元首相、通称大ピット Pitt the Older, 1708-78］の次男）に敵対していたチャールズ・フォックス（Charles Fox, 1749-1806）が率いるホィッグ党（革新派）を支持、フォックスの部下の国会議員チャールズ・グレイとの愛人関係を利用して政治活動にも参与した。しかし私生活においては、双方の不貞によって夫婦関係は崩壊し、ジョージアナと愛人との間に生まれた女子も相手方の父親に引き取られていく。裕福な当時の上流階級の生活にはどこか、奢侈と堕落（崩壊）のイメージがつきまとう。たとえば、華やかな社交場で行われる賭博は、上流階級には必須の娯楽であったが、労働者階級にとってのジン（安価で強い酒ゆえに18世紀から流行、取締法まで施行された）同様に、財政破綻の一大要因になっていた。作品では、そうした当時の上流階級の裏側をも垣間見ることができる。

ただ「就活（就職活動）」とならんで、「婚活」が必須といわれる現代日本に身近なのは、むしろオースティンが描く中流階級の生活であろう。経済的、社会的に安定した暮らしを得るため、自活する道を閉ざされていた当時の女性にとって「婚活」はまさに「死活」問題であった。『プライドと偏見』では、父ベネットが5人の娘達のために、いわば「集団見合い」の場である舞踏会参加の段取りをする。これをきっかけに長女ジェインは、実業家の父親が財産を残してくれたおかげでジェントリー階級に仲間入りした好漢ビングリーの寵愛を得るが、次女のエリザベスは「プライド」の高いダーシーにダンスの相手役を拒否された上に自分への悪口まで耳にし、大事な「婚活」の第一段階で見事につまずく。

現代におけるイギリスの中流階級はアッパー・ミドルクラス（医者、弁護士、会社経営者など）とロワー・ミドルクラス（中間管理職や事務職など）に分類される。現代女性の仕事、ダイエット、そして「婚活」の悩みを、ロワー・ミドルクラスに属する30代独身キャリア・ウーマンの主人公を通して描き、多くの共感を呼んだ『ブリジット・ジョーンズの日記』（*Bridget Jones's Diary*, 1998）は、『プライドと偏見』の現代版として大ヒットした（主演は『ミス・ポター』（*Miss Potter*, 2006）のヒロインを演じたレニー・ゼルウィガー（Renee Zellweger））。相手の男性の名前はどちらも「ダーシー」、互いの第一印象は最悪、ヒロインがそれぞれイケメンで好印象の男にだまされること等々、類似点が多い。『ブリジット』で、アッパー・ミドルクラスの典型であるマーク・ダーシーを、テレビ版『高慢と偏見』（1995）のダーシー役と同じコリン・ファース（Colin Firth）が演じたことも、イギリスにおける爆発的ヒットの要因となった。

『プライドと偏見』はオースティン作品のなかで最も改作・翻案が多いが、その最新作が『オースティンに夢中』（*Lost in Austen*, ITV TV, 2008）である。ロンドンに住むアマンダは大のオースティンファン。ある日、あのエリザベスが突然彼女の前に現れる。小説世界が実は過去に実在していたという奇想天外な設定で、タイムスリップしたアマンダはエリザベスと入れ替わりに19世紀の世界へ迷い込む。ベネット家の姉妹の一員として生活を始めたものの、彼女が加わったことで原作の「筋」は思いも寄らぬ展開となる。

また『ジェイン・オースティン　秘められた恋』（原題『ビカミング・ジェイン・オースティン』（*Becoming Jane Austen*, 2007（日本公開は2009年））は、オースティン自身の恋愛体験の「新事実」を発見したという、ジョン・スペンス（Jon Spence）の伝記研究の成果をもとに映画化した、オースティン自身の恋愛体験を描く話題作である。1795年のこと、20歳のジェイン（知的で快活なヒロインを、『プラダを着た悪魔』（*The Devil Wears Prada*, 2006）のアン・ハサウェイ（Anne Hathaway）が演じている）は、ロンドンで法律を学ぶ、同い年のアイルランドの学生トム・ルフロイ（役：James McAvoy）と出会う。舞踏会で踊り、文学論を闘わせるうちに、二人は恋に落ちる。しかし彼らの結婚はそれぞれの家族にとって幸福な未来を約束するものとはならないことがわかり、切羽詰まったトムはジェインに「駆け落ち」を迫る。結婚や恋で大切なのは、自分自身の感情よりも相手に対する思いやりと考えるジェインは苦悩し、「感情なんて愚かなもの！」（"Emotion is absurd!"）と彼に向かって叫ぶ。結局、この恋物語は1799年に終わりを告げ、彼女はその後10年間の沈黙ののち、小説を書き始める。少女ジェインが「作家」ジェイン・オースティン「になる」までを描くこの作品では、従来の控えめで静的なオースティン像とは異なる一面が新たに印象づけられる。

井石　哲也（活水女子大学）

【参考になる図書】

新井潤美 『自負と偏見のイギリス文化　J・オースティンの世界』 岩波新書 2008.

山田昌弘、白河桃子 『「婚活」時代』　ディスカバー携書　2008.

イアン・マキューアン、小山太一 訳 『贖罪』（1991） 新潮文庫 （全二冊） 2008.

ヘレン・フィールディング、亀井よし子 訳 『ブリジット・ジョーンズの日記』（2001） ヴィレッジブックス　2001.

Duchess of Devonshire Georgiana. *The Sylph* (1779) Northwestern Univ. Press, 2007.　当時匿名で出版された自伝的小説

Foreman, Amanda. *The Dutchess* (*Georgiana, the Dutchess of Devonshire* (1998)) Harper Perennial, 2008.

Spence, Jon. *Becoming Jane Austen: A Life* (2003) Hambledon Continuum, 2007.

第7章
ヴィクトリア朝

1833 年　大英帝国内での奴隷制廃止、工場法（年少労働者の労働時間制限など）制定
1837 年　ヴィクトリア女王即位、40 年ザクセン・コブルク・ゴータ家のアルバート公と結婚
1841 年　『パンチ、あるいはロンドンのシャンバリ』誌創刊
1851 年　ハイド・パークにてロンドン万国博覧会開催
1853 年　クリミア戦争（-56）、フランスと共にトルコを助けてロシアと戦争
1857 年　インド大反乱（シパーヒーの反乱）
1858 年　インド直接統治開始
1868 年　■明治維新．神仏分離令
1869 年　■東京遷都
1870 年　初等教育法制定
1871 年　大学審査法（オックスブリッジへの非国教徒の入学許可）、労働組合法制定
1875 年　ディズレーリ内閣、スエズ運河会社の株式買収
1876 年　初等学校義務教育化
1877 年　ヴィクトリア女王、「インド女帝」の称号を受ける
1877 年　■西南戦争
1880 年　トランスヴァール共和国の併合企て第 1 次ボーア戦争開始
1881 年　マジュバ・ヒルの戦い
1889 年　■大日本帝国憲法発布
1894 年　■日清戦争（-95）
1895 年　ナショナル・トラスト誕生
1899 年　第 2 次ボーア戦争（-1902）、オレンジ自由国とトランスヴァール共和国へ侵攻
1901 年　ヴィクトリア女王死去、エドワード 7 世即位（サクス・コバーグ・ゴータ朝）

外交

映　画　『愛と野望のナイル』 *Mountains of the Moon*

監督：ボブ・ラファエルソン（Bob Rafelson）
脚本：ボブ・ラファエルソン、ウィリアム・M・ハリソン
出演：パトリック・バージン、イェーン・グレイン、フィオーナ・ショウ
製作年（国）：1990年（米）／上映時間：135分

◆原作情報

原作名：『バートンとスピーク』（*Burton and Speke*）（1984）
原作者：ウィリアム・ハリソン（William Harrison）
【関連情報】 1850年代後半、ナイル水源発見を試みた実在の探検家二人を取り上げ、各々の日誌、伝記等を参考にして、二人の性格の違いや友情、そして次第に悪化していく関係に焦点を当てた伝記的小説である。

◆映画関連記述

この映画の原題『月の山脈』（*Mountains of the Moon*）は、アフリカ人たちが世界最大のナイル川（全長6695km）の水源だと信じていた場所のことである。産業革命をいち早く成し遂げ、「世界の工場」として名実ともに世界一の国力を誇ったヴィクトリア朝英国は、地球上に残っている未知の場所を率先して探検し、貪欲に世界中から物資を集めようとしていた。インドを中心とするアジア植民地の経営も安定し、イランと経済最恵国条約を結んだり（1814）、エジプトでの鉄道敷設権を獲得する（1850）など、中東にも勢力を確立していたイギリスがこの時代、次に目を向けたのはアフリカであった。特に、シーザーの時代からずっと謎であったナイル川の水源を突き止めることには、大きな魅力があった。

この映画の主人公は、『アラビアン・ナイト』の英訳で知られるリチャード・バートンと、ジョン・スピークという二人の探検家である。映画は、クリミア戦争（1853-56. 聖地エルサレムの管理権をめぐるオスマン帝国とロシアの争いに端を発する大戦争. イギリスはオスマン帝国に加担）に従事していたスピーク（役：Iain Glen）が東アフリカに到着する場面から始まる。彼は休暇中に猛獣狩りを楽しもうとアフリカにやってきたが、地位と名声を手に入れることができるアフリカの奥地探検に興味を持って、バートン（役:Patrick Bergin）

『愛と野望のナイル』より

が率いる王立地理学協会のナイル水源探検チームに合流する。遊び気分で探検を始めたスピークだが、現地人の襲撃にあい、バートンともども大けがをして彼らの１回目の挑戦は失敗に終わる。二人はいったん英国に戻るが、スピークの友人が、アイルランド人であるバートンではなく、イギリス人であるスピークこそが探検を成し遂げ本を書くべきだと励まし、資金援助を申し出る。野心に燃えたスピークと、アフリカの魅力に取り憑かれたバートンは、再びアフリカに戻り探検を再開するが、西欧文明を代表するかのような合理的で威圧的なスピークと、現地人に混じり、その風習や風俗を記録し楽しむバートンは、次第に反発しあうようになる。彼らは奥地で現地人に捕まるが、病気で動けないバートンにかわって、戻ってくることを条件に旅をする自由を許されたスピークは、小旅行に出て巨大な湖を見つけ、女王の名を取ってそれをヴィクトリア湖と名付ける。ちゃんと測定もせず、それがナイルの源に違いないというスピークにバートンは苛立ちを隠さないが、熱病のためにアフリカに残るバートンを置いて一足先に英国に戻ったスピークは、王立地理学協会でナイルの源の発見を報告し、一躍アフリカ探検の英雄となっていた。納得できないバートンは、スピークと王立協会で論争することになるが、直接対決の前日である1864年９月５日､スピークは自殺してしまう。絶望したバートンは、もはや表舞台に立つことをやめ、アフリカを諦めて妻イザベラ（役：Fiona Shaw）とともにブラジルの領事に任命されて出発するのである。

◆映画の見所

この映画の見所は、白人西洋文明至上主義のスピークと、アフリカ民族文化に造詣が深く理解のあるバートンとの違いが次第に浮き彫りになる、その過程であろう。アフリカに対する知識もなく、様々な危険を通過するにつれて焦り始めるスピークに対して、監督はバートンとの視点に近い視点を視聴者に提供する。西洋文明人の視点から見ると野蛮でありながら、独自の風習に従って形成されている現地住民の社会や大自然が映像で見事に描き出され、それが白人二人の孤立をますます強めることで、二人の違いが際だつが、彼らの心理描写が秀逸である。またバートンの妻を演じるフィオーナ・ショウはハリー・ポッターの意地悪なダーズリーおばさんの役で知られるが、ギリシア悲劇やシェイクスピア劇をこなす実力派舞台俳優である。

◆テーマ関連記述

19 世紀、イギリスは産業革命によって増大した国力を誇り、世界の工場として繁栄を極めていた。パックス・ブリタニカ（Pax Britannica. イギリスによる平和統治、国際秩序）と呼ばれたこの時代を支えたものは、経済力、軍事力に加えて世界中に張りめぐらされた外交網であった。イギリスの外交体制は、外交官のみならず、諜報活動やキリスト教の伝道、国際企業、ジャーナリズム、そして奥地探検など多岐にわたる分野を通して支えられ、そのおかげでイギリスは世界中の情報を把握し、分析し、力ではなく交渉によって平和と繁栄を維持することができたのである。

『望遠鏡的博愛』
ねえ、僕たち、まだかまってもらえるほど黒くないの？お膝元のロンドンの浮浪児問題を棚に上げて「アフリカの友人」を気遣う大英帝国の姿を、望遠鏡をのぞくブリタニア（大英帝国の象徴）を用いて風刺している。

国家が安定すると国民は平穏を守ろうとして保守的になるのは自明であるが、国外に行った人々の多くはパブリック・スクールからオックスブリッジを出た貴族やブルジョワの息子であり、力ではなく良識をもって国益のために尽力した。そして、彼らの忠誠心を束ねる存在がヴィクトリア女王であった。19 世紀に入ると『ゴッド・セイブ・ザ・キング（クイーン）』が次第に国歌として定着していくが、この歌は 1837 年のヴィクトリア女王の戴冠式でも高らかに演奏された。映画の中でも女王をたたえ、この歌は誇らかに歌われる。映画の冒頭で、スピークが東アフリカの領事館を訪れるシーンでは、壁にヴィクトリア女王の肖像画が掛かっている。本国を出た人々にとって、ヴィクトリア女王はもはや単なる国家元首ではなく、繁栄した母国の一つの象徴のように感じられていたのである。スピークがナイルの水源を発見するという大いなる野望を達成した（と彼が信じた）時、その湖にヴィクトリアという名前を付けたという事実は、当時の人々にとって女王がいかに大きな存在感を持っていたかを示している。

1841 年、『パンチ、あるいはロンドンのシャリバリ』（*Punch, or the London Charivari*）という雑誌が創刊される。フランスで人気を博していた風刺雑誌『シャリバリ』を模したものであるが、2002 年に廃刊されるまで時代や政治を風刺し、特に 19 世紀には大きな影響力を持っていた。ヴィクトリア朝を理解する上で欠かせない雑誌であるが、この時代、ヘルメットをかぶり、ユニオン・フラッグを携える英国の象徴、ブリタニアは顕著にヴィクトリア女王と重ねられ、至る所に現れる。イギリス帝国主義の象徴として風刺の対象になるジョン・ブルと比べると、ブリタニアの表象はイギリスの守護女神としてのものであり、風刺がよりマイルドなのもヴィクトリア女王の影響であろう。前頁に挙げた1865年3月4日号の『望遠鏡的博愛』と題された図版は、母なるブリタニアが遠いアフリカの植民地を気遣っている図である。実際にはアフリカに目を向け、貧富の差がますます広がっているロンドンの貧困層の困窮に気付かないイギリスの政策が風刺されているが、映画の設定が1854年から1864年であることを考えると、この時代、アフリカがいかにイギリスで注目を集めていたかが分かる。

この映画は、この時代のもう一つの大きなイギリスの対外政策の問題にも目を向けている。アイルランドとの対立である。強国イギリスの隣で常に隷属的な地位に置かれていたアイルランドは、ついに1801年にイギリスに合併吸収されるが、1922年に自治領アイルランド自由国として独立を勝ち取るまで（アイルランド北東部6州のアルスターは分離）、この後ずっとアイルランドはイギリスに反発、抵抗し続けた。現在の北アイルランド問題につながるこのアイルランドとの関係は、平和と繁栄を誇ったイギリスにとって頭の痛い問題であった。懐柔策も武力行使も、ともに試みられたが、大英帝国の威信をかけた統治もむなしくアイルランドは容易にイギリス化されることはなかった。1840年代後半、歴史的なジャガイモ飢饉に見舞われたアイルランドからは多くの移民がイギリスやアメリカ、さらには植民地へと流出し、何もしなかったイギリス政府への抵抗はますます強くなった。父方の先代がイギリスからアイルランドへ移住した聖職者であったリチャード・バートンは映画の中で、アイルランド人という設定が前面に出され、大英帝国の名誉を賭けたナイル川の水源の発見を何としてでもイギリス人のスピークに果たさせようとたくらむイギリス人たちの陰謀が、バートンとスピークの仲違いを決定的にする。このシナリオは、当時のイギリスでのアイルランドに対する偏見や悪感情を視聴者に印象づけている。　**奥村　真紀（京都教育大学）**

【参考になる図書】

飯田操　『イギリスの表象　ブリタニアとジョン・ブルを中心として』　ミネルヴァ書房　2005 .

藤野幸雄　『探検家リチャード・バートン』　新潮選書　1986.

松村昌家 編　『「パンチ」素描集——19 世紀のロンドン』　岩波文庫　1994.

Altick, Richard D. *Victorian People and Ideas*. Dent, 1974.

Anderson, M. S. *The Rise of Modern Diplomacy*. Longman, 1993.

ヴィクトリア朝の教育と子ども

映　画　『オリバー・ツイスト』*Oliver Twist*

監督：ロマン・ポランスキー（Roman Polanski）
脚本：ロナルド・ハーウッド
出演：バーニー・クラーク、ベン・キングズレー、ジェイミー・フォアマン、ハリー・イーデン
製作年（国）：2005 年（仏・英・チェコ）／上映時間：130 分

映　画　『チップス先生、さようなら』*Goodbye, Mr. Chips*

監督：サム・ウッド（Sam Wood）
脚本：R・C・シェリフ
出演：ロバート・ドーナット、グリア・ガーソン、ジョン・ミルズ
製作年（国）：1939 年（英）／上映時間：115 分

◆原作情報

原作名：『チップス先生さようなら』*Good-Bye, Mr. Chips*（1934）
著者名：ジェームズ・ヒルトン

◆映画関連記述

イギリスの国民的作家チャールズ・ディケンズの小説 *Oliver Twist*（1837-38）を新たに映画化した監督は『戦場のピアニスト』でアカデミー賞３部門受賞を果たしたロマン・ポランスキーであり、孤児オリバーが誘い込まれるスリ集団の元締めのフェイギン役には映画『ガンジー』でアカデミー賞主演男優賞を受賞したベン・キングズリー（Ben Kingsley）が演じている。この小説は 1947 年に監督デヴィッド・リーンによって映画化され、さらに、キャロル・リード監督により『オリバー！』というミュージカル映画（1968. 主演：マーク・レスター）も作成されている。ポランスキーの映画では、原作にあるオリバーの素性に絡むエピソードを完全に割愛されていて、1947 年版の方がその点ではより原作に近い。物語は天涯孤独の孤児オリバー（役：Barney Clark）の波乱に満ちた子供時代の話である。オリバーは救貧院から自らの意思によらず葬儀屋に奉公に出されるが、先輩奉公人から亡き母のことを侮辱されて乱闘騒ぎを起こす。その後ロンドンへ逃げ

出してすぐにスリ集団の一味に助けられ、一時、悪の世界に迷い込むが、最終的には親切な老紳士（原作ではオリバーの父親の親友と判明）に保護される。映画の前半でオリバーが救貧院の院長に「もう少し食べさせてください」（“Please, sir, I want some more”.）とお願いする場面は、当時の救貧院の過酷な生活環境を伝えていることであまりに有名である。

オリバーの周囲の環境は常に悪と偽善に満ちていたが、オリバーは決してそれに染まることはなかった。『オリバー・ツイスト』の原作者チャールズ・ディケンズは、人間は本来善なる存在であると信じていた。だから、彼の描く主人公の子どもたちは概して素直で無垢である。ディケンズ自身、子供時代は苦労のし通しだった。父親が中流階級の出身でありながら、彼には貧民街での生活経験もあり、債務者監獄に投獄された父親の代わりに 12 歳で独居し一家の稼ぎ手となり、かなり酷い待遇の靴墨工場で働いていたことがある。そのため、肉体労働を強いられる子供が彼の作品には頻繁に現れる。

オリバーが身寄りのない孤児であるのに対し、1861 年出版の名作『大いなる遺産』における主人公の少年ピップは、冷淡な姉と鍛冶屋で優しい義兄の夫婦の家で養われている孤児という設定である。いずれにしろ、本人の意向にかかわりなく、肉体労働の職に就くという選択肢があるのみである。しかし、ピップは労働者階級からの脱却を望むようになり、そのチャンスを手にする。ピップもまたオリバーのように素直で純粋な子どもであり、その純粋さ故に、脱獄した囚人に助けを求められるとそれに応じて食べもの、飲みものをこっそり与えてしまう。その囚人は再逮捕され、オーストラリアに流されるがそこで貯えたお金を、匿名でピップが紳士になる教育を受けられるように融通する。そしてそのことがピップを「本当のジェントルマンとは何か」という問いに直面させることになる。この作品の映像としては、BBC 放送による、かなり原作に忠実なテレビドラマ（監督：ジュリアン・ジャロルド、主演：ヨアン・グリフィズ）が 1999 年に製作されている。他にも 1946 年版（主演：ジョン・ミルズ）や、舞台を現代アメリカという設定にした 1998 年版（主演：イーサン・ホーク）の映画が DVD として比較的手に入りやすい。

『チップス先生さようなら』は原作の出版からたった 5 年後の 1939 年に公開されたモノクロ映画である。1969 年にはミュージカル映画版（主演：ピーター・オトゥール）もある。2002 年には BBC 放送（主演：マーティン・クルーンズ）でドラマ化もされている。時代は 19 世紀ヴィクトリア朝末期から 20 世紀前半にかけてである。長年パブリック・スクールのブルックフィールド校で教鞭をとっていたチップス先生は退職しても学校のすぐ近くに住み、学生たちとの交流を続けている。もちろん彼にも若かりし頃があり、熱意に燃えて赴任したものの、長年生徒にはあまり好かれない教師だった。そんなチップスが変わったのは45歳の時に娘ほど年の離れたキャサリン・ブリッジズという女性と結婚してからだった。キャサリンは明るく聡明で、非常に人に好かれる性格だったが二人の生活は長くは続かなかった。キャサリンは子を宿したままあっけなく死んでしまう。しかし、彼女がチップスに残したものは大きく、彼は笑顔を絶やさない、生徒の心を掴むウィットに富んだ教師になった。老チップスはそれまでの幸せだった人生を思い出しながら、静かに息を引き取る。この作品では、上流階級の子どもたちの教育を担っていたパブリック・スクールの空気を教師の視点から感じることができる。

◆映画の見所

『オリバー・ツイスト』では、19世紀のロンドンや田舎の教区の雰囲気が美しい映像で、見事に表現されている。貧民街や救貧院など、本来ならば暗く悪臭漂う汚い場所であるはずのところが、単調な色彩によって澄み切った空気を感じさせ、芸術的ですらある。悪に染まらない穢れのない純粋な心の持ち主のオリバーの個性とあいまって、見る者の心も澄み切ってくるような作品となっている。

『チップス先生さようなら』では、ヴィクトリア朝時代の上流階級の子弟が通った伝統的パブリック・スクールの特異な世界がうかがえる。全寮制男子校の建物や風習は古めかしく、教師たちはどこか勿体ぶって、生徒たちは悪戯好きだが素直で従順である。パブリック・スクールの「パブリック」は「国民一般」の意味であったが、グラマー・スクールの中でも上流階級の子弟ばかりを集めた、お金のかかる全寮制（中には通学できるものもあった）の学校を表す呼び名となっていった。イートン、ハロウ、ラグビー、シュルーズベリなど古くから続くパブリック・スクールの威信は今なお健在である。最古のパブリック・スクールと言われるウィンチェスター校の創設は1382年まで遡る。『チップス先生さようなら』では、何代にもわたって同じ学校を卒業して継続していく命のつながりを温かく見守りつつも、自身は子どもがおらず命をつながずに死んでいくチップス先生との対比が描かれている。しかし、教師として尊敬され慕われたチップス先生の存在は、パブリック・スクールの伝統とひとつになり、何千人もの生徒たちに受け継がれ生きていくのであろう。

◆テーマ関連記述

ヴィクトリア朝時代の前半ころは、子どものおかれた状況は階級によって全く異なるものだった。19 世紀初頭のイングランドには国が運営する教育機関は存在せず、子どもの教育は私的な学校か教区の慈善に任され、国家はそれには全く関与していなかった。十分に学費の払えない子どもたちが教育を受ける場としては、主に教会区単位で寄付を募って設けたヴォランタリー・スクール（任意寄付制学校）やチャリティー・スクール（慈善学校）もあった。『ジェイン・エア』（1847）を書いたシャーロット・ブロンテらブロンテ姉妹は私塾を開こうとするが、入学希望者が一人も現れず、計画が挫折してしまったのは 1844 年である。シャーロットは『ジェイン・エア』の中で主人公のジェインをロウウッド学院という劣悪な環境の慈善学校的な寄宿学校に送り込む。そこはシャーロット自身が通い、二人の姉がそこで病死した実在した学校がモデルとなっていた。『オリバー・ツイスト』に登場する葬儀屋の奉公人のノア・クレイポールも慈善学校と呼ばれる学校の出身であった。ノアは孤児ではなかったが、慈善学校に通っていることで蔑みを受けてきた。自分よりもさらに下級の存在といえるオリバーを「救貧院（ワーク・ハウス）」と呼び、自分が受けたものと同じ侮蔑を与えるのである。

1833 年の工場法によって就労児童の教育がある程度義務化され、補助金が出されるようになったものの、実際には親が子どもの教育の必要性よりも労働力を重視したので、貧困層を含む労働者階級で初等教育を受けられた子どもはほとんどいなかったとみていい。現に 1851 年の国勢調査では、労働者階級の二人に一人は読み書きができなかったという結果が出ている。しかし、聖書も読めないと、神に対する信仰心も育たないわけで、そうすると支配と被支配の関係を国家に生かせないとの危機感もあり、1870 年に教育法が成立し、全国民に対し平等にある一定水準以上の教育の機会を与えるべく、学校の空白地帯には学校を配置するようになった。1876 年には初等学校が義務教育化され、その 15 年後には初等教育の教育費が無料化された。

一方、学費が払える家庭環境に恵まれた男子は、グラマー・スクールやパブリック・スクールに通うことができた。その経営基盤は校長個人によるものだったり、寄付金による運営だったりであった。「グラマー」とはラテン語やギリシャ語の「文法」を意味し、裕福な子どもの教育に求められたのは実務的な技能ではなく、国家の支配層となるための威厳と品格を身に着けることであった。国教徒の上流階級の子どもはパブリック・スクールからオックスブリッジに入るのが通例で、卒業後は家の財産を受け継いで労働とは無縁の生活をするか、次男以下は聖職者や軍人になることが多かった。非国教徒がオックスブリッジに入れるようになるには、1871 年の大学審査法を待たねばならない。また、上流階級の女子の場合は教育において知識よりも音楽や絵画などの教養を身につけることが主流であり、学校には通わず家で家庭教師につくことが多かった。1850年代以降は、女子に対しても知識重視の教育を行う寄宿学校などが徐々に現れだし、1871年からは女子でもケンブリッジ大学の女子コレッジに入学が可能となった。

中流階級はもともと労働者であり、彼らの教育には英文学、技術、科学といったより実用的なものが重視されていた。しかし、商業資本主義が発展していく中で成功した一部の中流階級は上流階級並みの財力を持つまでになったので、ワンランク上の階級に上がること、つまりジェントルマン化することを望んだ。そのため、学費が払える家庭は子どもをパブリック・スクールに入れたり、パブリック・スクールをまねたカリキュラムを持つ学校に入れたりした。

教育の機会とは遠いところに貧困層の子どもや孤児がおり、彼らの生活状況は悲惨なものだった。先に述べた1833年の工場法でようやく繊維工業の分野における年少労働者に対して、実行力のある労働制限が設けられたが、それまで幼児を含む子どもたちは大人並みの労働時間をこなし、深夜労働も当たり前だった。また、子沢山で現代よりも寿命が短かった当時は、孤児の割合も多かった。孤児は教区単位で運営されていた救貧院に送られ、やがては年季奉公に出されていくのである。この施設の始まりは1531年のヘンリー8世の救貧法に遡る。救貧院は、教区の人が納める救貧税で成り立っており、貧民が増えると税の負担が増してしまう。そのため、人々が救貧院に対して「あそこには行きたくない」という恐怖を感じるように、救貧院の環境はわざと劣悪にされていた。粗末な食事しか与えず、衣服もみすぼらしい制服をあてがい、陰気な建物で辛い労働を強いたのである。

石井　征子（久留米大学　非常勤講師）

【参考になる図書】

角山榮、川北稔 編 『路地裏の大英帝国』 平凡社　1982.

村松昌家教授古稀記念論文集刊行会 『ヴィクトリア朝　文学・文化・歴史』 英宝社　1999.

村岡健次 『ヴィクトリア時代の政治と社会』 ミネルヴァ書房　1995.

ジューリア・プルウィット、松村昌家 訳 『十九世紀イギリス小説と社会事情』 英宝社　1987.

Marsden, Gordon. *Victorian Values: personalities and perspectives in nineteenth-century society*. Longman, 1990.

Pool, Daniel. *What Jane Austen ate and Charles Dickens knew: from fox hunting to whist: the facts of daily life in nineteenth –century England.* Simon & Schuster, 1993.

Hoppen, K. Theodore. *The Mid-Victorian Generation 1846-1886*. Clarendon Press, 1998.

ヴィクトリア女王

映　画　**『Queen Victoria　至上の恋』** ***Her Majesty, Mrs. Brown***

監督：ジョン・マッデン（John Madden）

脚本：ジェレミー・ブロック

出演：ジュディ・デンチ、ビリー・コノリー、アントニー・シェール、
ジオフリー・パルマー、デイヴィッド・ウェストヘッド

製作年（国）：1997年（英）／上映時間：106分

◆映画関連記述

伯父のウィリアム四世の逝去にともない、弱冠18歳のヴィクトリアがハノーヴァー朝第六代目の君主として即位したのは1837年。1901年に逝去するまで、ヴィクトリア女王は約64年にわたって君臨し、大英帝国を繁栄の頂点へと導いた。ドイツ人でいとこのアルバートと1840年に結婚したヴィクトリアは四男五女の子宝に恵まれて、勤勉・節制を重んじる中産階級的な家庭像を王室一家にもたらした。妻としても女王としてもヴィクトリアにとってかけがえのない存在だったアルバート公は、1861年に腸チフスを患い帰らぬ人となった。悲しみに暮れたヴィクトリアは公の場から姿を消して長きにわたる服喪生活を送るようになった。映画『Queen Victoria 至上の恋』では、アルバート公亡き後のヴィクトリア（役：Judi Dench）が、使用人のジョン・ブラウン（役：Billy Connolly）との出会いを通して悲しみから立ち直り、国民の前に姿を現し公務復帰に至るまでの1864年から1872年を中心に描いている。

未亡人となったヴィクトリアは、夫妻ゆかりの別荘だったワイト島のオズボーン・ハウスやスコットランドのバルモラル城に引きこもり、3年にわたる隠遁生活を続けていた。女王がいつになっても喪服を脱ごうとせず、君主としての職務をまっとうしないありさまに国王の書記官長としてヴィクトリアに仕えるヘンリー・ポンソンビー（役：Geoffrey Palmer）さえもお手上げ状態だった。王太子のアルバート・エドワード（役：David Westhead）を摂政（リージェント）にして執務を託すことも可能ではあったが、王太子の素行の悪さが夫アルバートの死につながったと信じる女王は、その政治関与さえも許さなかった。

1864年、ヴィクトリア女王の悲しみを癒しその健康の恢復を願ってバルモラル城から呼び寄せられたのは、亡きアルバート公のお気に入りのスコッ

トランド人で王室の狩猟林番人（gillie）として仕えていたジョン・ブラウンだった。純朴で率直な物言いをする誇り高き高地人のブラウンは、やがて女王から全幅の信頼を寄せられて、馬番から護衛、果ては女王の接見すべてを取りしきるまでになった。ウィスキーをこよなく愛しキルト姿がよく似合うブラウンが、喪服姿の寡婦の愛馬の手綱を引くようすは世間に知れわたるところとなり、ふたりの親密な関係とイギリスの女王不在を揶揄した風刺画が紙面を賑わすようになる。女王とブラウンは秘密結婚をしたのではないかいう噂までもがまことしやかにささやかれ、人びとはヴィクトリア女王を「ブラウン夫人（ミセス・ブラウン）」と呼ぶようになった。

ヴィクトリア女王

長期にわたる女王の不在が王室の不人気につながると懸念されたばかりではなく、いよいよ共和主義者の台頭をはばむことも困難になってきたと察した保守党のディズレーリ（役：Antony Sher）は一日も早い女王の公務復帰を願いバルモラル城まで足をのばし、女王の最終的な説得役をブラウンに委ねるのだった。女王の書いた『ハイランド日誌抄』（*Leaves from the Journal of Our Life in Highlands,* 1868）はベストセラーとなっていた。時のグラッドストーン政権下の議会ではアイルランド国教会制度の廃止案の議決がなされた。その後、長い服喪期間を終わらせて女王が国民の前に姿を現したのは、アルバート公と同じ腸チフスに倒れた王太子の恢復記念礼拝に向かう 1872 年のパレードでのことだった。沿道に駆けつけたロンドン市民が歓喜のなかで女王の復帰を祝ったとき、王室批判の声はすっかり消えていた。

ヴィクトリアの最愛の親友だったブラウンは献身的行為を称えられ「ヴィクトリア忠勤勲章」を授与された。ブラウンが 1883 年にこの世を去ると、女王との日々を綴ったブラウンの日記をはじめとした遺品すべてが闇に葬り去られ、ヴィクトリアが造らせたブラウンの胸像はエドワード 7 世として即位した王太子の手により破棄された。

◆映画の見所

バルモラル城やオズボーン・ハウスでの女王の生活は、ロンドンとくらべれば格式ばった行儀作法にとらわれる必要もなく使用人たちとのうちとけたやり取りが許された。とりわけジョン・ブラウンに対する女王の寛容な態度にエドワード王太子をはじめ王室一家は眉をひそめた。バルモラル城でタータンの肩掛けをまとってブラウンとダンスに興じる女王の姿は貴族たちを驚倒させた。ブラウンは礼儀作法をわきまえない粗野な男ではあったけれども、敬愛する女王への忠誠心は確かなものだった。馬車が転覆した際に女王を救いだしたのも、女王暗殺をもくろんだ秘密結社フィニアンの青年を取り押さえたのもブラウンだった。しかし、女王の不在を揶揄した『パンチ』誌ではからっぽの玉座が描かれ「ブリタニアはいずこへ？」という諷刺画が掲載された。ブラウンとヴィクトリアの親密度が増すにつけ、世間の女王批判が高まっていくことを知ったブラウンは女王の将来を案じてある申し出をした。「宮廷での自分の立場を考えるにつけ、私は陛下のために職を辞する覚悟を決めました」（"Having considered my position here in court, I have come to the conclusion that in Your Majesty's best interest I should resign."）しかし、最愛の友人であるブラウンの提言をヴィクトリアが受け入れることはなかった。「許しません。私はあなたなしでは生きてゆけないのです」（"I cannot allow you because I cannot live without you."）キルトをまとった筋骨たくましいブラウンに抱きかかえられるようにポニーから降ろされるヴィクトリアは、そこに亡きアルバートの面影を見ていたかもしれない。ジョン・ブラウンの存在が身分の差を超えてヴィクトリアの悲しみを癒したことに間違いはない。

トム・ストッパード脚本『恋におちたシェイクスピア』（1998）や、イギリスのベストセラー小説『コレリ大尉のマンドリン』（2001）の監督でもあったジョン・マッデンは、ヴィクトリア女王に関する文献から浮かび上がる、威厳ある女王の人間味豊かな真の姿に迫り、英国王室の女王と使用人の秘められた恋を描こうとした。女王の孤独を重厚に演じたのはロイヤル・シェイクスピア・カンパニーでも長く活躍してきた実力派舞台女優でデイムの称号を持つジュディ・デンチ。この作品では、英国アカデミー賞の主演女優賞を受賞。『007』シリーズ『ゴールデンアイ』（1995）以降はジェームズ・ボンドに指令を下すM役に扮しており、『恋におちたシェイクスピア』ではエリザベス一世を好演しアカデミー助演女優賞を受賞。また『アイリス』（2001）ではイギリスの現代作家アイリス・マードックがアルツハイマー症を患った晩年の姿を熱演。ジョン・ブラウン役のビリー・コノリーはグラスゴー生まれ。造船所の溶接工からショービジネスの世界に身を投じた異色の経歴を持つコメディアンでありミュージシャン、俳優。

◆テーマ関連記述

王室批判記事が書かれ、立憲君主制廃止論までささやかれる不安定な政情が続く共和制危機のなかで、長きにわたってアルバート公の喪に服していたヴィクトリアが政治の表舞台に返り咲くのに一役買ったのはジョン・ブラウンだけではない。移民系ユダヤ人を祖とした小説家でもあり政治家のベンジャミン・ディズレーリ（首相在任 1868、1874-80）の存在も忘れてはならない。のちにビーコンズフィールド伯爵に叙せられて（1876）女王の寵愛を得た首相としても名高いディズレーリだが、アルバート公存命中のヴィクトリアはディズレーリに嫌悪感を抱いた時期もある。穀物法廃止（1846）をめぐり保守党が分裂した際に、アルバート公は穀物法廃止を断行したピール首相の自由貿易論を支持していた。一方、ディズレーリは反ピール派の新保守主義の小会派ヤング・イングランドの中心人物だったのだ。しかし、アルバート公が亡くなると状況は一変する。ディズレーリは故人の文化的功績や人柄を讃えた追悼演説を行ってヴィクトリアの信用を得るのだった。1867 年、第 3 次ダービー内閣の蔵相だったディズレーリは下院議員として第 2 次選挙法の改正案を成立させる。1868 年、ダービー首相引退表明に際して、ディズレーリを首相に任命したのはヴィクトリア女王だった。その後、第 1 次ディズレーリ内閣はわずか 10 カ月でウィリアム・グラッドストーン（首相在任 1868-74、80-85、86、92-94）に政権を奪われる。しかし、女王はグラッドストーンのアイルランド国教会制度の廃止政策に同調することはなかった。1874 年、再びディズレーリが政権に返り咲くと、1880 年の政権交代の日まで女王はディズレーリとの蜜月を過ごした。文人ディズレーリは『シビル、あるいはふたつの国民』（*Sybil, or the Two Nations,* 1845）を執筆したばかりではない。ヴィクトリアを「妖精女王」と讃えた書簡を残し、ヴィクトリアがディズレーリに送った桜草（プリムローズ）はのちにプリムローズ・デイと呼ばれる保守政治家ディズレーリの命日の由来となった。議会制度や立憲君主制、国教会制度といったイギリスの伝統的価値体系を重んじたディズレーリの保守主義思想は、植民地経営による大英帝国の拡張をナショナリズムのあらわれとして正当化する。ヴィクトリアはディズレーリの帝国主義政策に共鳴して、議会の承認を得た王室称号法によって 1876 年にインド女帝となった。女王にして女帝ヴィクトリア誕生の立役者であり、大英帝国の基礎を作りあげたのはディズレーリその人だった。

今村　紅子（福岡女学院大学）

【参考になる図書】

川本静子、松村昌家 編著 『ヴィクトリア女王　ジェンダー・王権・表象』 ミネルヴァ書房　2006.

君塚直隆 『ヴィクトリア女王　大英帝国の“戦う女王”』　中公新書　2007.

スタンリー・ワイントラウブ、平岡緑 訳 『ヴィクトリア女王』 中央公論社　1993.

リットン・ストレイチー、小川和夫 訳 『ヴィクトリア女王』 角川文庫　1953.

ヴィクトリア女王の内政と外交

女王に即位したときのヴィクトリアはあまりにも若く多くの点で未熟だった。その経験不足を補い政治諸事すべてにわたりヴィクトリアを教え導いたのがホイッグ党（のちの自由党）の首相メルバーン子爵（首相在任 1834、1835-41）である。ヴィクトリアの日誌にも子爵は「メルバーン卿」や「M卿」として登場する。1839 年、メルバーンは英領ジャマイカ統治問題をめぐり議会内の反対に合うと内閣総辞職を決めた。ウェリントン公爵に次期首相に推されたのはトーリー党（保守党の前身）のロバート・ピールだった。ピールは女王に宮廷人事の刷新案を首相就任の条件として申し出た。ヴィクトリアは「寝室女官」をホイッグ党関係者から保守党系の人間に変えることを拒否。女王付女官は政府の秘密が野党に洩れないように、時の政権関係者の家族から出すという慣習をヴィクトリアは無視したのだ。結局、折り合いがつかないままメルバーンが首相に復帰する顛末を迎えたのが「寝室女官事件（Bedchamber Crisis）」(1839) である。立憲君主としての中立的立場をわきまえずに政権交代を阻んだ前代未聞の出来事だった。君主とは政党を超越した存在でなければならないと説いて女王とピールとの関係改善に一役買ったのが、1840 年にヴィクトリアと結婚したアルバート公だった。

1841 年の総選挙では保守党が多数を占め、ホイッグ党のメルバーン内閣は総辞職を余儀なくされて、第 2 次ピール保守党内閣が誕生した（首相在任 1834-35、41-46）。ピール首相は自由貿易論者として輸入関税の削減を遂行したばかりではない。この内閣は穀物法の廃止を断行(1846)したことで知られる。背景には 1845 年のアイルランドのジャガイモ飢饉を契機とするイギリスの穀物価格の高騰と、R. コブデンと J . ブライトを先頭とする反穀物法同盟による圧力があった。穀物法の廃止はイギリスの自由貿易進展の契機となる。アルバート公の信頼篤いピールであったが、保守党の造反議員の画策で総辞職に追い込まれホイッグ党のジョン・ラッセルが首相となった。しかし、選挙権拡大法案が下院を通過せず 1851 年に辞任。その後、後継首相が決まらないという内閣危機の事態に陥ったものの、長老政治家のランズダウン侯爵とウェリントン公爵の助言により、ラッセルの首相復帰案で落ち着いた。

一方、1851 年にハイド・パークで開催されたロンドン万国博覧会ではアルバート公は総裁としてその名を世に知らしめた。万博の呼び物はジョセフ・パクストン設計による水晶宮（クリスタル・パレス）だった。巨大温室のようなガラスと鉄鋼からなるパビリオンには遠心ポンプをはじめとした産業機械や蒸気機関車など技術の粋を結集した展示物が陳列された。その展示物は会場に訪れた六百万人あまりもの人びとを驚嘆させたばかりではなく、イギリスの富と繁栄を世界に見せつけることとなった。同年 12 月には、外相のパーマストンが女王やラッセル首相に諮らずに、フランス第二共和国大統領のルイ・ナポレオン・ボナパルトのクーデターを承認した咎で外相を解任される騒動も起こっている。

1853 年になるとクリミア戦争（1853-56）が勃発する。トルコ問題をめぐりイギリスとフランスは連合してロシアに宣戦した。1855 年、時の内閣はアバディーンから主戦論者のパーマストン（首相在任 1855-58、59-65）に委ねられた。女王は「クリミア記章」を兵士に授与し、ロシアから押収した大砲や砲弾で「ヴィクトリア十字章」を作った。看護師として従軍したフローレンス・ナイティンゲールには功績を讃えたダイヤ入りの特別な記章が送られた。その活動は女性の地位の向上と看護学の確立に貢献した。また、女王が負傷兵の慰問や戦争未亡人の支援に取り組んだことはイギリス国家全体の女王陛下に対する臣民意識の高まりへとつながった。

1857 年にはインドでシパーヒーの反乱（インド大反乱）が起こった。エンフィールド銃の薬莢の包み紙にヒンドゥー教徒とイスラム教徒が忌避する牛や豚の脂が使われている噂が流れ、東インド会社の傭兵シパーヒー（セポイ）たちが暴動を起こしたのだ。イギリスのインド統治への不満を抱える反乱軍はデリーを占拠して皇帝を擁立したが、イギリス軍による鎮圧を受けてムガール帝国は名実ともに滅んだ。これを機に 1858 年には東インド会社による間接統治から、インド政庁によるイギリス政府の直接統治となった。ヴィクトリア女王はインド各地の王侯や総督府の高官に「スター・オブ・インディア勲章」を与えて東方での帝国建設を模索しはじめる。

1850 年代のイギリス国内は、第一次ダービー内閣（保守党）(1852)、アバディーン連立内閣（ホイッグ・ピール派・急進派）(同年 12 月)、パーマストン連立内閣（ホイッグ・ピール派・急進派）(1855)、第 2 次ダービー内閣（保守党）(1858)、第 2 次パーマストン内閣（自由党）(1859）といった短命な政権交代が 5 回も繰り返す不安定な政局の時代が続く。クリミア戦争の勝利で不動の地位を築いたパーマストンの死後は、ウィリアム・グラッドストーンを牽引役とする自由党とベンジャミン・ディズレーリ率いる保守党が交互に政権をとる二大政党制時代に入る。

第 3 次ダービー保守党内閣の蔵相だったディズレーリは、1867 年に都市の労働者階級まで選挙権を拡大する第 2 次選挙法改正法案を下院で成立させた。貴族政治から大衆民主政治への転換だ。1868 年にディズレーリ（在任 1868、74-80）はダービー伯の後を受け首相となるが同年の総選挙で自由党に敗北。第 1 次グラッドストーン（首相在任 1868-74、1880-85、1886、1892-94）自由党内閣が成立する。そこでは初等教育法（1870）や労働組合法（1871）の制定、秘密投票制の施行（1872）、大学入学希望者への宗教差別撤廃に既婚女性の財産権保護、刑法改正や陸軍改革などが断行された。また、グラッドストーンはアイルランド問題にも取り組み、アイルランド国教会制度の廃止（1869）やアイルランド土地法（1870）を成立させた。

1874 年の総選挙で再びディズレーリが内閣の首班となると、公衆衛生法（1875）などの社会的立法の制定に取り組んだ。そして、帝国の統合を保守党の政策と謳って 1875 年にはユダヤ人の大銀行家ロスチャイルドの助けを借りてスエズ運河会社株の買収をして帝国の道（エンパイヤ・ルート）を確保。1876 年にはヴィクトリア女王をインド女帝に推戴して、翌年インド帝国を成立させた。1878 年にはベルリン会議に出席してロシアの南下政策を阻止。オスマン・トルコよりキプロスを割譲させる。しかし、アフガン戦争とズールー戦争での侵略的政策の失態により、1880 年の総選挙ではグラッドストーンに政権を奪われた。第 2 次グラッドストーン内閣では第 3 次選挙法改正が行われて（1884）農業労働者まで選挙権が拡大された。また、グラッドストーンは二度にわたりアイルランド自治法案を閣議に諮（はか）ったものの否決されて（1886、1893）、在任中に自治法案の成立をみることはなかった。

1887 年には大英帝国の威光とその象徴ヴィクトリア女王を世界に喧伝すべく、国家をあげて在位 50 周年記念式典（ゴールデン・ジュビリー）が開催された。その 10 年後の 1897 年には植民地の拡大のみならず産業、金融、貿易をはじめとして世界を牽引したヴィクトリア女王在位 60 周年記念式典（ダイヤモンド・ジュビリー）がとり行われ、ヨーロッパ列強のみならず、インドやアフリカなどの植民地各国の王族たちが参列しその栄華をたたえた。64 年という長きにわたる女王の在位期間は 1901 年のヴィクトリアの死をもって幕を閉じた。新世紀の幕開けは植民地抗争にからんだ第 2 次ボーア戦争で強国イギリスが小国相手に苦戦をし、帝国の権威が失墜しはじめた時期にあたる。

今村　紅子（福岡女学院大学）

【参考になる図書】

君塚直隆 『ヴィクトリア女王　大英帝国の“戦う女王”』 中公新書　2007.

川本静子、松村昌家 編著 『ヴィクトリア女王　ジェンダー・王権・表象』 ミネルヴァ書房　2006.

松村昌家、川本静子、長島伸一、村岡健次 編 『女王陛下の時代』 研究社出版　1996.

村岡健次、川北稔 編著 『イギリス近代史』 ミネルヴァ書房　2007.

階級と世紀末

映　画　『理想の結婚』（『理想の夫』）*An Ideal Husband*

監督：オリヴァー・パーカー（Oliver Parker）
脚本：オリヴァー・パーカー
出演：ケイト・ブランシェット、ルパート・エヴェレット、ジュリアン・ムーア、ジェレミー・ノーサム
製作年（国）：1999年（英）／上映時間：98分

◆原作情報

『理想の結婚』の原作はオスカー・ワイルドの『理想の夫』（*An Ideal Husband*, 1895]）。『真面目が肝心』（*The Importance of Being Earnest*, 1895）、『ウィンダミア夫人の扇』（*Lady Windermere's Fan*, 1893）とともに、劇作家ワイルドの名を不朽にした風習喜劇の傑作のひとつである。

◆映画関連記述

時は1895年、舞台は社交期を迎えたロンドンである。独身生活を満喫し、毎晩粋な着こなしで社交場に姿を現すゴーリング卿（子爵）（役：Rupert Everett）は女性の憧れの的である。そんな息子に対し父親キャヴァシャム卿（伯爵）は、ゴーリング卿の友人で若くして外務次官となり、勤勉で誠実でよき妻（役：Cate Blanchett）を持つサー・チルターン（准男爵）（役：Jeremy Northam）を手本にするようにと説く。ところが、生まれは良いのにそれに見合う富に恵まれなかったサー・チルターンには内閣の機密を株の相場師に売り、その見返りに受け取った金で立身出世したという暗い過去があった。英国政府がスエズ運河の株を買収するという内閣の機密情報を相場師のアルンハイム男爵に知らせ、株を購入するよう勧める手紙を書いたのだ。男爵はその情報によって75万ポンド儲け、サー・チルターンは11万ポンドを受け取り、それが現在の地位を築くための資金となったのである。その証拠となる手紙を持つ、ゴーリング卿のかつての恋人チーヴリー夫人（役：Julianne Moore）が登場することで大騒動が起こる。彼女はサー・チルターンに自分が投資した、成功の見込みのないアルゼンチン運河の計画を公的に支援してくれるよう頼み、力になってくれなければ恥ずべき過去を暴露するとサー・チルターンを恐喝する。夫の過去の不正を知り、夫としての理想像

を打ち砕かれるチルターン夫人。妻の愛情を取り戻すため政治家生命を絶つか否か人生最大の決断を迫られるサー・チルターン。窮地に立った友人を助けようとするゴーリング卿。様々な駆け引きを用意して3人を翻弄するチーヴリー夫人。機転を利かせて動向を見守るサー・チルターンの妹メイベル。それぞれが独特の魅力を放ちながら、騒動を軸に真の愛に目覚めていく。結局、国会で運河計画の反対演説を行ったサー・チルターンは妻の愛を再び勝ち得､独身を謳歌していたゴーリング卿もついにメイベルにプロポーズする。賛成演説をしたらゴーリング卿が自分と結婚するとした賭けに負け、不正の証拠品である手紙を彼に手渡したチーヴリー夫人は､ロンドンを去って行く。

一見お洒落なラブ・コメディであるこの映画には当時のイギリスの帝国拡大政策や階級制度の問題が潜んでいる。サー・チルターンは生まれが良いわりにはそれに見合うほどの金銭的な余裕がなかったがゆえに、若くして自分の才覚を伸ばそうと不正を働いた。それは植民地拡大を推進したイギリスの野心になぞらえられている。チーヴリー夫人も、ゴーリング卿を捨て、金持ちの男爵と愛のない結婚をした。強い野心のために自分の真心を売ったふたりと比較して、自らの美学のために流行の服を身にまとい、友情のためにはチーヴリー夫人との結婚で自分の将来や自由さえも投げ出すことを厭わぬゴーリング卿には､ジェントルマンらしい優雅で高貴な雰囲気が漂っている。

◆映画の見所

原作者ワイルドの風習喜劇の軽妙洒脱な台詞まわしや舞台設定、上流階級の主人公たちの生活ぶりなどは、いまで言うところのトレンディ・ドラマを想起させる魅力に満ちているが、特にゴーリング卿役を演じるルパート・エヴェレットはワイルド好きを豪語するだけあって、19世紀末から抜け出てきたようなはまり役である。連日パーティーに繰り出す36歳（原作では34歳）の独身男性が気にするのは、ボタン・ホールに挿す花やネクタイの合わせ方のみ。

また、ゴーリング卿の台詞にも注目したい。原作からそのまま引用されているものも多く、たとえば、遊び暮らしている息子に説教を始めようとするキャヴァシャム卿を､「父上、きょうは真面目な話をする日ではないのです｣､「真面目な話は第一火曜日の正午から3時（原作では4時から7時）までと決めています」（“This is not my day talking seriously.” “I mean during the season, father, I only talk seriously on the first Tuesday of every month to noon and three.”）とやんわりとかわしたり、チーヴリー夫人に恐喝されて人生は不公平だと嘆くサー・チルターンに「人生は決して公平じゃない。そしてそれはたぶん多くの人にとってよいことなのだ」（“Probably life is never fair. Perhaps it is a good thing for most of us that it is not.”）と答える台詞などにはワイルドらしいウィットやパラドックスが散りばめられている。

さらに、劇中劇でワイルドの『真面目が肝心』が上演され、作者ワイルドが舞台挨拶をしたり、世紀末の唯美主義を代表する機関誌『イエロー・ブック』がゴーリング卿のテーブルにさりげなく置かれていたり、メイベルとゴーリング卿が待ち合わせをするグローヴナー画廊にワイルドと関わりのあった画家ホイッスラーの絵が展示してあったりと、原作者ワイルドとその時代を意識した心憎い仕掛けが用意されている点にも注目したい。

◆テーマ関連記述

19世紀最後の25年間は「世界の工場」として繁栄を誇ったイギリスの経済に翳りが見え始め、慢性的不況に陥っていった大不況期と重なる。そうした状況下で第2次ディズレーリ内閣は帝国主義政策を積極的に推し進めていった。1875年にスエズ運河の株の40パーセントを閣内の反対意見を押し切ってエジプト太守から買収し、これによってイギリスはインド航路の拠点を得、1877年にはヴィクトリア女王がインド女帝宣言をし、翌78年はキプロス島を獲得、イギリスはエジプト支配ひいてはアフリカ支配に本格的に乗り出したのである。映画『理想の結婚』にはこうした歴史的背景が色濃く影を落としている。このスエズ運河買収の機密情報こそサー・チルターンが首相の秘書を務めていた18年前に男爵に売ったものなのである。映画と原作の相違点はいくつか挙げられるが、歴史的観点から見た場合注目すべき相違点は、サー・チルターンが国会でアルゼンチン運河に反対を表明する演説の場面の扱い方であろう。この演説は、原作では新聞記事を読み上げる形で簡潔に伝えられるのみであるが、映画では一部始終が語られ、それはイギリスの未来の可能性に訴える演説であると同時にサー・チルターン自身の未来についての演説でもあり、二重の意味を持って観客の胸に響いてくる。演説の中でサー・チルターンは商業圏で多大な力を持ってきたイギリスがより多くの力を、より多くの金を得るために自国の権利を使う傾向にあり、その良心なき行いがイギリスの精神を危うくさせてきたことに触れ、その最たるものがアルゼンチン運河計画で、その計画には賛同できないと公言し、喝采を浴びる。腐敗したイギリスには、野心に目がくらんで不正行為を行った18年前のサー・チルターン自身が重ね合わされるが、未来を見据えていれば汚名返上の機会があるというイギリスの未来に対する可能性を信じる言葉はそのまま彼の未来にも当てはまるのである。

また、この映画に現れる当時の階級制度の問題も無視できない。ワイルドの風習喜劇の特徴に漏れず、この映画の男性の主要登場人物もジェントルマンばかりである。社会のために貢献する立派な人物として世間から賞賛され、清廉潔白で勤勉で誠実なサー・チルターンは当時の理想的人物を絵に描いたような存在であるが、実際は不正を行い、世間にも妻にも嘘をついていたおよそジェントルマンに似つかわしくない偽善者であった。一方、有用性を重んじる中流階級的価値観からすれば悪徳でしかない無為徒食の生活を送るゴーリング卿こそ、サー・チルターンの過去の過ちを知ってもなお彼の本性は高潔であると信じ、常に真実を口にしようと心がけ、人の弱みにつけこむようなことは決してしない高貴な精神の持ち主なのである。

しかしながら、この作品の真の素晴らしさは、作者が人間に対して持っている鷹揚さ、やさしさにあるのではないか。潔癖で常に正しいことを行い、他人に後ろ指を指されるようなことをしてはいけないと信じて生きてきたチルターン夫人はヴィクトリア朝の価値観の権化のような女性であり、夫のサー・チルターンの中にも高潔で純粋な理想を求める。それゆえに夫の真の姿を知っての失望ははかりしれなかったが、ゴーリング卿の「完璧でない人間にこそ愛が必要なのだ」という言葉に、人の過ちを厳しく断罪することがすべてではないことに気がつくのである。

そして、皮肉なことに、欠点も含めて相手を愛する寛容の精神に目覚めた時にタイトルの「理想の結婚」(「理想の夫」)という概念がなんと空虚に響くことか。メイベルとの結婚にこぎつけたゴーリング卿に、父親のキャヴァシャム卿が「理想の夫にならなければ相続させないぞ」と戒めると、進歩的なメイベルは「理想の夫なんて好きじゃないわ」、「ただこの人があるがままでいてくれればいいの」と反論する。この言葉は、まさに世紀末にあってヴィクトリア朝という時代の価値観に囚われていた人々に、より自由にそれぞれの個性を重んじる新しい時代が到来することを予感させる希望に溢れているのである。

鈴木　ふさ子（青山学院大学）

【参考になる図書】

村岡健次、川北稔 編　『イギリス近代史［改定版］』 ミネルヴァ書房　2003.
長島伸一　『大英帝国』 講談社現代新書　1989.
Cannadine, David. *Class in Britain*. Yale UP, 1998.

観光旅行——Tourism（ツーリズム）

映画 『80日間世界一周』 *Around the World in 80 Days*

監督：マイケル・アンダーソン（Michael Anderson）
脚本：S・J・ペレルマン、ジェームズ・ポー、ジョン・ファロー
出演：デヴィット・ニーヴン、カンティンフラス、シャーリー・マクレーン
製作年（国）：1956年（米）／上映時間：169分

◆原作情報

『八十日間世界一周』*Le tour du monde en quarter-vingt jours* ジュール・ヴェルヌ 1872年（鈴木啓二訳　岩波文庫）／（高野優訳　光文社古典新訳文庫）

1872年ロンドンの紳士クラブ「リフォーム·クラブ」で「80日間で世界一周ができるかどうか」という賭けを行ったことが発端になって始められたフィリアス・フォッグの波乱万丈の世界一周旅行を描いている。

映画 『オリエント急行殺人事件』 *Murder on the Orient Express*

監督：シドニー・ルメット（Sidney Lumet）
脚本：ポール・デーン
出演：アルバート・フィニー、ショーン・コネリー、イングリット・バーグマン
製作年（国）：1974年（英）／上映時間：128分

◆原作情報

『オリエント急行の殺人』*Murder on the Orient Express* アガサ・クリスティ 1934年（中村能三訳　ハヤカワ文庫）

1932年に初の大西洋横断飛行に成功した飛行士チャールズ・リンドバーグの長男（当時1歳8ヶ月）が同年ニュージャージー州の自宅から誘拐殺害された事件（リンドバーグ愛児誘拐事件）がモデルになっている。

◆映画関連記述

小説『八十日間世界一周』の舞台はイギリスであるが、これは当時すでにイギリスの旅行代理店トーマス・クック社が世界一周ツアーを企画するなど、国外旅行に関心が高まっていたことに影響を受けていると言われている。

『80 日間世界一周』より

映画は、イギリス人紳士フィリアス・フォッグ（役：David Niven）が 80 日間で世界一周出来るかどうか賭けをし、執事のパスパルトゥー（役：Cantinflas）をお供に世界を旅行して回るという、いわゆる冒険映画であるが、スペインでの闘牛、インドにおけるサティー（寡婦が夫の亡骸とともに焼身自殺をする儀式）、鎌倉の大仏見学、大陸横断鉄道でのインディアンの襲撃など、見所満載の作品となっている。また、1956 年のアカデミー賞で最優秀作品賞をはじめ 5 部門で受賞するなど、高い評価を受けている。なお、この作品はジャッキー・チェン主演で 2004 年に『80 デイズ』としてリメイクされているが、CG を多用したリメイク版はオリジナル版ほどの高い評価は得られていない。

『オリエント急行殺人事件』はベルギー人の名探偵エルキュール・ポワロシリーズの一つで、ミステリーの女王アガサ・クリスティの作品の中でも、特に評価の高い同名小説の映画化作品である。1935 年のヨーロッパを舞台に、イスタンブールを出発して二日目にバルカン半島（現在のクロアチア国内）で大雪のために立ち往生してしまった寝台列車内で起きた密室殺人事件が描かれている。オフシーズンの真冬にも関わらず一等寝台車は満室で、乗り合わせた乗客は国籍も職業も年齢も異なるなど、不自然の点が多いにも関わらず、容疑者全員に完璧なアリバイがあるという難事件を名探偵ポワロ（役：Albert Finney）が解決してゆくというものだが、全員幼児誘拐殺害事件と何らかの関わりがある容疑者達とポワロとの心理作戦は非常に見応えがあり、原作のみならず映画自体の評価も極めて高い。被害者の体に残された 12 の刺し傷を始め、12 という数字が本作品のキーワードになっており、陪審員制度や十二使徒など、単なる謎解きを超えていろいろ考えさせられる作品でもある。

◆映画の見所

『オリエント急行殺人事件』は基本的に密室劇であるため、オリエント急行内部の寝台車や食堂車についてはその様子がよく分かるものの、沿線の様々な観光名所が堪能できるというタイプの映画ではない。映画の前半で、出発場所のイスタンブールの様子が描かれている程度である。中心となるのは容疑者達に対するポワロの厳しい尋問であるが、ハンガリー人外交官、ロシア人貴婦人、イタリア人セールスマン、イギリス人大佐など、国籍・職業・階級の異なる乗客の話す様々な種類の英語を楽しむことが出来る。また、彼らの話す英語表現自体が推理の大きなヒントとなっているので、注意して聞いて欲しい。例えば、「いつでも長距離電話で弁護士に相談しますから」（"I can always call my lawyers long-distance."）という容疑者の発言に対して、ポワロは次のように言ってその矛盾を突いている。「アメリカで暮らしたことのないイギリス人女性なら、弁護士にはソリシター、長距離電話にはトランク・コールという言葉を使うでしょうな」（An Englishwoman who had never lived in America would have said, "I can always make a trunk call to my solicitors."）

◆テーマ関連記述

イギリスにおける近代的なツーリズムの始まりは、一般に 18 世紀とされている。イギリスの経済発展と共に、国外への旅行も徐々に増えてゆき、特に、富裕層や貴族の家庭では、子息のエリート教育の一環として、学業終了時に家庭教師同行のもと、長期間ヨーロッパ大陸へ旅行させることが流行するようになった。この一種の海外遊学旅行は「グランド・ツアー（grand tour）」と呼ばれ、行き先は当時文化的先進国であったフランスやイタリアが多く、そこで一流の礼儀作法や教養を身につけることが、イギリスの若者が真のジェントルマンになるための条件と考えられていた。

グランド・ツアーが普及するにつれ、それを世話する業者が生まれてきたが、これが後の旅行代理店になったと言われている。また、1756 年に刊行されたトマス・ニュージェントの『グランド・ツアー』など、いわゆる旅行ガイドブックも当時流行するようになった。そのため、グランド・ツアーを近代ツーリズムの始まりと捉えることも多い。ちなみに、グランド・ツアーは、後に日本に輸入されて、修学旅行の原型にもなった。

近代的な意味での世界初の旅行代理店とされるのはトーマス・クック社であるが、同社を創業し近代ツーリズムの祖とされるトーマス・クックは、もともと禁酒運動に取り組む伝道師であった。1841 年に開催された禁酒運動の大会に多くの信徒を動員する手段として、列車の切符の一括手配を考えだしたクックは、それを皮切りに団体旅行の手配を始めた。最初の国際博覧会である 1851 年のロンドン万国博覧会への国内旅行を手がけた後、1855 年からは、国外への旅行も扱うようになった。1871 年には息子たちと共にトーマス・クック社を設立し、世界一周ツアーなど、多くのパッケージツアーの販売を行った。ちなみに、トーマス・クック社はヴェルヌの原作小説にも大

『オリエント急行殺人事件』より

きな影響を与え、映画『八十日間世界一周』にも登場している。その後1928年に同社はクック家の所有から外れ、現在はトーマス・クックAG社として世界第3位の旅行代理店の地位を占めている。

ベルギーの国際寝台車会社（ワゴン・リー社）により運行されたオリエント急行は、ヨーロッパからアジアを結ぶ始めての直通列車であっただけでなく、豪華な寝台車や食堂車を備えていたことから、夢の豪華国際列車として富裕層や王族貴族の人気を博した。開通当初こそ黒海を船で渡っていたものの1889年からは直通運転が開始され、その人気にも拍車がかかっていった。『オリエント急行殺人事件』の舞台ともなった第1次世界大戦後、特に1930年代は、まさにオリエント急行の全盛期であった。

第2次世界大戦後になると、さすがのオリエント急行も次第に飛行機に客を奪われるようになり、ついに1977年には運行が一旦中止された。しかし、5年後の1982年、国際寝台車会社の寝台車を復元した観光列車として復活したものの、2002年廃止された。

角山　照彦（広島国際大学）

【参考になる図書】

窪田太郎他　『オリエント急行』　新潮社　1984.

櫻井寛　『オリエント急行の旅』　世界文化社　2005.

平井正　『オリエント急行の時代－ヨーロッパの夢の軌跡』　中公新書　2007.

本城靖久　『グランド・ツアー — 貴族の放蕩修学旅行』　中公文庫　1994.

アガサ・クリスティ、中村能三 訳　『オリエント急行の殺人』　早川書房　2003.

ジュール・ヴェルヌ、鈴木啓二 訳　『八十日間世界一周』　岩波文庫　2001.

Berghoff, Hartmut., BarbaraKorte & Ralf Schneider (Eds.). *The Making of Modern Tourism: The Cultural History of the British Experience, 1600-2000.* Palgrave Macmillan, 2002.

Sherwood, Marie. *Orient Express Picturesque Travelog.* Wheatmark Inc, 2008.

ボーア戦争

映　画　『カヴァルケード』 *Cavalcade*

監督：フランク・ロイド（Frank Lloyd）
脚本：ソニア・レヴィーン
出演：ダイアナ・ウィンヤード、クライヴ・ブルック、ハーバート・マンディン
製作年（国）：1933 年（米）／上映時間：110 分

◆原作情報

原作名：『カヴァルケード』（戯曲）（初演：1931 年）
著者名：ノエル・カワード（Noël Coward, 1899-1973）
【関連情報】 ロンドンでの初演以来 400 回を超えるロングランを誇った舞台劇。

◆映画関連記述

『カヴァルケード』（*Cavalcade*）は第 6 回アカデミー賞で作品賞、監督賞、美術賞を受賞した名作であり、1933 年制作の古い映画ではあるが、現在の目から見ても楽しめる。「カヴァルケード」とは「騎馬行列」や「大行進」を指し、20 世紀前半の歴史的な重大事件が、行進のように次々と描かれている。

この映画は、1899 年の大晦日から始まり、1933 年の元日に幕を下ろす。20 世紀を迎える興奮とともにこの映画は始まるのであるが、新しい世紀は必ずしも光に満ちたものではない。第 2 次ボーア戦争（南アフリカ戦争）、ヴィクトリア女王の死（1901）、タイタニック号の沈没（1912）、第 1 次世界大戦（1914-18）と悲しみの歴史が続いていく。このような出来事が二つの家族の視点から描かれているため、この映画を見れば当時の人々の実感とともに歴史を追体験することができるだろう。なおこの映画が、満州国が建国宣言された 1932 年の翌年（昭 8 年）日本に公開され

発売元：Art Station

た時、『大帝国行進曲』という邦題がつけられた。

この映画が焦点を当てる二つの家族とは、イギリスのマリヨット家とブリッジス家である。マリヨット家は名門の流れをくみ、当主ロバート（役：Clive Brook）と妻ジェーン（役：Diana Wynyard）のもとには、エドワードとジョーイという二人の息子がいる。ブリッジス家の方は、アルフレッドとその妻エレンが、マリヨット家に召使として仕えている。二人には生まれたばかりの娘ファニーがいる。

ロバートとアルフレッドは妻たちが心配する中、ボーア戦争へと出征する。二人は無事に帰還し、ロバートは戦功によりナイトの地位が授けられる。アルフレッドは戦地で出会った男から飲み屋を買い取り、商売を始める。しかし、幸福は長くは続かない。飲み屋を始めたアルフレッドは酒におぼれ、家族から疎まれる。マリヨット家でも、成人した二人の息子が次々と第1次大戦で戦死する。そして、激動の時代を生き抜いたロバートとジェーンは、「蛍の光」を耳にしながら1933年元日を迎え、英国の過去と未来に思いをはせる。ジェーンが述べる新年の乾杯のことばは、次のように締めくくられる。「私たちが愛してやまないこの国が、いつの日か尊厳と偉大さ、そして平和を取り戻すことを願って、乾杯しましょう」（"Let us drink to the hope that one day this country of ours, which we love so much, will find dignity and greatness and peace again."）

◆映画の見所

この映画では、歌と音楽が巧みに用いられている。戦時中に愛国心を盛り上げる音楽や、人気歌手となったファニー・ブリッジスが、第1次世界大戦後の混乱と新しい大戦の兆しの中で哀しげに歌う「20世紀ブルース」など、音楽が印象に残る場面が多い。その中でも、日本人にもなじみ深い「蛍の光」が繰り返し登場するが、その歌われ方や雰囲気は日本でのそれとは大きく異なっている。この曲はスコットランド民謡であり、原題は "Auld Lang Syne"（「久しき昔」）で、古くからの友情を思い返す歌である。イギリスでは大晦日の夜の定番の曲となっている。この映画には「時間は人を変えるのか？」というテーマがあるが、「旧友は忘れられ、二度と思い出されないのだろうか？」と始まる原曲の歌詞とともに、時代の激動の中での夫婦、親子、階級間の人間関係に注目してほしい。

◆テーマ関連記述

ボーア戦争（南アフリカ戦争）とは、イギリスと南アフリカのボーア人との間で起こった戦争である。「ボーア人」とは、南アフリカに移住したオラ

ケープ植民地地図

ンダ系の白人のことを指す（彼らは「アフリカーナー」（Afrikaner）と自称し、現在ではこの名称が一般的に用いられる）。つまり、南アフリカを舞台としており、多くの黒人も戦争に巻き込まれたものの、戦争の主体は新旧の白人入植者である。

最初に、南アフリカ植民地化の歴史的背景を簡単にまとめよう。まず、17 世紀にオランダが南アフリカを植民地化し、ケープへと多くのオランダ人が移住した。その後、19 世紀初頭にイギリスがオランダからケープ植民地の支配権を奪取し、多くのイギリス人が流入した。イギリスの支配を嫌ったボーア人（オランダ系白人）たちは、グレート・トレックと呼ばれる内陸への大移動を行い、オレンジ自由国とトランスヴァール共和国という二つの共和国を設立した。それによって、ケープという海岸沿いの一帯を支配するイギリスと、内陸のボーア人という住み分けができた。

しかし、19 世紀後半にボーア人の共和国内でダイヤモンドと金の鉱山が発見されると、情勢が変化する。これらの資源に目をつけたイギリスは、ボーア人の共和国の植民地化を目論むようになる。そして、植民地化を目指すイギリスと、独立のために抵抗するボーア人という構図で、1880 年～ 1881 年の第 1 次ボーア戦争、1899 年～ 1902 年の第 2 次ボーア戦争が行われる。『カヴァルケード』で名前が出てくる「クルーガー」（Kruger）は、第 1 次ボーア戦争でボーア側を勝利に導いたことでトランスヴァール共和国の初代大統領（1883-99）となった人物で、イギリスの側から見れば憎き敵となる。

兵力と武器装備ではイギリスが圧倒するものの、ボーア側の抵抗は強く、第1次ボーア戦争では、1881年マジュバ・ヒルの戦いでイギリス軍が惨敗した。第2次ボーア戦争でも、イギリス軍は大いに苦しめられた。1899年にはケープの都市マフェキングがボーア軍によって217日にもわたって包囲された。『カヴァルケード』では、マリヨットとブリッジスはマフェキングに閉じ込められたイギリス軍を窮地から救うために参戦している。その後も、イギリス軍はボーア人のゲリラ戦術に苦しめられるが、50万人という大軍を動員し辛くも勝利をおさめ、二つの共和国を植民地化した。

ボーア戦争の主な特徴は次の通りである。まず、イギリスが金とダイヤモンドという資源を奪おうとした側面が強く、露骨な侵略戦争であったという点である。この戦争はドイツとの外交関係を悪化させ、第1次世界大戦の遠因となった。また、イギリス軍は兵力と装備で圧倒的に有利でありながら、ボーア人側のゲリラ戦術の前に苦戦を強いられたため、大英帝国の弱体化という問題に直面することになった。また、戦争の長期化で戦費がかさみ、財政的にもイギリス政府を圧迫した。そのため、ボーア戦争は「イギリスにとってのベトナム戦争」と言われることもある。

さらに、この戦争では、当時発達した新聞などのメディアが大きな役割を担った。19世紀末にコダックの大衆向けカメラが登場したこともあり、多くの戦場写真が撮られ、それらが紙面を飾った。映画も19世紀末の発明であり、史上初めて動く映像におさめられたイギリスの戦争がこのボーア戦争である。DVD『NHKスペシャル 映像の世紀 第一巻』には、短いものの、ボーア戦争へと向かう義勇兵や現地での移動の様子が収められている。また、このDVDには、『カヴァルケード』で描かれているヴィクトリア女王の葬列や、事故前のタイタニック号、ツェッペリン飛行船による空爆も、その実際の映像が収められているため、映画とあわせて見ると時代の状況が良くつかめるだろう。

福原　俊平（福岡大学）

【参考になる図書】

井野瀬久美恵　『植民地経験のゆくえ』　人文書院　2004.（特に第5章）

岡倉登志　『ボーア戦争』　山川出版社　2003.

前川一郎　『イギリス帝国と南アフリカ』　ミネルヴァ書房　2006.

Daly, Nicholas. *Literature, Technology, and Modernity, 1860-2000.* Cambridge UP, 2004.（第3章がボーア戦争とメディアとの関係を扱っている）

第 8 章
20世紀

1904 年　■日露戦争（-05）
1912 年　タイタニック号処女航海で沈没
1914 年　第 1 次世界大戦始まる
1917 年　ウィンザー家に改称（ウィンザー朝）
1918 年　第 1 次世界大戦終結
1928 年　女性の選挙権、男性と同じ 21 歳以上となる
1930 年　第 1 回サッカー・ワールドカップ・ウルグアイ大会開催
1939 年　第 2 次世界大戦始まる
1940 年　英空軍、独空軍に対し「ブリテンの戦い」を展開
1941 年　■ 12 月、真珠湾攻撃
1944 年　6月6日ノルマンディ上陸作戦
1945 年　ドイツ降伏、第 2 次世界大戦終結
1946 年　■日本国憲法公布
1952 年　ジョージ 6 世死去、エリザベス 2 世即位
1962 年　ビートルズ、レコード・デビュー、ローリング・ストーンズは 1963 年、ザ・フーは 1965 年
1968 年　■大学紛争激化
1972 年　■日中国交正常化
1979 年　保守党マーガレット・サッチャー首相就任
1981 年　チャールズ王太子、ダイアナ妃とセントポール大聖堂で結婚式
1984 年　炭鉱閉山問題で労働組合がストライキ
1985 年　労働組合側の敗北で炭鉱ストライキ収束
1989 年　ベルリンの壁崩壊
1989 年　■昭和天皇崩御
1990 年　サッチャー首相辞任、メージャー保守党首後継内閣を組織
1995 年　■阪神・淡路大震災．東京地下鉄サリン事件
1996 年　チャールズ王太子、ダイアナ妃と離婚
1997 年　労働党のトニー・ブレア首相就任、ダイアナ、パリで死去
2001 年　9 月 11 日、米国でハイジャック機による同時多発テロ

第1次世界大戦

映　画『西部戦線異状なし』 *All Quiet on the Western Front*

監督：ルイス・マイルストン（Lewis Milestone）

原作：エリッヒ・マリア・レマルク（Erich Maria Remarque）

脚本：マックスウェル・アンダーソン、デル・アンドリュース、
ジョージ・アボット

出演：リュー・エアーズ、ルイス・ウォルハイム、ウィリアム・ベイクウェル、
ラッセル・グリーンソン、スリム・サマーヴィル

製作年（国）：1930年（米）／上映時間：128分

◆原作情報

1929年に発表後、15カ国語に翻訳され世界中で350万部を超えるベストセラーとなったドイツの作家レマルクの長編小説（原題 *Im Western nitchs neues*）が原作。彼自身第1次世界大戦に従軍した。題名は志願兵ポールが戦死した1918年10月の司令部報告「西部戦線異状なし、報告すべき件なし」に由来する。戦争告発の書として、ナチ政権からは焚書に付された。（秦豊吉訳、新潮文庫、1955）

映　画『哀愁』 *Waterloo Bridge*

監督：マーヴィン・ルロイ（Mervyn LeRoy）

原作：ロバート・E・シャーウッド（Robert E. Sherwood）

脚本：S・N・バーマン、ハンス・ラモウ、ジョージ・フローシェル

出演：ヴィヴィアン・リー、ロバート・テイラー、ルシル・ワトソン

製作年（国）：1940年（米）／上映時間：108分

◆原作情報

ロバート・E・シャーウッドの戯曲『ウォータールー橋』*Waterloo Bridge*（1930）が原作である。1931年にジェイムス・ホエール監督、メエ・クラーク主演で『ウォタルウ橋』として初映画化されており、1956年にはレスリー・キャロン、ジョン・カー主演で『哀愁物語』としてもリメイクされている。

◆映画関連記述

『西部戦線異状なし』は、二つの大戦の狭間である1930年製作、公開。

『西部戦線異状なし』より

アカデミー監督賞、作品賞の2冠に輝く。西部戦線とは、第1次世界大戦でドイツ軍が英仏連合軍と対峙した戦線をいう。1914年6月、第1次大戦が勃発し、ドイツのある町の学校の横を戦場に向かう軍隊が行進している場面から映画は始まる。市民はナショナリズムの高揚を味わい、教師は生徒達に軍に志願するよう扇動する。若者達は愛国心を鼓舞され、次々に出征を志願し戦場へ赴く。ポール（役：Lewis Ayres）もそのような若者の一人。入隊した新兵の指導をするのはヒンメルストスという郵便配達人をしていた男である。軍服を着て小さな権力を手にした途端、昨日までの親しげな様子と打って変わり、階級に敬意を払えと若者達に強要する。英雄に憧れ意気揚々と入隊し、前線に配属された若者を待っていたものは飢えと死の恐怖であった。抑圧と飢餓、不安と恐怖の塹壕生活。ポールは砲火を避けるため隠れていた穴の中で、飛び込んできたフランス兵を突き刺し、初めて人を殺してしまう。死んだフランス兵が持っていた妻子の写真を見つけ、戦争に対する疑問が沸き、「軍服を脱いだら友達になれたのに」と深い悔恨に苦しむ。負傷休暇を貰い一時帰郷するが、母校では相変わらず教師が若者達を扇動している。ポールが戦場の真実を話すと後輩達から卑怯者と呼ばれる。父親を含め町のおとな達は敗色濃厚となる現地状況を知らず、パリへの進攻など戦線拡大を唱え、机上の空論を戦わせている。故郷に自分の居場所を見出せなくなったポールは休暇を早めに切り上げ戦場へ戻る。「少なくともここには嘘はない」という自覚をもって。

そしてラストシーンが問いかけるものとは？戦場で生き抜く術を教えてくれた戦友カチンスキー（役：Louis Wolheim）の死に立ち会ったばかりのポールは、砲弾戦で土肌のみになってしまった殺風景な風景の中に一羽の蝶を見

『哀愁』より

つける。彼が部屋に飾っていた蝶の標本はこのラストシーンへの伏線であった。蝶に生命の姿を見たのだろうか。その蝶に手を差し伸べたところで、ポールは狙撃兵の弾に倒れる（ちなみにこの手は監督マイルストンの手）。こうして彼の 20 年の生涯はあっけなく終わる。

教師の扇動、市民や若者の熱狂、飢餓状況、野砲攻撃、機銃掃射、野戦病院、水没した塹壕、前線と銃後との意識のずれなど戦争の諸様相を、徹底したリアリズムの手法で、愚直なほど執拗に描写している。BGM は一切ない。冒頭に流れるテロップの「たとえ砲弾から逃れたとしても、戦争によって破滅させられたある世代の男達」（“a generation of men who, even though they may have escaped its shells, were destroyed by the war”）の話という反戦メッセージが、国家に殉じることや戦場で人間性を持つことの愚かさと危険、また戦場で人間の命が突然奪われただの死体となっていく不条理と喪失感を通し、明瞭に訴えられている。『西部戦線異状なし』は、ヴェトナム戦争を扱った『プラトーン』（1986）や『フルメタル・ジャケット』（1987）、「ノルマンディ大激戦の陰に選ばれた 8 人の兵士達によるたった一人の新兵を救出する作戦があった」がキャッチコピーの『プライベート・ライアン』（1998）、ガダルカナル島が舞台の『シン・レッド・ライン』（1998）など一連の戦争映画の原典とも言われる作品。

一方『哀愁』は、ロバート・テイラーとヴィヴィアン・リーの美男美女コンビによる、ハリウッドの代表的な恋愛映画。イギリスがドイツに宣戦布告をした 1939 年 9 月 3 日、ウォータールー橋に佇むクローニン大佐（役：Robert Taylor）はビリケン人形のお守りを手にし、前大戦、すなわち第 1 次大戦の頃ここで出会ったバレリーナのマイラ（役：Vivien Leigh）を思い浮かべる。「これを」（“Here, take this.”）「お守りを？」（“Your good luck charm?”）「あなたを守ってくれるよう祈っているわ」（“Perhaps it will bring you luck.”）こうして映画は第1次世界大戦下のロンドンへ。空襲警報が鳴り響く中、ふたりはウォータールー橋で偶然出会い地下鉄の防空壕へ避難、瞬く間に惹かれ合い、翌日には結婚の約束を交わすまでになるが、時代はそんなふたりを引き裂く。健気に彼の帰りを待つマイラは、クローニンの戦死を伝える新聞記事を目にし、娼婦に身を落としていく。戦死は誤報であったのだが、結婚を迫るロイに、マイラは自分を許すことができず、ウォータールー橋の上で、濃霧の中突進してくる軍需用トラックに身を躍らせる。駆けつけた群衆の足元にあのお守りが転がっていた。ここで場面は再び冒頭のウォータールー橋の上でお守りを握っているクローニンの姿へと戻る。

◆映画の見所

『西部戦線異状なし』の終盤で、戦場の武勇談を待ち望む後輩達に、学友達の戦死を目撃してきたポールは「我々は塹壕で暮らし殺されまいと努めている」と答える。西部戦線は、1914年5月パリ北東におけるマルヌの戦い以降は膠着し塹壕戦となった。塹壕の存在理由は歩兵の制圧力にある。しかもこの制圧力は、攻勢に出ても守勢に立ってもある程度は消耗し残余で勝利を得るという、一定の犠牲を前提にしている。兵士達はのみ、しらみ（蝋燭であぶるのが最上の除去法とされた）だけでなく、死者と食べ残しの食糧により発生したネズミにも悩まされた。鉄条網敷設、穴掘り、土嚢詰め、胸壁作り、泥と水に埋もれれば排水作業に従事する。そのような劣悪な環境の中で、砲弾が落ち、敵兵がやってくる、といった死と隣り合わせの長期に亘る塹壕生活は、道徳や人間の尊厳とは無縁の生活であり、兵士達は心身を病んでいく。

◆テーマ関連記述

すでにドイツ、オーストリアとロシアのあいだで開始されていた戦争にフランスが加わった1914年8月3日、外相グレイは下院においてイギリスも参戦すべきであると説いた。翌4日、ドイツがベルギーに侵攻したことにより、イギリスはドイツに宣戦を布告し、ここにイギリスにとっての第1次世界大戦が始まった。

開戦当初、愛国心に駆られた人々は「国王と国はあなたを求めている」という呼びかけに応じ、「ドイツ野郎を憎め」というキャンペーンに反応し、最初の18ヶ月で240万人が募兵に応じた。これは1914年戦争勃発前のイギリス陸軍兵士数の10倍に相当すると言う。しかし、1916年1月には総力戦となった戦争体制を担うため、18 歳から 41 歳までの独身男性を対象とする徴兵制がしかれた。徴兵制は、個人の自由意志に任せてきた領域に国家が踏み込んだ一つの表れである。

第 1 次世界大戦は、ロシアと違ってイギリス社会に革命をもたらしはしなかったが、社会構造に変化を起こした。戦争財政を賄うため、直接税が重視され、所得税率が引きあげられ、高額所得者に対し特別付加税が課せられたため、社会の平準化が促進された。戦前と戦後を比べてみると、高所得層の所得が全体に占める割合が低下した反面、低所得層の所得の割合は上昇した。

また総力戦という事態が、女性の雇用を不可避なものにしていき、ひいては女性の社会的・政治的権利の拡大へとつながる。女性が就業しうる職種が拡大し、女性の有用性が高まるとともに、女性自身の意識が変化し、また社会の中で高まっていく女性の位置について男性の意識も変化していく。その結果、1918 年 2 月、選挙法が改正され、30 歳以上の女性に選挙権が与えられる。このとき、21 歳以上のすべての男子に選挙権が与えられる男子普通選挙権が認められる。なお、女性の選挙年齢が男性と同じ 21 歳になるのは 1928 年である。

イギリス本国から外に目を向けると、総力戦となった大戦は、カナダ、オーストラリア、ニュージーランド、南アフリカ連邦、インドというイギリス帝国内の国々の戦争参加を必要とした。イギリスに対し従属的な地位にあるため、これら諸国は自動的に戦争に協力していくことになるが、戦争による大きな犠牲は、自立意識を高め、結果帝国の解体を早めることとなった。

野上　良子（北九州市立大学　非常勤講師）

【参考になる図書】

桜井哲夫 『戦争の世紀　第一次世界大戦と精神の危機』 平凡社　1999.

ピーター・クラーク、西沢保他 訳 『イギリス現代史 1900-2000』 名古屋大学出版会　2004.

『〔戦略・戦術・兵器詳解〕図説　第一次世界大戦』〈上〉〈下〉学習研究社　2008.

第2次世界大戦

映画 『史上最大の作戦』 *The Longest Day*

監督：ケン・アナキン（Ken Annakin）、
ベルンハルト・ヴィッキ（Bernhard Wicki）、
アンドリュー・マートン（Andrew Marton）
脚本：コーネリアス・ライアン、ジェームズ・ジョーンズ、ロマン・ギャリー、
デヴィッド・パーサル、ジャック・セドン
出演：ジョン・ウェイン、ヘンリー・フォンダ、ロバート・ミッチャム他
製作年（国）：1962年（米）／上映時間：179分

◆原作情報

この映画は、コーネリアス・ライアン（Cornelius Ryan）によるベストセラー小説『史上最大の作戦』（*The Longest Day*）（1959）に基づいて製作された。原作者ライアンはアイルランド出身のノンフィクション作家である。他にも彼は第2次世界大戦を題材にした作品を執筆しており、例えばオランダとドイツにある5つの橋をめぐる連合軍とドイツ軍との戦いを描いた『遠すぎた橋』（*A Bridge Too Far*）（1977年にリチャード・アッテンボロー監督が映画化）や、ドイツ軍の最後を描いた『ヒトラー最後の戦闘』（*The Last Battle*）などが挙げられる。

『史上最大の作戦』を執筆するにあたり、ライアンは連合軍、ドイツ軍、レジスタンスなどに関わった1,000名を超える数多くの生存者にインタヴューをしている。映画のラストシーンは連合国側の勝利の場面であるが、原作では、最初と同様に最後もロンメル元帥の場面となっている。

現在入手できる翻訳書としては、ハヤカワ文庫の『史上最大の作戦』（1995）がある。

◆映画関連記述

『史上最大の作戦』は、公開された1962年当時としては破格の40億円近い製作費を投じた超大型作品である。アカデミー賞の5部門でノミネートされ、撮影賞と特殊効果賞を受賞している。出演俳優にも大物を揃えており、ジョン・ウェイン、ヘンリー・フォンダ、ロバート・ミッチャムの他にもショーン・コネリーなどが出演している。映画とともに有名になった主題歌はポール・アンカが担当しており、彼自身も映画に出演している。

映画の中心は、連合軍によるフランスのノルマンディー上陸のオーバーロード作戦（Operation Overlord）であり、300万人近い兵士が参加すると

いうまさに史上最大の作戦である。映画は、連合軍ばかりではなく、ドイツ軍、レジスタンス、一般市民など数多くの人々と場面を取り上げている。

映画は、ノルマンディー上陸作戦前の、ドイツ軍、連合軍のそれぞれの状況の描写から始まる。ドイツ軍では、400万個の地雷を敷設した部下にさらに大西洋沿岸警備を進めるよう促すロンメル元帥を除いて、ノルマンディーへの連合軍の上陸はないという見方が大勢を占めていた。他方、イギリスのポーツマスにあるサウスウィック・ハウスに陣取る連合軍側は、上陸作戦の決行の日（D-Day）をいつにするかについて最高司令官アイゼンハワー将軍を中心に議論がなされていた。多くの兵士たちが待ちくたびれて一日も早い戦闘を望んでいた。連合軍指令部は、そのD-Dayを1944年6月6日と決定した。当初は遅い月の出と夜明け後の干潮が上陸に際しての好条件と考えられていたが、結局はドーバー海峡のしけの中での決行となった。

『史上最大の作戦』より

上陸作戦は、深夜の落下傘部隊の降下から始まり、空爆と海上からの艦砲射撃に続いて5,000隻の船団に乗り込んだ連合軍の上陸が始まった。作戦の開始直前に、フランスのレジスタンスにもBBC放送を通して決行の暗号であるヴェレーヌの詩『落葉』の冒頭部分（上田敏の訳で有名な「秋の日のヴィオロンのためいきの」）が送られ、レジスタンスは鉄道の破壊工作や通信網の破壊などを通して連合軍を側面から支援した（暗号『落葉』の第1連の続き「身にしみてひたぶるにうら悲し」は24時間以内決定の合図）。上陸部隊によっては、指揮のまずさなどから多くの死者を出すことになったものの、結局は、このオーバーロード作戦は成功を収めたのである。

ここでの連合軍の勝利が1年後の1945年5月7日のドイツの無条件降伏へとつながることになるのであるが、ここに至るまで、フランスを占領していたドイツ軍は、イギリスへの空爆（バトル・オブ・ブリテン）を繰り返しており、その間イギリス国民は一致団結してそれに耐えていたのである。このような点で、フランス国民だけではなくイギリス国民にとっても、この作戦の成功は悲願だったのである。

◆映画の見所

映画のクライマックスは、おびただしい数の連合軍の軍艦がノルマンディーの海岸に現れるところであろう。この場面は、ドイツ軍の視点から描かれている。それまでは、のんびりしていたドイツ軍が、突如現れた船団にうろたえ、さらに艦砲射撃を受けてあわてて無線連絡をする様子は、いかにノルマンディーへの連合軍の上陸が想定外であったかを示唆するものである。映画ではヒットラーは登場しないが、部下たちが気難しい彼に気兼ねをしたばかりに連合軍への対応が遅れたということになっており、ヒトラーに対して皮肉を込めて描いた映画となっている。

◆テーマ関連記述

＜開戦以前＞

イギリスは1932年に、「十年規則」（各年ごとに戦争が10年間は起こらないことを前提として軍備を検討する）を撤廃した。軍備増強の機運が高まってきたということである。一方のヒトラー率いるドイツは、イギリスを敵に回すのを避けるため、ドイツの海軍力をイギリスの3分の1とする日英独海軍軍事協定を1935年に締結した。

1938年には、ドイツがチェコスロヴァキアのズデーデン地方の割譲を求めたのに対してイギリスのチェンバレン内閣は、フランス、イタリアを含めた「ミュンヘン会談」で、それを承認した。イギリス国内の疲弊した経済と反英民族主義が高まった植民地を抱えるというような厳しい状況の中にあっては、イギリスは正面から反対をすることができなかったのである。このような「宥和政策」は内外の批判を受けながらも、イギリス自身が参戦するまで続いた。満州を侵略する日本に対しても、エチオピアを侵略するイタリアに対しても、同様にイギリスは干渉をしなかった。しかし、ドイツが1939年3月チャコスロバキアのプラハまでをも占領すると、宥和政策を取るチェンバレン内閣は国民の支持を得るのが難しくなってきた。

＜開戦＞

こうした中イギリスは、1939年5月に徴兵制を施行し、8月25日にイギリス・ポーランド相互援助条約を結んだ。そしてその直後の9月1日にドイツがポーランド侵攻をしたため、9月3日にイギリスとフランスはドイツに対して宣戦布告を行い第2次世界大戦が始まったのである。しかしながら実際には、1940年4月にドイツがノルウェーとデンマークを攻撃し始めるまでは、英仏とドイツの間では本格的な戦闘がなかった。

ドイツとの間で戦闘が開始された直後の5月には、チェンバレン内閣からチャーチル内閣へと変わり、労働党と自由党が政権に参加して挙国一致の連立内閣となった。この時に、労働組合のリーダー的存在であるアーネスト・ベヴィンは労働相に就任した。チャーチルは防衛大臣も兼ねてリーダーシップを発揮し、国民の高い支持を得た。

同1940年8月からドイツ軍によるイギリス空爆であるバトル・オブ・

ブリテン（Battle of Britain）が始まった。当初は劣勢だったイギリスは、最新のレーダーを開発し、空爆に耐えた。このような中で、アメリカは翌年3月に武器貸与法を成立させ、8月には両国の間で太平洋憲章を結ぶなど、アメリカはイギリスへの協力を本格化した。そして同年12月の日本軍による真珠湾攻撃をきっかけにアメリカが正式に参戦することになった。

イギリスには、オーストラリア、カナダ、ニュージーランド、南アフリカなどの自治領からそれぞれ数十万人規模で兵士が動員され、植民地であったインドからも250万人が動員された。このような動きに対して、ドイツは大西洋に面した海岸に「大西洋の壁」の建設を始めた。ただし、計画が大掛かりすぎて、ノルマンディーの沿岸は手薄となったままであった。

<終戦>

アイゼンハワーの指揮で1944年6月6日にノルマンディー上陸作戦が開始され、この日だけで約15万人の連合軍が上陸に成功した。これがドイツへの大きな痛手となり、翌年の5月にドイツが降伏し、同年9月2日に日本が降伏文書に調印し、第2次世界大戦が終わったのである。戦後の構想については、イギリスはアメリカと歩調をあわせ、ソ連とは距離を置くことになり、戦後の冷戦構造の大枠が決まった。

<関連映画>

『史上最大の作戦』の他に、第2次世界大戦のイギリス軍を描いたものに、陸軍では、トブルクにおける戦いを描いた『砂漠の鼠』（*The Desert Rats*, 1953）やイギリス・コマンド部隊とロンメル軍団の戦いを描いた『ロンメル軍団を叩け』（*Raid on Rommel*, 1970）、海軍では、有名な海洋小説家であるC.S.フォレスター原作でナチスの快速戦艦撃沈を試みるイギリス海軍を描いた『ビスマルク号を撃沈せよ！』（*Sink the Bismarck!*, 1960）、空軍では、独空軍との空中戦を扱った原題*Battle of Britain*の『空軍大戦略』（1969）や、D-Dayの直後にロンドンに発射され30万もの家屋を破壊したドイツのロケット弾V1、V2に続くV3、V4発射のためのフランスにおける建設基地撃破を試みるRAFの活躍を描いた『モスキート爆撃隊』（*Mosquito Squadron*, 1969）などがある。

八尋　春海（西南女学院大学）

【参考になる図書】

木村靖二他　『世界の歴史26　世界大戦と現代文化の開幕』　中央公論社　1997.
村岡健次他　『イギリス近代史』　ミネルヴァ書房　1986.

反抗する若者

映　画　『さらば青春の光』*Quadrophenia*

監督：フランク・ロダム（Franc Roddam）
脚本：デイブ・ハンフリーズ、マーティン・スティルマン、フランク・ロダム
出演：フィル・ダニエルズ、レスリー・アッシュ、スティング、
　フィリップ・デイヴィス、マーク・ウィンゲット
製作年（国）：1979 年（米）／上映時間：120 分

◆原作情報

この映画の原題はイギリスのロック・グループ The Who が 1973 年 11 月にリリースしたアルバム『四重人格』（クウォドロフィニア *Quadrophenia*）のタイトルである。このアルバムには歌詞の他に、ザ・フーのリードギターでボーカルもこなすピート・タウンゼント本人が綴った５頁ほどの、週１回精神科医に通う“I”の自伝的スケッチが付けられていて、映画のストーリーは、そのスケッチと歌詞の内容に沿って作られている。映画のエグゼェキュティヴ・プロデューサー（製作総指揮）としてザ・フーのメンバー４人、リード・ボーカルのロジャー・ダルトリー、ピート・タウゼント、ベースのジョン・エントウィッスル、そして強烈なドラムを叩くキース・ムーンが参加している。モッヅの長のエイス役として、当時のザ・ポリスのメンバーのスティング（Sting）が出演している。

◆映画関連記述

この映画の邦題は、どこにでもいる悩める若者が幾多の困難を乗り越えて成長して行くストーリーであるかのような印象を与える。しかし、原題はそうではない。敢えて和訳すれば、「四重人格」というところだ。このQuadrophenia ということばは、当時紹介されて今では廃れてしまった4チャンネル方式のサウンドと、当時の The Who のバンドメンバー 4 人の人格、それに今では差別語とされている schizophrenia（精神分裂症）から作り出されたものである。一般の英語辞書に載せられていないのも当然ながら、英国のロック・バンド、ザ・フーが大ヒットさせたアルバムタイトルでもある。

映画の舞台はロンドン、時は 1965 年、ジミー（役：Phil Daniels）は広告会社に務めていて、手紙、ノート、その他色々を顧客に届けるだけの雑用係、メッセンジャー・ボーイである。仕事は適当にするが、プライベートな

さらば青春の光
発売元：ユニバーサル・ピクチャーズ・ジャパン
価格：2,079 円（税込）
ユニバーサル・ザ・ベスト・リミテッド
ヴァージョン第 2 弾

生活では熱狂的なモッズ・ギャングのメンバーでドラッグの常習者。彼等ギャングの天敵がロッカーズと呼ばれるギャング・グループである。仲間と自由気ままに振舞っているある日、モッズとロッカーズはリゾート地のブライトン（Brighton）で喧嘩騒ぎの事件を起す。結果、彼もリーダーのエイス（役：Sting）と一緒に警察に捕まり、法廷で罰金刑に処される。この騒ぎは新聞紙上で大きく取り立てられ、ジミーの母親は彼の愚行を全て知ることになる。その結果、彼は家を追い出されてしまう。仕事も失う、ガールフレンドだと思っていたステフ（役：Leslie Ash）にも捨てられる、さらにモッズの仲間達とも喧嘩別れしてしまう、そしてついに事故を起こして命の様に大切にしていたスクーターをスクラップにしてしまう。

行き場を失ったジミーはモッズ・ギャングの憧れのリーダー、エイスに会ったブライトンへと一人で向かう。しかし、そこで彼の信じていたものが全て偽者だということを知ることになる。豪華ホテルの脇にエイスのきらびやかに飾られたスクーターが停めてある。自分の目の前でヒーロー、エイスがベル・ボーイとしてあくせく惨めに働いている。失望と怒りに燃えるジミーはエイスのスクーターを盗み出し、海岸沿いの崖を乗り回し、程なく、スクーターを海へと投げ落としてしまう。

◆映画の見所

この映画のテーマは 1961 年にアメリカで映画化された、『ウエスト・サイド・ストーリー』を思わせる若者の怒りである。両者を比較しながら鑑賞するとこの作品の魅力が倍増する。見所としては両方のギャングの 4 種の神器を鑑賞できることだ。モッズの4種の神器は、頭髪からジャケットまでのファッション、音楽、言語、スクーターである。特に、彼等にとってのスクーターは単なる移動の手段ではない。命と同様、また時にはそれ以上のものである。ジミーは、自分の命の様に大切にしていたスクーターを運転中転倒させて、郵便トラックと衝突してしまう。大いに取り乱したジミーは安全運転をしていた局員に数々の罵声を浴びせ、“You killed the scooter”とかすれ切った喉から搾り出すように言う。何でもない動詞killが自然に巧みに使われている。字数制限のある字幕では「グチャグチャじゃないか…スクーターが」となっている。破壊された物なら買い換えればよいのだが、「殺された命」はどうしようもない。このセリフはジミーの罵りが交じり合い簡単に聞き取れない、それも名演技と言えよう。絶望の崖っぷちに立たされたジミーは虚像のリーダー、エイスの命より大切なイタリア製スクーターランブレッタを白亜の断崖から抹殺してしまう。その時のジミーの目の表情を忘れることはできない。全速力では走るそのスクーターに乗っていたジミーはどうなったのか。それももう一つの見所である。それを知るには映画の始めのシーンを再度ご覧頂きたい。

◆テーマ関連記述

いつの世も若者は時には身勝手で、時には純粋過ぎる存在である。しかし、彼らは誰かに自分達の存在を認めてもらいたい。ジミーにしてみればその誰かは両親であり、会社の人間達である。しかし、誰も彼にとっての大切なものを認めてくれない。彼の愛用するリーバイスのジーンズは父親にとってはみっともないもの、彼の陶酔するザ・フーの音楽は粗野でくだらない騒音、熱心に手入れをするスクーターはガラクタでしかない。若者は怒りを爆発させることによって社会に受け入れられはしないが、彼等の存在に目を向けさすことができる。しかし、怒りにはやり場と矛先が必要である。それが、対立するギャングのロッカーズである。ロッカーズなしにはモッズも怒りを表現できることができないし、その逆も真なのだ。

モッズとロッカーズの間には異化現象が増幅される。モッズはごく普通のショート・ヘアーにテーラーメイドのスーツ、乗るものはスクーター、対するロッカーズはリーゼント・ヘアー、皮ジャン、オートバイである。この種の異化は当然といえば当然のことである。二つのグループが極端に異なることによって彼等は自分自身を確かめることができる。似通った者同士の怒りは兄弟喧嘩にしかならない。兄弟喧嘩のレベルでは若者の怒りは浄化されないのだ。彼らの怒りは若者同士で複数の異なるグループを構成することによって独自の表現形式を得て彼等なりの場所を生み出す。アメリカ映画『ウエスト・サイド・ストーリ』にも同じ現象が見られる。

この映画のDVDはDisk2がついていて、それも必見である。そこには映画作成の背景が語られていて、1960年代前半のイギリスを手短に紹介している。この時代に一部の労働者階級が中流階級へと成長した。それがジミーの家庭環境である。この時代に10代の若者は手に職を持ち自由にできるいくらかの金を得ることができた。日本人の我々には少々驚きだが、当時の平均的労働者の家庭にはバスルームどころか子ども部屋さえなかった（現に、この映画の中でジミーが当時の『銭湯』（パブリック・バスハウス）に出かけるシーンが登場する）。

自由に使える金と部屋、気ままな時間に移動を可能にさせるスクーターを得たことを謳歌するのがモッズであった。俄かに手中にした自由はさらに言語にも拍車をかけることになる。彼等若者は怒りを自在に表現できることばを生んで行く（服を新調する場面、スクーター事故の場面、その他の至る所で卑語が使われている）。しかし、この自由な表現は社会では認められていないのだ。実際に作品中彼等の表現があまりにも卑語に満ちているということから一時期放映禁止になっている。1960年代前半の若者はイギリス人の上流・中流のRPアクセント（Received Pronunciation）へのこだわりをものともせずに自らの怒りを発散させていたのだろう。

職、場所、金銭、移動を手中にすれば若者の怒りは収まるのだろうか。この映画を見ると疑いが深まるばかりである。視線を転じて、「怒り」の表現者としての「大人」はどうだろうかを考えてみると問題の深さが増すばかりである。ジミーの両親は誰に何処で怒りを表現できるのか。適当な人物と場所がない。もしあるならば、自らの家庭で息子のジミーだということになるのか。大人にはモッズもロッカーズもない。

1960年代前半のイギリスとは若者が怒りを表現して、その傍らで親たちが怒りを殺していた時代なのだろうか。

兼本　円（琉球大学）

【参考になる図書】

渡辺時夫 監訳 『英国を知る辞典』研究社　1994.

ジェイムズ・H.M. ウェブ、ウェブ康子 訳 『イギリスってどんな国』 実教出版　1995.

ピーター・クラーク、西沢保、市橋秀夫、椿建也、長谷川淳一他 訳 『イギリス現代史 1900—2000』 名古屋大学出版会　2004.

炭鉱不況と音楽

映　画　**『ブラス！』** ***Brassed Off***

監督・脚本：マーク・ハーマン（Mark Herman）

出演：ピート・ポスルスウェイト、ユアン・マクレガー、タラ・フィッツジェラルド

製作年（国）：1996年（英）／上映時間：108分

映　画　**『フル・モンティ』** ***The Full Monty***

監督：ピーター・カッタネオ（Peter Cattaneo）

脚本：サイモン・ビューフォイ

出演：ロバート・カーライル、トム・ウィルキンソン、マーク・アディ

製作年（国）：1997年（英）／上映時間：92分

◆映画関連記述

『ブラス！』は、イングランド北部ヨークシャー地方の炭鉱町グリムリー・コリアリーを舞台とした1994年の物語。この物語の背景には、サッチャー率いる保守党が政権を担当していた80～90年代がある。この時代、民営化や規制緩和を旗印とする新自由主義政策のもとで、140もの炭鉱が閉鎖に追い込まれ、延べ25万人の労働者が失業に喘いだ。詩人でもある監督マーク・ハーマンが脚本を自ら書き下ろしている。原題*Brassed Off*は「うんざり（いらいら）して」という意味であるが、金管楽器で構成されるブラスバンドの意味も掛け合わされている。グリムリーのモデルは南ヨークシャーのグライムソープ。炭鉱の閉鎖が決定した92年、同バンドは全英ブラスバンド選手権に出場し優勝。そこでの実話を元にしている。映画の中の演奏も実在のグライムソープ・コリアリー・バンド（Grimethorpe Colliery Band）が担当（このバンドは1999年、2000年と来日し演奏した）。

指揮者ダニー（役：Pete Postlethwaite））は炭鉱を退職し、今は音楽一筋の生活を送る。1881年結成のグリムリー・コリアリー・バンドは、2度の大戦、7回のスト、大恐慌を乗り越えてきたが、今や解散の危機に陥っている。ダニーは団員に檄を飛ばす。しかし彼らは皆、炭鉱の閉鎖問題で音楽どころではない。そこに祖父が炭鉱夫でバンドマンでもあったグロリア（役：Tara Fitzgerald）が現れる。若い鉱夫アンディ（役：Ewan McGregor）は14歳のとき、彼女と淡い未完結の恋の経験があった。グロリアは、実は炭鉱の生

『フル・モンティ』より

産性効率調査のため経営者側から送り込まれたのだが、炭鉱閉山が2年前から決まっていたことは知らされていなかった。フリューゲル・ホーン持参で練習場に現れ、難曲の「アランフェス協奏曲」を巧みに奏でた彼女の入部でバンドは再び活気づき、全英選手権優勝を狙うことになる。

決勝への切符を手に入れたものの、炭塵に肺を冒されていたダニーは倒れて入院。意識が回復したダニーの耳に、団員達が最後の演奏として選んだアイルランド民謡「ダニー・ボーイ」が聞こえてくる。ヘルメットに装備した鉱夫たちのヘッドランプが夜空を照らしている。この明かりは冒頭、暗闇の坑内から、仕事を終えた炭鉱夫が現れるときにも使われていた。アンディは賭けでテナー・ホルンを失ったため、口笛で参加。ダニーからの伝言は「テナー・ホルンが弱すぎるそうです」。

団員の中でも、四人の子持ちで借金を抱え、家は差し押さえに遭っているダニーの息子フィル（役：Stephen Tompkinson）の状況は、特に悲惨である。妻には子供を連れて家を出て行かれ、父親には仲間を代表してバンド解散を告げねばならず、また手当て付き解雇に応じたことで組合を裏切ったという自責の念にも駆られ、自殺を決行するまで精神的に追い詰められる。

バンドはロイヤル・アルバート・ホールで「ウィリアム・テル序曲」を演奏し、優勝を勝ち取る。病院を抜け出してきたダニーのスピーチは、彼が現役労働者の苦悩を分かち合うことなく、音楽一筋と思われていただけに意表をつくものである。彼は25万人の離職者を生んだサッチャー政権の産業政策を堂々と批判する。「この10年、政府は産業を破壊してきた。産業だけにとどまらず、共同体や家族生活を、発展の名を借りたまやかしの為に」（“Over the last ten years this bloody government systematically destroyed an entire industry, our industry, and not just our industry, our communities, our owns, our lives in the name of progress. . . .")。そして、「職だけでなく、生きる意志までも奪っていったら…」と続け、トロフィーの受け取りを拒否する。失業者数を告げるテロップが流れる中、団員達は、英国人が "God Save the Queen" に次ぐ第二の国歌と捉えている「威風堂々」(エルガー作曲)を演奏し、帰路につく。

ブラスバンド部は炭鉱夫の余暇活動として結成された経緯を持つが、この映画では「音楽」が共同体の解体を防ぐ重要なファクターとして働いている。「アランフェス協奏曲」「ダニー・ボーイ」「ウィリアム・テル序曲」といったポピュラーな曲が、炭鉱夫の心情を結び合わせるものとして選曲され、苦難な状況に対し「誇り」を持って団結し、生きる姿を訴えている。優勝しても団員たちは失業状態、ダニーは余命幾ばくもない、という悲惨な状況は変わらないのだが、新しい絆が芽生えることを予感させるラストシーンは観客の心を揺さぶらずにはおかない。

鉱夫たちの「誇り」といえば、19 世紀末ウェールズの炭鉱町で働くモーガン一家を描いた名匠ジョン・フォード監督の『わが谷は緑なりき』(*How Green Was My Valley*, 1941)を思い出す。ロディ・マクドウォール(『名犬ラッシー』に出演)扮する少年の回想を交えながら、誇りを持ち善意と誠実さを貫いて生きる人間たちの姿が、肯定的に、家族愛、師弟愛、労働者の連帯感を通して描かれている。時と共にボタ山に埋まっていった谷は、少年の回想の中では、いつも緑に輝き続けている。彼が父親を呼ぶ時のヨーデルのような澄んだ掛け声は谷の緑を、また、鉱夫たちの合唱は団結を象徴している。

『ブラス!』で寸鉄のウィットといえば、バンドの自家用バスの広告であろう。世界巡業の経験などないバンドにも拘らず「巡業先はニューヨーク、ロンドン、パリ、そしてグリムリー。でも主にグリムリー」と記されているところは笑いを誘う。

サッチャーの政策で生じた地域格差のため失業者が溢れることとなった鉄鋼の町の現実を、思いっきり笑い飛ばすことで、生きることへの前向きのエネルギーに変えている映画が『フル・モンティ』である。舞台はヨークシャーの南に位置する、かつては製鉄で栄えたシェフィールド。すでにチョーサーの『カンタベリー物語』(*The Canterbury Tales*, 1387 年執筆開始)で、「彼(粉屋)はシェフィールド製の大きなナイフを腰に携えていた」と言われているように、ここは中世以来冶金業が栄えた所である。製鉄所が閉鎖され、それぞれの問題を抱え孤立する失業中の男達が、養育費や生活費を稼ぐため一攫千金を夢見て、一夜限りの男性ストリップショーを演じるまでの奮闘が、コミカルに描かれている。70 年代のドナ・サマーのディスコ・ミュージックを効果的に用い、コミュニティが盛り上がっていく様子と重ね合わせている。
「フル・モンティ」の語源であるが、映画では「素っ裸」の意味で使われている。一説によると、第２次大戦で活躍したモンゴメリー将軍（通称モンティ）がいついかなる時でもフル・イングリッシュ・ブレックファストを食べたことからとか。また、紳士服店「モンタギュー・バートン」で三つ揃えのことを店員がこう呼んだことから、という説もある。

◆映画の見所

『ブラス！』：慰問先で子供たちに当たってしまったピエロ姿のウィルが、キリスト像に向かい、「あんたは俺達に何もしてくれないじゃないか。してくれる気があるのなら、どうしてジョン・レノンを殺したのか。若い鉱夫を３人も死なせたのか。なぜサッチャーだけが生きているのか」と叫ぶ。衰退産業に対する支援の停止や労働組合の影響力の排除を受け、資産所有の民主主義に預かれなかった労働者の現実を映し出している場面である。

『フル・モンティ』：ダンスの振り付けがみな揃わず、ジェラルドが苛々する場面がある。しかし「サッカーのオフサイド・トラップのようにやればいい」というヒントを得ると、労働者として体に染み付いた勘からか、ぴたりと一回でみなの動きが決まる様は爽快である。

◆テーマ関連記述

「小さな政府」と「市場メカニズムの追求」によるサッチャー改革がもたらした成果は、結果的には好景気をもたらすことになるが、その過程で生じる歪（ひずみ）の大きさを、石炭や鉄鋼に象徴される過去の産業に従事している労働者達の経済的、社会的危機の一端を通して見せてくれるのが、『ブラス！』や『フル・モンティ』である。失業率は、炭鉱業や造船業のような重工業が衰退した北東部が、農業が盛んな南東部に比べ高かった。この地域間格差は社会階級間格差と連動しており、たとえば、専門職・総合職に就いている者が多いロンドンと、非熟練労働者と半熟練労働者が多い北東部の収入の差となっても現れた。

第２次世界大戦直後に成立した労働党のアトリー内閣（1945-51）は、労働者の生活向上を唱え、失業保険の充実、社会保障制度の整備などに努め、「揺りかごから墓場まで」（from the cradle to the grave）という公共福祉の改善に力を入れた。その結果、1960 年代には世界有数の福祉国家となる。石炭や鉄道、通信などの基幹産業の約 20％は国営化され、また、労働組合の活動は保護され完全雇用も実現する。

しかし、こうした福祉政策の充実と基幹産業の国営化は、植民地独立による「大英帝国」没落と共に、国家財政を逼迫させ、経済の悪化をもたらす。優遇された労組の度重なるストライキにより社会が麻痺状態に陥った「不満の冬」（1978-79）は、国民に 18 年に亘って政権の座にいた労働党への不信を決定づけた。また、70 年代の産業不安と高い税率を逃れて、優秀な科学者や専門家がイギリスを離れる「頭脳流出」（brain drain）も深刻な問題であった。79 年 5 月の総選挙で 11 年続くサッチャー保守党政権が生まれ、米国のレーガン政権と共に「小さな政府」の時代を先導することとなる。

自分の名前に因んだ時代を持つ稀な政治家の一人がマーガレット・サッチャー（1925- ）である。1980 年代は「サッチャー時代」と言われ、保守党政権によって推し進められた経済政策は「サッチャリズム（Thatcherism）」と呼ばれる。サッチャー政権下では、いわゆる英国病の克服が急務であり、これまで国家が管理していた経済領域を市場と個人に委ねた。所得税のフラット化、国営企業の民営化や各種規制緩和が進められ、1980 年代後半には海外からの直接投資や証券投資が拡大する。一方で、産業革命を支えた鉄や石炭はもはや利益を生まない、切り捨てられる業種となる。製造業や工業部門の労働者が大量解雇され、深刻な失業問題が発生する。『ブラス！』で、会社側と闘い、停職処分に遭ったとフィルが言うときの「10 年前のスト」とは、炭鉱閉山問題を契機に炭鉱組合が、サッチャー政権と全面対決した 1984 年のストライキのことである。

サッチャリズムが称揚する自助努力の精神は、国家への依存心から、個人の独立心や気概を高める方へ、国民の意識をシフトさせる。サッチャリズムが進行中の 80 年代の映画に、スコットランドのエディンバラを舞台にした、ダニー・ボイル監督の『トレインスポッティング』（*Trainspotting,* 1996）がある。『ブラス！』のユアン・マクレガーが出演。サッチャーが、努力すれば報われると未来への投資を呼びかけたところで、何も選べる立場にない貧しい若者は、逆に拡大していたドラッグ市場に組み込まれ、ヘロインに溺れていく。労働者階級やスコットランド人といった意識で結びついていた共同体が、このような形で解体していく様子を、映画は描いている。

野上　良子（北九州市立大学　非常勤講師）

【参考になる図書】

曾村充利 編　法政大学比較経済研究所 『新自由主義は文学を変えたか――サッチャー以後のイギリス』 法政大学出版局　2008.

アンドリュー・ローゼン、川北稔 訳 『現代イギリス社会史 1950-2000』 岩波書店　2005.

ダイアナ

映　画　『クィーン』*The Queen*

監督：スティーヴン・フリアーズ（Stephen Frears）

脚本：ピーター・モーガン

出演：ヘレン・ミレン、マイケル・シーン

製作年（国）：2006年（英・仏・伊）／上映時間：104分

◆映画関連記述

この映画は、英米双方のアカデミー賞をはじめ、43映画賞77部門受賞という驚異的な評価を全世界で受けている。特に主演のヘレン・ミレン（Helen Mirren）は、アカデミー賞最優秀主演女優賞をはじめ、ゴールデングローブ賞主演女優賞、ヴェネチア国際映画祭女優賞など、数々の賞を総なめにした。

本映画は、女王エリザベス2世と、今世紀最年少の首相（映画のはじめではまだ「首相候補」）トニー・ブレアとのやり取りを軸にし、ダイアナ元王太子妃の突然の死直後からの1週間を描いたもので、「究極の“リアル・フィクションドラマ”」という謳い文句通り、時としてドキュメンタリーを見て

クィーン＜スペシャルエディション＞
発売・販売元：エイベックス・マーケティング
価格：3,990円（税込）
©2006 Granada Screen (2005) Ltd/Pathe Renn Productions SAS/BIM Distribuzione

いるような錯覚にさえ陥る。

1997年8月30日深夜、突如女王のもとにダイアナがパリで交通事故に遭ったという連絡が入る。すぐにパリへ王室機で飛ぶというチャールズ王太子に対し、「王室の浪費と非難される」と女王は使用を拒否する。ダイアナの死亡報告後早々に「ダイアナは国民のプリンセス」という声明を発表して国民の人気を得るブレア新首相とは対照的に、王太子と離婚して王室を離れたダイアナはもはや民間人で、葬儀も内輪で済ませ、宮殿に哀悼の意を表明すべく半旗を掲げる必要もないという女王。そうは言いつつも、祖母としてダイアナを母とする二人の王子を想うが故の苦悩、国民やマスコミからのバッシングに対する憤りと哀しみ――個人としての感情と、「務めが第一、自分は二の次 "Duty first, self second"」と自ら言うように、心の裡を見せない毅然とした女王としての立場との間での心の揺れを、主演のヘレン・ミレンが見事な表情、歩き方、姿勢の変化などで表現している。

これを引き立てるのが、本作で国際シネフィル協会賞助演男優賞など多くの賞を受賞した、マイケル・シーン（Michael Sheen）演じるブレア首相の存在だ。マニフェストで「過去300年で最大の憲法の近代化を行う」と豪語する改革派のブレアと、反君主制の態度を示すその妻が、女王の承認を得るために宮殿を訪れる最初のシーンから、伝統と格式を重んじる女王の姿が彼らと対照的に描かれる。しかし、女王と直接接するうちに、対照的な立場にいたブレアも彼女の心の葛藤を理解するようになっていく。

◆映画の見所

悩んだ挙句、女王はブレア首相の意見を聞き入れ、ロンドンから離れたスコットランドの大自然の中にあるバルモラル城からバッキンガム宮殿に戻って、声明を発表するシーンがある。その前に、彼女は宮殿の門の外に山積みになるほど国民がダイアナに捧げた花やカードをゆっくりと見て回る。門の外に集まった国民の間近に女王が行くのは大戦以来のことで、マスコミも国民も驚くが、国民の方を見る女王はなんとも言えない苦悩に満ちた表情を見せる。しかしその後、声明発表のためにカメラの前に立つ女王の何と毅然としたことか。その表情の違いは注目である。

また、女王に対して批判的な言葉を吐く側近に対して、ブレア首相は怒りをぶちまけてこう言う。「あの女性は全生涯を国民のために捧げたんだぞ。自分が望みもせず父親の命を奪った仕事を50年！一度たりとも威厳を失わず、立派にやり遂げた彼女を袋叩きにするのか？後ろ足で泥をかけた女性を弔う努力をしてるんだぞ。この数年間女王が尊いとする価値観をすべて1日24時間、1週7日間、四六時中崩した女性をね！」（"That woman has given her whole life in service to her people. Fifty years doing a job SHE never wanted! A job she watched kill her father. She's executed it with honor, dignity, and, as far as I can tell, without a single blemish, and now we're all baying for her blood! All because she's struggling to lead the world in mourning for someone who. . . who threw everything she offered back in her face. And who, for the last few years, seemed committed 24/7 to destroying everything she holds most dear!")彼のこの怒りの言葉こそ、個人としての自己と国のために生きるという定めの間で葛藤する女王の心の内を代弁したものと言えよう。

◆テーマ関連記述

映画 *The Queen* の中では写真かシルエットでしか登場しないものの、いかに国民に愛されていたか、いかに王室で孤立していたかを、本人不在の映画の中でさえ想像するに難くない存在、それがダイアナだ。

ダイアナは、第 8 代スペンサー伯の三女として 1961 年 7 月 1 日に生まれた。16 歳でスイスのフィニッシングスクールに入り、帰国後の 1978 年、バッキンガム宮殿で開かれたチャールズ王太子の誕生日パーティーで初めて王太子と会う。そして、保育士として働いていた 1980 年に王太子と再会し、交際をするようになる。その時にはカミラ・パーカー・ボウルズという恋人が王太子にはいたのだが、翌年 1981 年 7 月 29 日、ダイアナとチャールズはロンドンのセントポール大聖堂で結婚する。ダイアナ 20 歳、チャールズ 32 歳の時であった。本国はもちろんのこと、海外でもダイアナ人気は絶大で、世界各国で熱烈な歓迎を受け、常にマスコミに注目されていた。1982 年にウィリアム、1984 年にヘンリーと、2 人の王子を授かるが、チャールズとカミラとの関係は依然として続き、ダイアナの過食症に拍車がかかることとなる。またダイアナの方も、夫以外の男性と関係を持つようになり、1980 年代の終わりごろまでには、夫婦が揃って公的な場に出ることは次第に少なくなった。

映画『ある公爵夫人の生涯』(*Georgiana: Duchess of Devonshire* 主演:キーラ・ナイトレイ)は、初代スペンサー伯の娘、つまりダイアナの祖先で、デヴォンシャー公爵に嫁いだジョージアナ(1757-1806)に焦点を当てた作品であるが、夫婦各々が愛人を持つというジョージアナとその夫との関係を、上述のようなダイアナとチャールズ王太子の関係にだぶらせる見方もある。

美しく幸せな王太子妃という面目を保ちつつ、ダイアナはチャリティ活動に力を入れるようになる。それは、精神的に追い詰められた彼女が、救いのない人たちに共感したから、あるいはチャールズをはじめとする王家やカミ

1981年	ダイアナとチャールズ王太子と婚約（公式発表は2月24日）
	結婚（7月29日）
1982年	長男ウィリアム誕生
	フォークランド紛争
1984年	次男ヘンリー誕生
1989年	ダイアナ、エイズセンター（Landmark Aids Centre）をロンドンに設立
	ベルリンの壁崩壊
1990年	初の女性首相であったサッチャーが辞任し、ジョン・メイジャー就任
1991年	ダイアナ、パキスタン公式訪問（初の単独周遊旅行）
1992年	チャールズ王太子と別居
1993年	ダイアナ、公式行事から退くことを発表
1996年	チャールズ王太子との離婚成立
1997年	トニー・ブレア、首相就任（5月2日）
	ダイアナ、マザー・テレサとニューヨークで会う（6月18日）
	ダイアナ死去（8月31日）
	対人地雷全面禁止条約起草会議開催（9月1日）
	マザー・テレサ死去（9月5日）
	ダイアナが支援していた地雷禁止国際キャンペーン（International Campaign to Ban Landmines）がノーベル平和賞受賞

世界の動きとダイアナの活動

ラに対抗するという意識があったからかもしれない。当時はまだ感染する病気と過度に誤解されていたハンセン氏病やエイズに苦しむ人たちと積極的に接し、こういった病気に対する世界中の無知と偏見をなくそうとする活動に貢献し、患者の庇護者となった。また、地雷撲滅のために尽力したことでも知られる。1992年にカルカッタにあるマザー・テレサのホームを訪問したことも、彼女の人生観を変えたとも言われる。

1996年2月28日、チャールズとの離婚が発表されたが、ダイアナは「プリンセス・オブ・ウェールズ（Princess of Wales）という称号を維持することは認められた。離婚に至るまでの間に夫婦の不仲の報道が過熱し、ダイアナとその恋人、チャールズとカミラ、双方の電話での会話の盗聴テープや、双方の関係を暴いた暴露本が世間に出回り、一時期は理想のカップルと言われたロイヤルカップルのスキャンダルとして世間を騒がせた。『ダイアナ妃の真実』の著者、アンドリュー・モートンが、いかにしてダイアナが自ら語ったカセットテープを入手し、極秘での執筆、出版にこぎつけたかを描いた映画、『ダイアナ妃の小説家』（*The Biographer*, 2002. 主演：ポール・マッギャン（Paul McGann））も、当時の様子を知る手がかりとなるだろう。

離婚後間もない1997年8月31日、フランスのパリで、イギリス王室御用達デパート、ハロッズなどを所有しているエジプトの大富豪の息子で、当時の恋人と言われるドディ・アルファイドと、パリのリッツ・ホテルを出て車に同乗していた時、パパラッチの追跡を逃れようとして事故を起こし、ダイアナは36歳という短い生涯を終えた。葬儀は国葬に準じた形で大々的に行われ、各国の首脳はもちろんのこと、芸能界、ファッション界などとも故人が深く交流していたため、各界から著名人が参列した。葬儀に際して、友人であったエルトン・ジョンが マリリン・モンローに捧げた歌をダイアナのために書き換えた "Candle in the Wind 1997" という追悼の曲を演奏し、その曲が世界中で流された。国民の圧倒的な人気を得ていたダイアナは、死後も「イングランドのバラ」と呼ばれ、慕われている。

一方、ダイアナの死後、チャールズは2005年にカミラと再婚した。カミラはプリンセス・オブ・ウェールズの称号を使うことを辞退し、コーンウォール公爵夫人の称号を使用している。

秋好　礼子（福岡大学）

【参考になる図書】

ケン・ウォーフ、藤野邦夫 訳 『DAIANA　王室警護官が見た「英国のバラ」の秘密』 実業之日本社　2003.

トレバーリース・ジョーンズ、高月園子 訳 『そして薔薇は散った――ダイアナ妃事故3年目の真実』 ショパン　2000.

ポール・バレル 『ダイアナ妃　遺された秘密』 ワニブックス　2003.

8 二十世紀

第 9 章
その他

（アイルランドの歴史）

1801 年　アイルランド併合、グレート・ブリテンおよびアイルランド連合王国成立
1845 年　ジャガイモ飢饉始まる、アイルランドからアメリカへの移住増加
1916 年　アイルランド共和国独立を宣言し復活祭蜂起
1919 年　アイルランド義勇軍、IRA（アイルランド共和国軍）に改組、アイルランド独立戦争激化
1920 年　ダブリン北部のクロークパーク競技場で「血の日曜日」事件
1921 年　イギリス＝アイルランド条約
1922 年　マイケル・コリンズ暗殺される、英連邦内の自治国としてアイルランド自由国成立
1937 年　新憲法の制定、国名をエール（Eire）に変更
1949 年　英連邦から離脱、アイルランド共和国成立
1955 年　国際連合に加盟
1970 年　IRA 分裂（オフィシャル派と暫定派）
1972 年　北アイルランドのデリー／ロンドンデリーで「血の日曜日」事件、イギリス、北アイルランドの直接統治開始
1973 年　ヨーロッパ経済共同体（EEC）に加盟
1998 年　ベルファスト合意成立、和平合意に調印
2007 年　アイルランド自治政府の再開
2010 年　イギリス、警察・司法権を北アイルランドへ移譲

アイルランド問題

映　画 『マイケル・コリンズ』 *Michael Collins*

監督・脚本：ニール・ジョーダン（Neil Jordan）

出演：リーアム・ニーソン、ジュリア・ロバーツ、エイダン・クイン、アラン・リックマン、スティーヴン・レイ

製作年（国）：1996 年（アイルランド）／上映時間：133 分

◆映画関連記述

20 世紀初頭のアイルランドでは、イギリスの植民地という立場から祖国を解放しようとする機運が高まった。1916 年には、アイルランド義勇軍（Irish Volunteers、後に「アイルランド共和国軍（IRA）」へ改組）、及びアイルランド市民軍（Irish Citizen Army）が中心となり、アイルランド共和国の独立を宣言して武装蜂起―いわゆる復活祭蜂起（Easter Rising）―を決行した。しかし、イギリス側の圧倒的な軍事力の前に蜂起は短期間で瓦解する。映画『マイケル・コリンズ』は、デ・ヴァレラ（役：Alan Rickman。のちのアイルランド自由国首相、アイルランド共和国大統領）や、マイケル・コリンズ（役：Liam Neeson）を含む、多くの政治家や活動家達が武装蜂起に加わり、その直後に逮捕される様子を活写するところから始まっている。

復活祭蜂起を計画した指導者達はイギリス軍に次々と処刑されていくが、おそらく、デ・ヴァレラに関しては彼のアメリカ市民権が幸いして、コリンズに関しては、独立運動における彼の重要性をイギリス側が十分に認知していなかったために、二人とも処刑を免れて釈放される。その後、コリンズは、同志ハリー・ボーランド（役：Aidan Quinn）と共に、独立を目指して暗躍する。

デ・ヴァレラは、アイルランド独立を目指してアーサー・グリフィスが 1905 年に設立したシンフェイン党（Sinn Féin）の党首となり、独立運動を盛んに展開していたため、再び投獄される。一方、コリンズは、自ら組織した遊撃隊（flying columns）を率い、イギリス側の諜報部員ネッド・ブロイ（役：Stephen Rea. 史実ではダブリン市警察の刑事巡査）の協力を得て内部情報を集めながら、ゲリラ活動を続けていた。イギリス側の諜報グループ（いわゆる “Cairo Gang”）に関する情報を入手したコリンズは、IRA 内部に「十二使徒」（the Twelve Apostles）と呼ばれるゲリラ集団を組織し、1920 年 11 月 21 日の朝、Cairo Gang の 14 名を暗殺した。この報復に、イギリス治安警

察補助部隊ブラック・アンド・タンズ（Black and Tans）を中心とする部隊が、ゲーリック・フットボールの試合を開催していたダブリン北部のクロークパーク競技場（Croke Park）で発砲し、アイルランド側に多数の死傷者を出した。この日の一連の出来事は、のちに「血の日曜日」と呼ばれることになる。

映画では「血の日曜日」の後のシーンで（史実では、前年の 1919 年 2 月に）、コリンズとボーランドが、イギリスのリンカーンにある監獄からデ・ヴァレラを救出すると、デ・ヴァレラは、アイルランド国民議会（Dáil Éireann）で大統領に選出される。デ・ヴァレラは、アイルランド共和国の暫定政府をアメリカという大国に承認してもらうため、さらには国家運営のサポートを得るために渡米するのだが、はかばかしい成果を得られなかった。帰国後、すぐに反イギリスの軍事行動を起こすものの、これも速やかに鎮圧されてしまう。

その後、和平交渉を提案したイギリスに対し、デ・ヴァレラは、アイルランド全権使節をロンドンへ送り出す。シンフェイン党の創始者アーサー・グリフィスが全権使節の代表を務め、コリンズを伴って、イギリス側との交渉にあたった。

デ・ヴァレラ自身が全権使節の代表を務めなかった理由は幾つか考えられる。今やデ・ヴァレラには、一国の頂点に立つ者としてのプライドがあり、イギリス側代表団を率いたのが国王ジョージ 5 世ではなく、首相ロイド・ジョージであったため、正式な交渉を避けたのかもしれない。あるいは、和平交渉の内容が不満足なものに終わることを初めから知っていたことも考えられよう。映画では描かれないのだが、イギリス側が和平交渉を提案した直後、デ・ヴァレラはロンドンに赴いてロイド・ジョージに合い、予備交渉に臨んでいる。アイルランド共和国としての完全独立を主張するデ・ヴァレラに対して、イギリス側は条件付きの自治しか認めず、この予備交渉は決裂している。この時点で条約内容が確定していたという証拠はないが、正式な和平交渉が進展する大まかな方向性をデ・ヴァレラが把握しており、限定的な条約内容の責任を負う不名誉を回避した可能性はある。

いずれにせよ、アイルランド全権使節とイギリス側の代表との交渉の結果、イギリス＝アイルランド条約が調印され、アイルランド自由国（Irish Free State）の誕生へと道が開かれることになった。しかし、条約の内容はアイルランド全土の完全独立を保証するものではなかったため、アイルランドの活動家達が賛成派と反対派に別れて対立を深めていくこととなった。紛糾したアイルランド情勢の最中に、コリンズは思いも寄らぬ運命をたどることになり、映画はそこで終わる。

その後、デ・ヴァレラは、1926 年にアイルランド共和党（Fianna Fáil）を設立して初代党首となる。1932 年の選挙では第一党となり、アイルランド自由国（Irish Free State）の首相の座について政権を維持し続けた。1937年に新憲法が制定されると、国名をEireと改称して初代首相（Taoiseach）となる。1948年に政権の座を失うものの、Eireが1949年に英連邦から脱退して現在の国名であるアイルランド共和国（the Republic of Ireland）となったあと、1951年には再び首相となった。1951年から1954年まで、また1957年から1959年まで繰り返し首相を務めている。アイルランド共和国は、その政治形態として、政治の実権を握る首相と、儀礼的な役職である大統領が併存するが、デ・ヴァレラは1959年から1973年まで大統領職を務めた後、政界から引退している。

マイケル・コリンズ　特別版
DVD　￥2,100（税込）
ワーナー・ホーム・ビデオ

◆映画の見所

ニール・ジョーダン監督は、1922年1月、アイルランドが条約を巡る選挙を準備するさなか、イギリスによるアイルランド統治の拠点であるダブリン城がアイルランド側に引き渡されるシーンを劇的に描いていて、この映画の大きな見所になっている。式典に遅れてやってきたマイケル・コリンズは、アイルランド総督に「君は7分の遅刻だ」（“You're seven minutes late, Mr. Collins.”）と咎められると、「あなた達は我々を700年も待たせたんだ。7分くらい待てるだろう」（“You've kept us waiting 700 hundred years. You can have your seven minutes.”）と言い返す。

1916年のちょうど700年前である1216年は、イングランドにおけるジョン王の治世の最終年にあたる。ジョン王は、父ヘンリー2世から1185年に、アイルランド統治者の称号であるアイルランド太守（Lord of Ireland）の位を授けられていた。1216年の時点で、アイルランド全土をジョン王が実質支配していたわけではないが、名目上はイギリスの支配下にあったということになる。さらに遡れば、1155年にローマ教皇ハドリアヌス4世が、この称号をヘンリー2世に与えており、ヘンリー2世は1171年にはアイルランドへ侵攻して、その後のアイルランド統治の端緒を開いていたという経緯がある。映画に描かれたマイケル・コリンズの台詞は、こうした長いイギリス支配によるアイルランド人の苦悩を、印象深いひとことで要約したものである。

◆テーマ関連記述

9、10 世紀に激化したアイルランドへのヴァイキング襲来のように、外部からの大規模な侵入を許した事例は、アイルランド史上繰り返し起こってきたが、アイルランドに対するイギリスの植民地支配ほど徹底したものはなかった。なかでも、アイルランドのカトリック信仰を圧迫する為に、ウィリアム 3 世（在位 1689-1702）の治世以降、継続的に実施されたカトリック刑罰諸法（Penal Laws）の下では、アイルランド人の大部分を占めるカトリック教徒は多くの厳しい制約を受けた。例えば、土地購入や長期に渡る借地契約が禁じられたために、18 世紀末までにはアイルランドの土地のほとんどがイングランドから入植したプロテスタントの人々の手に渡った。ジョージ 3 世が王位にあり、ウィリアム・ピットがイギリスの首相を務めていた 1800 年には、アイルランド併合法が可決し、翌年 1 月 1 日に施行された。その結果、アイルランドは完全にイギリス連合王国の一部となった。映画『マイケル・コリンズ』は、こうした植民地支配を払拭しようとするアイルランド国内の運動が、歴史上で最も先鋭化した時期を活写している。

映画中には詳しい交渉過程が描かれていないが、1921 年 12 月に、首相ロイド・ジョージが率いるイギリス代表団と、アーサー・グリフィスが率いるアイルランド共和国暫定政府使節団との間で、イギリス＝アイルランド条約（Anglo-Irish Treaty）が調印された。イギリス側の代表団には、のちのイギリス首相であり、当時の植民地相（Secretary of State for the Colonies）であるウィンストン・チャーチルが含まれていた。この条約は、アイルランドの北部 6 州（いわゆるアルスター地方）をイギリスに帰属させたまま、その他 26 州に自治を認めるものに過ぎなかったが、使節団に加わったマイケル・コリンズは、この条約を将来への布石、すなわち「自由を獲得するための自由」（“freedom to achieve freedom”）として受け入れた。しかし、アイルランド国内でこの条約に反対する人々は、この条約をイギリスからの完全独立を目指す運動への裏切りと受け止めた。アイルランド国民議会では、1922 年 1 月に、激しい議論の末にわずかな差（64 対 57）で賛成派が上回ったが、デ・ヴァレラは条約に反対して大統領職を辞し、アーサー・グリフィスが後任に選ばれ、マイケル・コリンズは財務大臣として議会にとどまった。

イギリス＝アイルランド条約を巡るアイルランド国内での分裂が、過酷な内戦の火種となった。イギリスへの抵抗活動を続けてきた IRA のメンバーの多くが条約反対派となり、賛成派との亀裂を深めた。マイケル・コリンズは融和のために奔走したが、1922 年 4 月に IRA の条約反対派がアイルランド最高法廷（the Four Courts）を占拠すると、ウィンストン・チャーチルが、不法占拠を速やかに終わらせるように圧力をかけるに至った。やむなくマイケル・コリンズは、かつての同志達が占拠する最高法廷を野戦砲で砲撃する作戦の指揮にあたり、条約を巡る対立は激しい内戦に突入した。武力で圧倒するコリンズ側が速やかに首都ダブリンを制圧した。内戦の早期終結を画策するコリンズは、条約反対派の拠点のひとつであり、彼自身の故郷でもあるアイルランド南西部の都市コークに向かうが、そこで条約反対派の凶弾に倒れて 31 歳の短くも華々しい生涯を閉じた。

1922 年 8 月にマイケル・コリンズが暗殺されたのち、憲法の成立を経た 1922 年 12 月に、アイルランド自由国が、イギリス連邦内の自治国として誕生した。アイルランド北部の 6 州は、その後も依然としてイギリス領のままであり、その他 26 州がイギリス連邦から離脱し、アイルランド共和国という一つの国家として完全に独立したのは、既に述べたように 1949 年のことである。

映画『マイケル・コリンズ』は、主人公のコリンズを始め、デ・ヴァレラやアーサー・グリフィスなど、大物政治家や名高い愛国者達に焦点をあてて、アイルランド史の重要な転換点を再評価した作品であるが、独立運動と内戦の苦難をアイルランドの民衆の視線から読み直した作品にケン・ローチ（Ken Loach）監督による 2006 年の映画『麦の穂をゆらす風』（*The Wind That Shakes the Barley*）がある。医者を目指していた青年デミアンが、愛国者の兄テディと共に激しい独立運動に身を転ずる物語だが、イギリス＝アイルランド条約を契機に、条約賛成派の兄と反対派のデミアンが別の道を辿っていく展開に内戦の深い悲哀が捉えられている。過激な独立運動家デミアンの出身地であるコークが重要な舞台となり、『マイケル・コリンズ』では詳しく描かれなかった条約反対派の一拠点の様子が、イギリスのブラック・アンド・タンズによる弾圧も含めて、無名の人々のレベルでまざまざと映し出されている。イギリス兵に捕まって投獄されたデミアンは、イエスの山上の垂訓にある「右の頬を打たれたら、もう一方の頬も差し出しなさい」という非暴力による抵抗の教えをもじり、「さらに 700 年の間、もう一方の頬を差し出せと言うのか？俺たちの国から出て行け」（“Turn the other cheek for another 700 years? Get out of my country.")と反論する。このセリフが、ダブリン城の受け渡しの際にマイケル・コリンズが口にしたとされる言葉と通底するものであることは、言うまでもないだろう。

『マイケル・コリンズ』や『麦の穂をゆらす風』の中では、北アイルランドを含めたアイルランド完全独立を目指す活動家達の、非常に過激な抵抗運動が描かれているが、こうした動きは内戦の時代以降も続いた。例えば、IRA の流れを組む戦闘的組織である IRA 暫定派（Provisional IRA）は、1970 年代以降、北アイルランドのイギリス支配に対抗して激しい武力闘争を続け、イギリス支配を正当とみなすプロテスタント系の活動家達との抗争を激化させていった。

そうした社会的状況を背景にして、1992年にはニール・ジョーダン監督による『クライング・ゲーム』(*The Crying Game*)が、1993年にはジム・シェリダン(Jim Sheridan)監督による『父の祈りを』(*In the Name of the Father*)が封切られている。『クライング・ゲーム』は、IRAのテロリストが、人質に取った北アイルランド駐留のイギリス軍兵士と、ロンドンに住む兵士の恋人とに対して、深い精神的な絆を結んでいく物語である。IRAの一人が言う「お前たちイギリス軍は、ここにいてはいけない」("You guys shouldn't be here.")というセリフには『麦の穂をゆらす風』の主人公に通じる深い反英感情が刻まれている。その一方で、IRAのメンバーである主人公が、イギリス軍兵士と友情を結び、兵士の恋人に献身的な態度を示しつつ、そうした行為が「自分の性分である」("It's in my nature.")とつぶやく場面には、対立する人間同士が和解する希望が描かれていると言えよう。『父の祈りを』は、イギリス軍関係者が集まるパブを1974年にIRA暫定派が爆破し、冤罪で逮捕・投獄されたアイルランド人父子の苦悩を、史実に基づいて映画化したものである。この映画で主人公は、裁判所の外に集まった民衆に向かい、「私は無実です。私は自分がやってもいないことへの罪で15年も牢獄で過ごしました」("I'm an innocent man. I spent 15 years in prison for something I didn't do.")と言う。ここには、アイルランドの完全独立を目指す過激な活動家達の行為が、無実の同胞達を犠牲にしていく悲惨な現実が捉えられている。

IRA暫定派は1994年に停戦を宣言したあと、イギリス側との交渉内容に不服を唱えて1995年に停戦を破棄したが、1997年に再び停戦を宣言した。翌年の1998年には、イギリスとアイルランドの間で包括的な和平合意、いわゆる「ベルファスト合意(Belfast Agreement)」が結ばれている。しかし、2009年3月には北アイルランド駐留のイギリス軍兵士2名がテロにより殺害され、IRAの分派である「真のIRA(Real IRA)」が関与を認める声明を発するなど、北アイルランド問題は予断を許さない状況が続いている。

坂内　太(早稲田大学)

【参考になる図書】

P. ベアレスフォード・エリス、堀越智、岩見寿子 訳 『アイルランド史―民族と階級』論創社　1991.

T.W. ムーディ、F.X. マーチン 編著　堀越智 監訳 『アイルランドの風土と歴史』論創社　1982.

Kiberd, Declan. *Inventing Ireland*. Vintage, 1996.

移民問題

映 画『ベッカムに恋して』 ***Bend it like Beckham***

監督：グリンダ・チャーダ（Gurinder Chadha）

脚本：グリンダ・チャーダ、グルジット・ビンドラ、ポール・マエダ・バージェス

出演：パーミンダ・ナーグラ、キーラ・ナイトレイ、
ジョナサン・リース・マイヤーズ

製作年（国）：2002年（英）／上映時間：112分

◆映画関連記述

この映画の邦題はいささか誤解を招く可能性がある。あのサッカーのスーパースター、デビッド・ベッカムに関する恋物語であるかのように思われるからだ。この誤解はオリジナル・タイトルとベッカム選手のシュートの切れ味を考慮するとすぐに解ける。「ベッカムの打つシュートの様にカーブさせる」が本来の意味である（作品の中でセリフとしても本来の意味で登場するが、ベッカムの恋物語としてこの作品を手に取るなかれ）。

イギリスはアメリカと同様多くの移民で構成される国家である。このイギリスで主人公ジェスミンダ（役：Parminder Nagra）は厳格なインドのシー

タイトル：『ベッカムに恋して』
発売・販売元：アルバトロス
税込価格：4,935円
©2002 Kintop Pictures/Bend it Films/Road movies/Roc Media

ク教徒の娘として育てられる。しかし、彼女の夢は両親の思いとは全く逆で、サッカーの選手になることだ。それも、あのベッカムのようにシャープで切れ味鋭いシュートを打てるプロの選手になることだ。そんな彼女とは反対に姉は両親の期待通りにインド人の男性と婚約して結婚まで秒読みの段階に来ている。ジェスミンダにも堅実な人生を、との両親の思いは増すばかりである。彼等にとって、特に母親にとってはサッカーの半ズボンとティーシャツ姿は半裸同然でしかない。ジェスミンダの腿には子どもの頃の火傷(やけど)も残っている。

ある日、ジェスミンダが公園でサッカーの練習をしているところに女子サッカー選手のジュール（役：Keira Knightley）が現れ彼女を自分のチームに誘う。女子チームのメンバーとなったジェスミンダはめきめきと頭角を現す。しかし、両親の反対、大学進学、チーム監督の青年ジョー（役：Jonathan Rhys Meyers）にキスしたとジュールに誤解され、ジェスミンダは決勝戦に出ることを諦める。あいにくその日は姉の結婚披露宴の日でもある。到底、試合に出場できるはずがない。しかし、これまで反対だった元クリケット選手の父親は披露宴の最中に、娘には自分みたいに後悔する人生を送って欲しくない、その思いを告げ、後半のゲームに出るよう激励して送り出した。姉の結婚披露宴の最中、浮かぬ顔をしているジェスに父は叱るかのように命令するのだ。“If this is the only way I'm going to see your smiling, then go now. But when you come, I want to see you happy on the video.” (姉の式で笑顔になれないなら――行け、だが戻ったら最高の笑みを…）。ジェスに決勝戦でプレイすることを許可するセリフの始めの部分だが、実際に愛すべき頑固親父が意味するのは「行って勝利して来い」である。ジェスは父の次のセリフが終わるのを待たずに彼に抱きつく。「人の話を最後まで聞け」とよく言われるが、この場合はその逆こそ真実味がありジェスの父親に対する気持ちが正直に伝わってくる気がする。

ジェスミンダは最後のＰＫゴールをベッカムさながらの切れの鋭い急角度に曲がるシュートで決めて、チームを優勝させる。その活躍が認められ、ジェスミンダはジュールと共にスポーツ奨学金を獲得してアメリカの大学へと旅立つ。彼女の夢はイギリスではなく、女子サッカーでは世界のトップにあるアメリカの地で実現することになる。

◆映画の見所

サッカーファンとしてこの映画を鑑賞することも、異文化理解の教材とし見ることも可能である。時間的にはジェスの葛藤を長く詳細に描いているが、その脇では彼女の両親、特に父親が娘以上に悩み苦しんでいる。彼は東アフリカ選手権で活躍したクリケット選手だったが、移民してきた英国では無視されクリケットを諦めた。娘がサッカーに夢中になる、幼馴染のインド人の男友達ではない白人男性に夢中になる。娘の情熱が自分の苦渋の過去とダブって見えた。同じ轍を踏ませない様に娘を教育してきたはずなのに、彼は自責の念に苛まれる。しかし、父親は娘には後悔する人生を送って欲しくない、誰の生き方でもない自分の人生を送って欲しい、その思いを決心に変えて娘を送り出した。日本人移民一世、二世、三世になぞらえてみるとこの父親の気持ちが窺える。「文化は変容を経てこそ成熟する」とは言わずもがなであるが、この重要な変容をもたらせたのは若者の力であったと捉えるのでは異文化の中で泣き笑いしてきた前の世代、この父親が度々見せた潤んだ眼差しの意味を見逃すことになる。

◆テーマ関連記述

日本で人気の高い球技とは何か。歴史の古い順で行くと、野球、バレーボール、バスケット・ボール、ラグビー、サッカーというところだろうか。このサッカーはイギリスではフット・ボールと呼ばれていて、その誕生の起源は中世イギリスとされている（起源をイギリスではなく、中国、ギリシャ、ローマ、ブラジル、アルゼンチン等とする諸説もある）。現在のイギリスサッカーはヨーロッパや南米に押され気味だが、その伝統故か国際ルールを定める「国際サッカー評議会」の評議委員の8人の内4人はイギリスの4協会（イングランド、スコットランド、ウェールズ、北アイルランド）から選ばれている。ちなみに今もなお「良識あるイギリス人」にとって、ビールとサッカーは人生にとって最も大事なことであるようだ。

このイギリス生まれの球技はスポーツ史上稀に見る伝播を見せている。おそらく、全世界でプレーされていると言っても過言ではなかろう（ジェスミンダの両親の国インドも国際サッカー連盟[FIFA]（フランス語 Fédération Internationale de Football Association の略）に加盟している）。FIFA主催のワールド・カップはオリンピックと同じく4年毎に開催されるが、自明のことながら、ワールド・カップはサッカーのみの競技大会である。その人気の高さは先に記した野球、バスケット・ボールの比ではない。もし、一般に言われる通り、音楽が世界の共通語であるのならば、サッカーもそれに準ずるものである。

「世界共通語」としてサッカーを観察すると興味深いことに気づく。1チームの構成メンバーが11人というのはラグビーの15人に次ぐ多さである（ラグビーも日本では人気の高いスポーツだが、サッカーの人気は世界的なものだ）。わが国においてさえ、チーム・ジャパンの歴代監督を見ると、ジーコ（ブラジル）、トルシエ（フランス）、オシム（サラエボ）と何れも英語圏の人ではない（英語と敢えて記したのは多くの日本人選手が学んでいるという意味である)。11 人はチーム・スピリットなしには機能しない。それを最高の状態に持っていくのが監督の重要な役割の一つである。彼等はことばという障壁を前に如何なる離れ業でチームをチームたらしめているのか。サッカー観戦はとかく選手の妙技を期待しがちだが、監督とプレイヤーが日々共有する世界共通語の存在を想像してみることもサッカーの醍醐味の一つである。現在のサッカーは異文化理解なくしてプレーできないし、観戦もできないところまで来ているのだ。

無論この映画を鑑賞するにも異文化理解が必要である。主人公はインド系イギリス人のジェスミンダという若い女性である。インドはアイルランドに次いでイギリスへの移民を最も多く出している国である。しかし、移民の多くは既に特別な技術・知識を持っていない限り、労働市場テストなるものをパスして初めて就労許可が下りる。ジェスミンダの父親は彼の技術・知識ゆえにイギリスの航空関連の職場で働くことが可能になった。しかし、彼等は母国の文化をあっさり捨てているのではない。それは彼等の服装、結婚の儀式、音楽、食べ物、人間関係、時折みせるイギリス主流社会への批判からも充分に窺える。

この映画はイギリス本国での上映一週間で 5 億円の興行収入を得ている。マイノリティーの苦渋を描いた作品とのみ解釈されたならば、これほどまでの成功は納めなかったであろう。今日イギリス社会が世界共通語としてのサッカーを広めていく中で、国民自らが多文化社会を受け入れる準備とその可能性に喝采を送ったのであろう。

ちなみにベッカムがゲスト出演している映画『ゴール！』(*Goal!* 三部作で構成され、それぞれの山場の試合は、イングランドのプレミア・リーグ、ヨーロッパ・チャンピオンズ・カップ、そしてワールドカップ）にはジダン、ロナウド、中田英寿も編集に加わっている。もはや、サッカーを語るには 1 つの文化圏の視点では語れない時が来ているのだ。観戦者もワールド・カップ南アフリカ大会を多文化の視点を持って楽しみたいものだ。

兼本　円（琉球大学）

【参考になる図書】

板倉厳一郎、スーザン・K・バートン、小田原教子 『映画でわかるイギリス文化入門』 松柏社　2008.
サッカー批評編集部 『ワールドサッカー歴史年表』 株式会社カンゼン　2008.
正井泰夫 監修 『今がわかる時代がわかる世界地図 2009 年版』 成美堂出版　2008.
村上由見子 『アジア系アメリカ人』 中央公論社　1997.
コリン・ジョイス、谷岡健彦 訳 『「ニッポン社会」入門』 NHK 出版　2006.

作家の伝記（同性愛）

映画　『オスカー・ワイルド』*Wilde*

監督：ブライアン・ギルバート（Brian Gilbert）
脚本：ジュリアン・ミッチェル
出演：スティーヴン·フライ、ジュード·ロウ、ジェニファー・エール
製作年（国）：1997年（英）／上映時間：117分

◆映画関連記述

イギリス19世紀末を代表する作家オスカー・ワイルド（1854-1900）は、その奇抜な服装と軽妙洒脱で機知に富んだ話術で一世を風靡した。一幕物の悲劇『サロメ』や長編小説『ドリアン・グレイの肖像』（1890）、あるいは童話集『幸福な王子』（1888）の作者として知る人も多いだろう。しかしながら、彼の名を有名にしたのは、ボジーこと貴族の美青年アルフレッド・ダグラス卿との同性愛の咎で有罪判決を受け、投獄されたことであろう。

映画では、ダグラス卿との恋愛を中心に、芸術家ワイルド（役：Stephen Fry）が貫いた思想とその人生の浮沈が描かれている。トレード・マークである長髪に毛皮のついた瀟洒なコートを羽織ったワイルドが、19世紀後半にイギリスで注目されていた「唯美主義」の思想をアメリカに広めるべく、荒野の鉱山で上半身裸の採掘者たちに向かって、美に関する講演を行う場面からこの映画は始まる。イギリスに戻ったワイルドは社交界で名の知れた作家としてもてはやされていた。また、控えめで優しいコンスタンス（役：Jennifer Ehle。オースティン・ブームの火付け役となったBBC製作『高慢と偏見』でコリン・ファース演ずるダーシーと渡り合ったエリザベスを演じた）を妻に迎え、幸せな家庭を築くなど、仕事でも私生活でも順風満帆であった。

だが、子供が生まれ平凡な家庭生活に浸っているコンスタンスとの間にできたわずかな溝にコンスタンスの甥のロバート・ロスが忍び込み、同性愛の道へワイルドを引き入れたことが彼の人生の分岐点となった。優しい夫、よき父でありながら、ワイルドは美少年たちとの快楽に溺れていく。そんな矢先、ワイルドは、運命の男ボジー（役：Jude Law）と出会う。侯爵の次男ボジーは自分の魅力を知り尽くし、自信に満ち、決して自らの行動に臆することがない。若さと才気と美貌と性的魅力、強烈な個性、そして階級制度の発達し

たイギリスでは最高の長所となりうる貴族としての矜持などすべてを兼ね備えた彼はまばゆいばかりの存在感でワイルドを圧倒した。

『ウィンダミア卿夫人の扇』や『真面目が肝心』など風習喜劇を大ヒットさせ、時代の寵児となったワイルドであったが、その原稿料は贅沢好きなボジーとのデート代やプレゼント代に消え、家に帰らない日が続くようになった。やがて大胆なボジーとの関係は世間に広まり、ボジーの父親クインズベリー侯爵に知られるところとなる。暴君として有名な侯爵はワイルドを公衆の面前で執拗に罵倒した。父親に恨みを抱き、復讐心に燃えるボジーの口車に乗ったワイルドは侯爵を名誉毀損で訴える。ところが、同性愛行為に及んだという証拠が次々に明るみに出て、逆にワイルドが起訴され、2年間の重労働刑を課される結果となった。品行方正に振舞い、何よりもリスペクタビリティ（"respectability" 世間体）を重んじる偽善的なヴィクトリア朝の人々に汚らわしいけだもののレッテルを貼られたワイルドは、忌み嫌われ、舞台公演も打ち切られ、社会から抹殺された。

頂点から奈落の底に突き落とされたワイルドはボジーに対する変わらぬ愛だけを支えに苦しい獄中生活に耐えていた。そんなワイルドにコンスタンスは、ボジーに二度と会わないという条件で一緒にやりなおそうと提案する。コンスタンスの愛に心を動かされたワイルドはボジーと別れる決意をする。しかし、出獄してみると、すべてが変わっていた。コンスタンスはロンドンの家で階段から落下した時に負った怪我の悪化が原因ですでに亡くなっており、子供たちに会うことも許されなかった。

映画のラストを飾るのは、再会のために待ち合わせ場所に現れたボジーがワイルドに向ける笑顔である。この場面でアナウンスされる「この世にはふたつの悲劇がある。ひとつはほしいものを得られない悲劇。もうひとつはそれを得てしまった悲劇」（"In this world there are only two tragedies. One is not getting what one wants, and the other is getting it."）というワイルドの戯曲『ウィンダミア卿夫人の扇』からの有名な台詞が示すように、咲き誇るバラのようなボジーを遠くから眩しそうにみつめる、おそれおののいたようなワイルドの表情には極上の快楽と辛酸を味わった男の哀しみがにじんでいる。ボジーの笑顔はまるで何事もなかったかのように相変わらずの若さと躍動と美に満ちていた。

◆映画の見所

映画の随所に散りばめられているワイルドの作品やワイルド裁判の記録からの引用が自己に忠実に生きようとするワイルドの人生哲学を物語っている。また、それぞれの人物に対する想いをワイルドの文章や作品が代弁している点も興味深い。たとえば獄中からワイルドがボジー宛てに書いた手紙にはボジーに対する想い、詩「レディング牢獄の唄」にはコンスタンスに対するワイルドの想いが表れている。そうした中でも特に見逃せないのは、映画の全篇を通していわば通奏低音として繰り返し触れられている童話「わがままな大男」である。この物語はワイルドが子供たちに読み聞かせる形で語られるが、主人公の大男の男の子への想いは、はからずも家庭を崩壊させてしまった大柄で心優しいワイルドの子供たちに対する心情とオーバーラップして静かな感動を呼ぶ。

また、ダグラス役のジュード・ロウをはじめ、ワイルドが引き込まれていく同性愛の世界を彩る美青年たちにも注目したい。映画『ロード・オブ・ザ・リング』(*The Lord of the Rings*)で脚光を浴びる前のオーランド・ブルームが、ワイルドが思わず道端で目をとめる美青年として登場していたりもする。なお主役のスティーブン・フライは、英国民に人気のある短篇小説家 P.G. Wodehouse の Jeeves シリーズの連続テレビドラマで見事に "valet"(貴族のぼんぼんの世話・後始末をする召使い・従者)の役を演じた。

<同性愛と時代>

同性愛は、生殖を性行為の重要な目的のひとつとするキリスト教的な観点から快楽追求の果ての罪深い行為とみなされ、イギリスでは 1533 年から 19 世紀にいたるまで極刑に処される犯罪であった。その一方で、家父長制の屋内、船内、軍隊、ローマ・カトリックの修道院など、上下関係の立場にある同性が寝食を共にする場では常習的に行われてもいた。この傾向は教育現場でもしばしば見られ、特に古代ギリシア研究が隆盛を極めた 19 世紀のオックスフォード大学が同性愛の温床であったことはよく知られている。同性愛を罪悪感なくして享受できた古代ギリシア世界が、堅苦しいヴィクトリア朝を生きる若者にとってある種の桃源郷とみなされたことは想像に難くない。プラトンの『饗宴』に表れているような精神的同性愛への志向も、知的好奇心に満ちた若者たちの間で高まりを見せた。ワイルドはボジーが在学中であったオックスフォード大学のモーダレン学寮の出身である。映画の中でワイルドがボジーに出身校と学寮を聞く場面があるが、ふたりがすぐに意気投合する背景には当時の大学が醸していた同性愛的空気が微妙に関係していることは注目に値する。こうした事態はケンブリッジ大学でも同様であったことが、E・M・フォスター原作の映画『モーリス』(*Maurice*, 1987. 英 . 監督:ジェームズ・アイヴォリー、出演:ヒュー・グラント、ジェームズ・ウィルビー)にもよく表れている。

このように同性愛的傾向が高まる文化の状況とは裏腹に、同性愛禁止法が 1855 年の修正案で強化された。ワイルドが同性愛の罪で投獄されたのが 1895 年であったことを考えると、皮肉である。ワイルドが生きたヴィクトリア朝社会は娼婦が非常に多かった。ロンドンの娼婦は 8 万人を数え、家の 60 軒に 1 軒が売春宿だったと言われる。家庭においてはよき夫、よき父であり、社会においては公明正大な紳士が、裏では金で買った女を欲望の赴くままに弄んでいたのである。こうした一面からも垣間見られるヴィクトリア朝のダブル・スタンダードや偽善性にワイルドは芸術を武器に挑戦していた。映画の中でワイルドの戯曲を観た後にダグラスが口にする「凡庸な大衆の胸元にあなたはナイフを突き刺して血が噴き出すのを見ている。お見事です」という言葉は、ワイルドの芸術の真髄を物語っていると言えるだろう。また、「自分の性癖に逆らって生きるのは一生自分を隠して虚偽に生きることになる。そんな生き方は耐えられない」、「自分自身を見出すことが人生」といったワイルドの台詞からも、実人生においても自分に正直であることを貫いたワイルドの姿勢が窺える。こうしたワイルドの生き方が世間体を重んじるヴィクトリア朝社会に生きる人々のそれと相容れなかったのは火を見るよりも明らかである。自分の心の赴くままに生きるワイルドに対する羨望と嫉妬、自分たちの生活が脅かされるかもしれないという不安、欲望を直視することへの恐れといった群衆心理がワイルドを文壇の寵児から性的変質者へと引きずりおろすのに一役買ったことは間違いない。

ワイルドがフランスの安宿で息を引き取ってから 105 年後の 2005 年に同性愛のカップルに一般の夫婦と同等、または同等に近い利益と保護を認めるパートナー法がイギリスで施行された。もしもワイルドが現代に生を享けていたら犯罪者にならずに済んだことを考えると、ワイルドが自らを形容した「私は自分の時代の芸術と文化の象徴的人物であった」(『獄中記』1905)という言葉は本人が語った時以上の重みを持ってわれわれの胸に響いてくるのである。

鈴木　ふさ子（青山学院大学）

【参考になる図書】

平井博 『オスカー・ワイルドの生涯』 松柏社　1960.
富士川義之 『幻想の風景庭園』 沖積舎　1986.
Ellmann, Richard. *Oscar Wilde*. Penguin, 1987.
Hyde, H. Montgomery. *The Trials of Oscar Wilde*. Dover, 1973.
Wilde, Oscar. *Complete Works of Oscar Wilde*. Collins, 1983.

作家の伝記 （ナショナル・トラスト）

映　画　**『ミス・ポター』　*Miss POTTER***

監督：クリス・ヌーナン（Chris Noonan）

脚本：リチャード・モルトビー , Jr.

出演：レニー・ゼルウィガー、ユアン・マクレガー、エミリー・ワトソン、
　バーバラ・フリン、ビル・パターソン、ロイド・オーウェン

製作年（国）：2006 年（米）／上映時間：93 分

◆映画関連記述

ピーターラビットの生みの親であるビアトリクス・ポター（Beatrix Potter, 1866-1943）（役：Renée Zellweger）がロンドンの厳格な上層中産階級(アッパー・ミドル・クラス)の家庭に生まれたのはヴィクトリア朝時代（1837-1901）のことだった。当時、上層中産階級(アッパー・ミドル・クラス)以上の家庭では子どもたちの養育は乳母に任せきりで、子どもたちは一日の大半を子ども部屋(ナーサリー)で過ごしていた。遊び相手は弟のバートラムだけという少女の孤独を癒してくれたのは、ウサギやハツカネズミにトカゲといったペットの存在だった。夏になると一家の生活はロンドンを離れて避暑地に移り、1882 年以降は湖水地方で過ごすのが慣例となった。やがてバートラムが寄宿学校へ進むと、ビアトリクスは家庭教師(ガヴァネス)のもとで絵や勉強を教わり、サウス・ケンジントン博物館や自然史博物館に足しげく通い動植物の標本や化石などのスケッチを熱心におこなうように

ミス・ポター　【初回限定生産　特製パッケージ】
発売中　価格　￥4,935（税込）
発売元：角川映画
販売元：角川エンタテインメント

なる。精緻なキノコの水彩画を描き、キュー王立植物園へ通い顕微鏡を使って「ハラタケ属の胞子の発芽について」と題する論文を書き上げたこともあった。1893年、休暇先にいたビアトリクスは少女時代に慕っていた家庭教師アニー・ムーアの息子ノエルの病気見舞いに、ウサギのピーターを主人公とした絵手紙を送った。自分で書いたその絵手紙をあらためてノエルから借りて1901年のクリスマスに私家版の小さな白黒の絵本を完成させた。翌年には物語を短くして、絵に色をつけることを条件にフレデリック・ウォーン社がその出版を引き受けた。本の装丁から、絵の色合い、さらには文章に至るまで推敲を重ね、子どもでも手の届く1シリングの小さな絵本『ピーターラビットのお話』（*The Tale of Peter Rabbit*）が完成した。科学的観察眼に基づいた動物たちのユニークな姿と、無駄をそぎ落とした文章が作品全体に独自の世界観を与えた。やがてビアトリクスは絵本を成功に導いたフレデリック・ウォーン社の末息子、ノーマン・ウォーン（役：Ewan McGregor）から結婚の申し込みを受けた。しかし商売人との結婚を快く思わない両親の反対に直面する。秘密裏に婚約を進めたものの、ノーマンは白血病で突然この世を去ってしまう。

ビアトリクスは悲しみを乗り越え、絵本の印税で購入した湖水地方のヒル・トップ農場での創作活動に専念するようになる。とらわれの未婚娘としての生活に見切りをつけて両親から自立した瞬間だった。1913年には土地の購入に力を貸してくれた村の弁護士ウィリアム・ヒーリス（役：Lloyd Owen）と結婚し、自力で手に入れた湖水地方の土地と農場の維持と管理に励み、牧羊業ではハードウィック種の血統保護に力を注いだ。美しい湖水地方の自然を次世代へと残すために環境保護にも熱心に取り組み、ナショナル・トラストの活動に多大な貢献を果たすことになった。

◆映画の見所

ビアトリクスが生まれたヴィクトリア朝時代は女性の社会的な地位がまだ確立されていない。当時の女性は親の選んだ家柄の良い相手と結婚し「家庭の天使」（the Angel in the House）として従順な妻の役割をまっとうすべきと考えられていた。ポター家はランカシャーの紡績事業で財を成した一族で、父ルパート（役：Bill Paterson）は法廷弁護士とはいえ一生を趣味と社交で費やせるほどの資産家だった。両親はともに国教会に異を唱えるユニテリアン派のキリスト教徒で、特に母ヘレン（役：Barbara Flynn）は躾に厳しい女性だった。ポター家のルーツが商家であったにも関わらず、家柄も不十分な商売人のノーマン・ウォーンとビアトリクスは身分違いだと、家柄に固執するポター夫妻は結婚を認めようとはしなかった。「商売人を連れて来ないでほしいものだわ。ほこりを持ち込むから」（“I wish you wouldn't invite tradespeople into the house, they carry dust.”）と言う母ヘレンに対して、ビアトリクスはこう反論した。「ポター家だからって何様だというの？お父様の財産だってもとをたどればランカシャーのお祖父様の捺染業じゃない。商売なのよ、お母様。いつからうちはそんなにお高くて尊大になったの？成り上がって、上流階級に仲間入りしたまでなのよ」（“And what are we? Father's money comes from grandfather's printing works in Lancashire. A trade, mother. When did we become high and mighty? We are parvenus, mother, social climbers.”）当時、未婚女性は親元で両親の面倒をみながら暮らすべきであるという考えも浸透していた。湖水地方で創作活動にいそしみ、やがては辣腕女地主として自立したビアトリクス。生涯二度目のプロポーズをウィリアム・ヒーリスから受けたのは 47 歳の時だった。この時でさえも両親は娘の結婚話にふたたび反対をしたのだという。

ビアトリクス役を好演したのはアメリカ、テキサス州出身の女優レニー・ゼルウィガー。完璧なイギリス英語を話したばかりではなく、アニメーターから筆使いの手ほどきも受けている。『ブリジット・ジョーンズの日記』（2001）では英米アカデミー賞、ゴールデン・グローブ賞で主演女優賞にノミネートされた。ミュージカル映画『シカゴ』（2002）でも、英米アカデミー賞にノミネートされて、ゴールデン・グローブ賞（ミュージカル／コメディ部門）と全米俳優協会賞では主演女優賞に輝く。『ベイブ』（1995）を手掛けたクリス・ヌーナン監督はピーターラビットのアニメーション映像を差し挟みビアトリクスの繊細な心の動きを映し出した。

◆テーマ関連記述

ピーターラビットの物語の舞台となったイギリス湖水地方（the Lake District）の美しい景観が今もなお当時と変わらないままであり続けることができるのはイギリス最大の環境保護組織ナショナル・トラスト（The National Trust for Places of Historic Interest or Natural Beauty）の存在なくしては語ることはできない。ナショナル・トラストとは破壊が懸念されるイギリスの美しい自然、そして貴重な歴史的建造物などを市民からの寄付や寄贈によって取得し、その管理と保存につとめ広く公開しながら後世に伝えることを目的とした市民組織である。1895 年ナショナル・トラスト創設当時のイギリスは、産業革命により「世界の工場」と呼ばれるまでの経済発展を遂げた一方で、人口の過密化や工業化による汚染が進み都市に暮らす人びとは劣悪な状況に置かれていた。カントリーサイドにいたっては、鉄道敷設も含めた乱開発から自然豊かな土地を守り取得し残してゆくことが課題となっていた。そこで「入会地保存協会」（現在のオープン・スペース協会）が中心となったオープン・スペース運動が巻き起こる。ナショナル・トラストは、三人の市民運動家たち、すなわちこの協会の弁護士のロバート・ハンター（Sir Robert Hunter, 1844-1913）、住宅改良家として有名な社会活動家のオクタヴィア・ヒル（Octavia Hill, 1838-1912）、そして湖水地方の環境保護論者で牧師のハードウィック・ローンズリィ（Canon Hardwicke Drummond Rawnsley, 1851-1920）の手によって 1895 年に誕生する。

ビアトリクスは絵本の印税で湖水地方のニア・ソーリー村のヒル・トップ農場を購入し、その後も次々と湖水地方の農場や土地を買い足してその維持と管理に努めた。それは自然を守るために、土地を買取り所有するナショナル・トラストの意向にビアトリクスが賛同していた何よりの証拠だ。1943 年、77 歳の生涯を終えたビアトリクスの遺言には、自分が生きた当時のままの自然を保存することを条件に、16 平方キロメートル以上の土地と 15 の農場をナショナル・トラストに寄付する旨が記されていた。その土地の総面積は遺産として送られたものとしては最大級だったという。現在のナショナル・トラストの保護資産（プロパティ）の保有する森林や農村などの面積は 2500 平方キロメートル。1965 年からは「ネプチューン計画」にのっとって、1120 キロメートルにわたる自然の状態の海岸線の保護と管理がおこなわれている。またカントリー・ハウスなどを含む歴史的建造物や庭園も保有されている。

今村　紅子（福岡女学院大学）

【参考になる図書】

小野まり 『英国ナショナル・トラスト紀行』 河出書房新社　2006.

木原啓吉 『ナショナル・トラスト』 三省堂　1992.

四元忠博 『ナショナル・トラストへの招待』 緑風出版　2007.

ジュディ・テイラー、吉田新一 訳 『ビアトリクス・ポター　描き、語り、田園をいつくしんだ人』 福音館書店　2001.

マーガレット・レイン、猪熊葉子 訳 『ビアトリクス・ポターの生涯　ピーターラビットを生んだ魔法の歳月』 福音館書店　1986.

リンダ・リア、黒川由美 訳 『ビアトリクス・ポター　ピーターラビットと大自然の愛』 ランダムハウス講談社　2007.

Lane, Margaret. *The Tale of Beatrix Potter.* Fontana, 1970.

作家の伝記（児童文学）

映　画　**『ネバーランド』** ***Finding Neverland***

監督：マーク・フォースター（Marc Forster）
脚本：デイヴィッド・マギー
出演：ジョニー・デップ、ケイト・ウィンスレット、ダスティン・ホフマン、
　ラダ・ミッチェル、ジュリー・クリスティ
製作年（国）：2004 年（米・英）／上映時間：100 分

◆原作情報

原作戯曲名：『ピーター・パンだった男』（*The Man Who was Peter Pan*）
著者名：アラン・ニー（Allan Knee ）

◆映画関連記述

J. M. バリ（James Matthew Barrie, 1860-1937）（役：Johnny Depp）の戯曲『ピーター・パン』（*Peter Pan, or The Boy Who Would Not Grow Up*）がロンドンのデューク・オブ・ヨーク劇場で無事に初演を迎えたのは 1904 年 12 月 27 日のことだった。アメリカ人の興業主チャールズ・フローマン（役：Dustin Hoffman）の出資で、女優のニーナ・ブシコー（役：Kelly MacDonald）が少年ピーター・パンの役で空中を舞う奇抜な演出の舞台は大成功をおさめロンドンの演劇界に大きな影響を及ぼした。手鏡で光を反射させてティンカー・ベルの登場を知らせる演出や「みなさん妖精を信じますか。信

発売元：株式会社ショウゲート
販売元：アミューズソフトエンタテインメント株式会社
税込価格：3990 円

じているとすぐに言って。信じるのなら手をたたいて！」（"Do you believe in fairies? Say quick that you believe. If you believe, clap your hands!"）というピーター・パンの呼びかけには子どもばかりでなく大人までもが歓喜した。

1903年、新作『リトル・メアリー』（*Little Mary*）の最悪の劇評に気落ちしたバリは、ロンドンのケンジントン公園へ愛犬ポーソスを連れて日課の散歩に出かける。そこで出会ったのがルウェリン・デイヴィス家の兄弟たち――ジョージにジャック、それにピーターとマイケル――だった。理想の少年像そのままの子どもたちに魅了されたバリは、ケンジントンにあるデイヴィス家に足しげく通うまでになる。少年たちの母親で母性愛あふれる美しいシルヴィア・ルウェリン・デイヴィス（役：Kate Winslet）は、『パンチ』の挿絵画家で作家のジョージ・デュ・モーリアとエマ・デュ・モーリア（役：Julie Christie）の娘だった。もともと舞台女優のバリの妻メアリー・アンセル（役：Radha Mitchell）はロンドンの上流社会に溶け込む足がかりとして、社交界の名士のデュ・モーリア夫人とデイヴィス一家を晩餐会へ招く。しかし、夫とシルヴィア親子の親密さを知るにつけ結婚生活への失望感をつのらせてゆくのだった。デイヴィス家の三男ピーターは父の死を通して夢や希望を失い、一日も早く大人になろうと必死に生きる繊細な少年だった。バリは空想の世界で遊ぶ楽しさや創作の喜びをピーターに教えるなかで、かけがえのない子ども時代を通して物語創作の着想を得るのだった。デイヴィス家の少年たちとともに、サセックスにある別荘でインディアンごっこや海賊ごっこに興じたバリのひと夏の記憶は『ブラック・レイク島少年漂流記』（*The Boy Castaways of Black Lake Island,* 1901）という私家版の本にまとめられ『ピーター・パン』の原型となる。やがて訪れた母シルヴィアの死に落胆するピーターの慰めとなったのは、ネバーランドというファンタジーの世界だった。シルヴィアが旅立ったのは「死ぬのってすごい冒険なんだろうな」（"To die will be an awfully big adventure."）というピーター・パンの台詞に象徴される物語に息づく永遠の国だった。

◆映画の見所

映画『ネバーランド』は、エドワード7世（在位1901-10）治世下の楽天的な雰囲気が漂うロンドンを背景に、『ピーター・パン』完成にまつわるJ.M.バリのエピソードがたどられている。もともとはアラン・ニーによる舞台劇『ピーター・パンだった男』をデイヴィッド・マギーが脚色して映画用に書き換えたものである。作品では『ピーター・パン』執筆当時のバリを取り巻く環境が正確に描かれているわけではなく、バリとルウェリン・デイヴィス家の少年たちやシルヴィアとの疑似家族のような交流に焦点が絞られる。少年たちとバリが出会った当初は健在だったシルヴィアの夫アーサーの姿はそこにはなく、当時赤ん坊だったピーターや、まだ生まれていないマイケルが時間軸を早めて少年の姿で登場するなどの工夫がなされている。早く大人になることで父の死を乗り越えようと必死に生きる繊細な少年として設定されるピーターの姿は、幼い頃に兄を亡くしたバリの少年時代に重ねられている。

戯曲版『ピーター・パン』では、ウェンディに父親役を任せられたピーターが「でも、本当はそうじゃないよね、ウェンディ？」（"But not really, Wendy?"）と作り物の家族について不安そうに質問する場面がある。ピーターは決して大人になりたがらないのだ。映画では、病気を隠して気丈な母親を演じ続けるシルヴィアが、バリと子どもたちとで作り上げた家庭が作り物だと知りながらも、その虚構の家族像にこだわり続ける思いが描かれている。「ふりをし続けるのはやめるんだ」（"You can't go on just pretending."）というバリに対して、シルヴィアはこう答えた。「長いこと私たちはあなたが我が家の一員のようなふりをしてきているの、そうでしょ。私たち親子にとってあなたはかけがえのない存在になっているの。だから、本当かどうかなんてどうでもいいわ。たとえ現実はそうじゃなくても、叶わないことだとしても、私は家族のふりをし続けなくちゃいけないの。最後まで、あなたといっしょに」（"We've pretended for some time now that you are a part of this family, haven't we? You've come to mean so much to us all. Now it doesn't matter if it's true. And even if it isn't true, even if that can never be, I need to go on pretending until the end with you."）

バリ役を演じたジョニー・デップは、本作でアカデミー主演男優賞にノミネートされた。マーク・フォースター監督はデップの少年性を高く評価している。デップがピーター役のフレディ・ハイモアと再び共演を果たすのは『チャーリーとチョコレート工場』(2005)。そしてティム・バートン監督の『スウィーニー・トッド　フリート街の悪魔の理髪師』（2007）ではゴールデングローブ賞（ミュージカル・コメディ部門）主演男優賞を受賞した。

◆テーマ関連記述

永遠の少年ピーター・パンの誕生の鍵は、バリ自身の人生を紐解いてみると、見えてくるのかもしれない。スコットランドのキリミューアの織工の息子として誕生したバリは幼い頃からお話好きな少年だった。バリの生活が一変したのは母親マーガレットのお気に入りの兄デイヴィッドが 13 歳でスケート事故により突然命を落としてからだった。長男の死で魂が抜けたような母親の姿を見たバリは、自分が兄とそっくりに振る舞ったり扮装することで母の愛をつなぎ止めようとする。いつまでも少年のままで決して成長することのないピーター・パンの原型がここにはあった。ルウェリン・ディヴィス家の少年たちは『ピーター・パン』のダーリング家のメンバーたちの造型のなかに投影され、バリの愛犬はダーリング家の乳母代わりの大型犬ナナになった。そして、ネバーランドで少年たちの母親役を演じる少女ウェンディの原型はバリの母親にあった。妖精の存在を信じる無垢な子どもたちをネバーランドへと誘(いざな)うために子ども部屋をそっとのぞき込むピーター・パンの姿は、バリ自身の姿をも映し出している。

バリの作品ではじめてピーター・パンが登場するのは『小さな白い鳥』(*The Little White Bird*, 1902) という小説で、そこには生後間もない赤ん坊のピーターがケンジントン公園で妖精といっしょに暮らす様子が描かれている。王室直轄のケンジントン公園のひと気ない夜の静寂と妖精の姿をバリは想像した。1906 年にはピーターの挿話にアーサー・ラッカム (Arthur Rackham, 1867-1939) の挿し絵をつけた『ケンジントン公園のピーター・パン』(*Peter Pan in Kensington Gardens*) が出版された。加筆修正を施した戯曲版『ピーター・パン』(1928) は初演後 24 年を経て出版された。1911 年には戯曲を子ども向けに小説化した『ピーター・パンとウェンディ』(*Peter Pan and Wendy*) が出た。1912 年にはまるで妖精が魔法の力で作り上げたかのように、ケンジントン公園にたった一晩でピーター・パン像が設置されたという。1929 年以降は『ピーター・パン』の印税と上演料のすべてがグレイト・オーモンド・ストリート小児病院へ寄付されることが約束された。

今村　紅子（福岡女学院大学）

【参考になる図書】

アンドリュー・バーキン、鈴木重敏 訳 『ロスト・ボーイズ　J. M. バリとピーター・パン誕生の物語』 新書館　1991.

ピーター・ミルワード、小泉博一 訳 『童話の国イギリス』 中公新書　2001.

Barrie, J. M. *Peter Pan: Peter and Wendy* and *Peter Pan in Kensington Gardens*, Penguin Classics, 1998.

イギリス児童文学の流れ――その系譜と歴史

フランスの比較文学者ポール・アザール（Paul Hazard）は『本・子ども・大人』（*Les Livres, les Enfants et les Hommes,* 1932）という児童文学論のなかで、世界中どこをさがしてもイギリスほど見事に、子どもの本に不滅の国民性をきざみこんだ国はないと言った。19 世紀半ばから 20 世紀初頭にかけてのヴィクトリア朝時代（1837-1901）からエドワード朝時代（1901-10）までのイギリスは、児童文学の黄金期とも言われた。 近代ヨーロッパで「子ども」の概念が発見されるまで、子どもは単に大人になる前の未熟な存在としか考えられていなかった。だが、19 世紀に入り中産階級が台頭し始めると、子どもは輝かしい未来を担う可能性を秘めた、大人とは違う独立した存在であるという考えが生まれる。子どもは無垢で善良な存在であるというロマン派の詩人たちが賛美したイメージも継承されて、子ども時代がいかにかけがえのない時間であるかが問い直される。

18 世紀に子どもに与えられた本は、紳士淑女になるための道徳的教訓などを説くものが多かった。人間は生まれた時は白紙であり、教育によってまっとうな存在に作り上げなくてはならないという人間観に基づくものだ。しかし 19 世紀も半ばになると、チャールズ・キングズリー（Charles Kingsley）の『水の子』（*The Water-Babies,* 1863）やルイス・キャロル（Lewis Carroll）の『不思議の国のアリス』（*Alice's Adventures in Wonderland,* 1865）、そしてジョージ・マクドナルド（*George MacDonald*）の『北風のうしろの国』（*At the Back of the North Wind,* 1871）といったファンタジーと呼ばれる児童文学作品が出版された。現実の世界に住む子どもたちが、常識やアイデンティティの転覆が起きる不思議な世界を体験する物語で、教訓めいたお話はたちまちパロディ化されてナンセンスな物語に変貌するといった具合だ。これは二重規律（ダブル・スタンダード）がまかり通るヴィクトリア朝社会への密やかなる反逆精神の表れとも言える。不条理な世界観や常識の転覆というナンセンスの系譜は、躍動的なリズムにのって古くから口ずさまれてきた「マザー・グース」（Mother Goose）の伝統に息づくものである。

一方で、ヴィクトリア朝後期の大英帝国は広大な植民地をかかえナショナリズムに沸き立つ最盛期を迎えていた。異国への好奇心と恐怖心があいまって人びとを大いに刺激したジャンルに冒険小説がある。なかでも R. L. スティーブンソン（R.L. Stevenson）の『宝島』（*Treasure Island,* 1883）は未知の空間へと子どもたちを誘い（いざな）絶大な支持を得た。ラドヤード・キプリング（Rudyard Kipling）の『ジャングル・ブック』（*The Jungle Book,* 1894）では狼に育てられた少年モーグリのアイデンティティの危機は、そのままアングロ・インディアンとして育ったキプリング自身を映し出していた。

イギリス生まれのアメリカ人作家フランシス・H・バーネット（Frances H.

Burnett）は英国を舞台とした児童文学作品を生んだ。『小公子』（*Little Lord Fauntleroy,* 1886）の主人公セドリックが着た大きなレース襟のついたベルベットの子ども服は当時の流行となった。美しく純真無垢なセドリックの姿は大人たちの思い描く子ども像でもあった。当時、上層中産階級（アッパー・ミドル・クラス）以上の家庭に生まれた子どもたちは子ども部屋（ナーサリー）で乳母によって育てられるので、両親は子どものいたずらやわがままを目にする機会はあまりなかったのだ。庭園の再生を通して孤独を癒し成長する子どもの姿を描いたものが『秘密の花園』（*The Secret Garden,* 1911）である。庭園に流れる時間は独自の価値観を持つ子ども時代の象徴でもあった。

20 世紀になると、博物学的好奇心から丹念に動植物のスケッチをしたビアトリクス・ポター（Beatrix Potter）による『ピーターラビットのおはなし』（*The Tale of Peter Rabbit,* 1902）が出版された。その後もケネス・グレアム（Kenneth Grahame）の『たのしい川辺』（*The Wind in the Willows,* 1908）、A. A. ミルン（A.A. Milne）の『くまのプーさん』（*Winnie-the-Pooh,* 1926）といったように、牧歌的な世界を背景に擬人化された動物たちを主人公としながら巧みに人間社会を風刺する作品が生みだされる。

1904 年初演の『ピーター・パン』（*Peter Pan, or The Boy Who Would Not Grow Up,* 1928）は、冒険小説と妖精物語とがひとつになった J.M. バリ（J.M. Barrie）の戯曲である。人びとはピーター・パンを無垢の象徴として賛美し、子ども時代に強い郷愁を覚えた。

その後 1937 年になると 20 世紀最大のファンタジー『指輪物語』（*The Lord of the Rings*, 1954-55）へとつながる『ホビットの冒険』（*The Hobbit*）が出る。J.R.R. トールキン（J.R.R. Tolkien）が創造した架空の世界「中つ国」（Middle-earth）の誕生でもある。ヴィクトリア朝時代に続く児童文学の第二次黄金期である 1950 年代には、『ライオンと魔女』（*The Lion, the Witch and the Wardrobe,* 1950）にはじまる C.S. ルイス（C.S. Lewis）の『ナルニア国物語』（*The Chronicles of Narnia,* 1950-56）が出版された。ペベンシー家の子どもたちが国の危機を救う冒険譚であるばかりではなく、聖書のエピソードも織り込まれた壮大な叙事詩的ファンタジーである。ファンタジー作品の復活は大戦を経た文明社会への批判精神の表れでもあった。

今村　紅子（福岡女学院大学）

【参考になる図書】

神宮輝夫　『現代イギリスの児童文学』　理論社　1986.

三宅興子　『イギリス児童文学論』　翰林書房　1993.

ジャッキー・ヴォルシュレガー、安達まみ 訳　『不思議の国をつくる』　河出書房新社　1997.

シングル・ペアレント―人は孤島か

映画 『アバウト・ア・ボーイ』*About a Boy*

監督： ポール・ウェイツ（Paul Weitz）、クリス・ウェイツ（Chris Weitz）
脚本：ピーター・ヘッジス、クリス・ウェイツ、ポール・ウェイツ）
出演：ヒュー・グラント、トニ・コレット、ニコラス・ホルト、レイチェル・ワイズ
製作年（国）2002 年（米）／上映時間：100 分

◆原作情報

この作品はイギリスの小説家、ニック・ホーンビィ（Nick Hornby）のベストセラー『アバウト・ア・ボーイ』（1998）を映画化したものである。 1992 年の *Fever Pitch* はホーンビィ自身が Arsenal Football Club への財政的援助に関わったことを書き、それが高く評価され William Hill Sports Book of the Year Award を得ている。さらに、彼の小説第 1 作の *High Fidelity*（1995）はジョン・キューサック（John Cusack）主演で 2000 年に映画化されている。

◆映画関連記述

この映画の主人公は 2 人のボーイである。ウィル・フリーマン（役：Hugh Grant）は 38 歳独身男性で定職を持たないが、1958 年に発表された父親のクリスマス・ソング "Santa's Super Sleigh" が大ヒットして、その印税で裕福に暮らしている。女性と交際してもせいぜい 2 ヶ月と持たない、

アバウト・ア・ボーイ
発売元：ユニバーサル・ピクチャーズ・ジャパン
価格：1,500 円（税込）

実の姉からも深みのない「浅い」人間と評価されているハンサム・ボーイ。彼はそんな生き方に対して何の疑問も不満ももっていない。いわゆる、「ニート」生活を謳歌している。もう1人のボーイは離婚した母親と暮らしている12歳の男の子、マーカス（役：Nicholas Hoult）。色白で可愛らしいことで、また授業中に独り言の様に歌い出す奇行で「マドンナ」とあだ名で呼ばれ、「一曲歌ってくれ」とからかわれたりして、学校では苛（いじ）めにあっている。さらに、マーカスの母親（役：Toni Collette）はミュージック・セラピストなのだが、精神状態が不安定なため、ある日、自殺を試みる。そこで、マーカスは母親とウィルの2人をデートさせよう、そして結婚してもらいウィルに母を救ってもらおうと計画を立てる。

ウィルはマーカスの子どもとしての可愛らしさ、執拗さに接するうち徐々に惹かれていく。遂には、"Marcus. He was the only thing that meant something to me"（「マーカス。彼が僕にとって大切な唯一の人だ」）と気づくに至る。彼を通して家族というものの暖かさを「悪くない」と感ずるようになる。さらに、マーカスが母親を救おうとする健気な気持ちに大いに動かされる。ウィルにとってこの小さなボーイが大きな存在になり、彼を守ることが自分のなすべきことだと思うようになる。

ある日マーカスは母親が「あなたが歌ってくれたら、私は幸せだ」とのことばを思い出し、学内のロック・コンサート・タレントコンテストで歌おうと決心する。その歌は、ロバータ・フラック（Roberta Flack）が1973年ヒットさせた『優しく歌って』（*Killing Me Softly With His Songs*）である。母親と一緒に歌ったことのある大好きな歌であるが、12歳の子どもには似つかわしくない、「ダサイ」歌を皆の前で歌おうとする。それを知ったウィルはマーカスの母親を連れて阻止すべく車を会場へと飛ばす。マーカスの決心が固いため歌うのをやめさせる説得は成功しなかったために、結局ウィルはギターで彼の歌を伴奏して一緒に歌うことになる。観衆である生徒たちは当然のことながら激しい野次を飛ばすが、当の2人の間には暖かく強い絆が生まれる。マーカスが歌い終わっても自称クールなウィルは舞台に立ったまま、さらにギターを弾きながら歌い続けようとする。このようなウィルの心意気に、彼を「空っぽ」（blank）と評していた、マーカスと同学年の男の子がいるシングル・マザーのレイチェル（役：Rachael Weisz）は彼を見直す。そして、マーカスの母親も息子の優しさと逞しさに感動して「強く生きる」ことを意識するようになる。

この小事件があって、ウィルは遅まきながらボーイから1人の女性レイチェルを愛することのできるマン、マーカスもウィルに助言さえできるボーイへと成長する。

◆映画の見所

映画も終わりに近づく頃、ウィルの悟りのようなナレーションが聞こえてくる。"Everyman is an island. I stand by that. But, clearly, some men are part of the island chains. Below the surface of the ocean, they are actually connected."（人間は皆"島"。僕の信条だ。しかし、"島"が鎖状に繋がっている場合もある。海面下では一つの大地）。これはイギリスの詩人で、ロンドンのセント・ポール大聖堂の首任司祭であったジョン・ダン（John Donne）の『重病の床での祈祷』（*Devotions Upon Emergent Occasions,* 1624）からの一節、"No man is an island"にかけた台詞である。この邦訳は「誰も孤島ではない」の様に記されているが、趣旨は「人は誰でも誰かと関係して生きている」ということである。

ウィルはその姓名から推し量れるように、自由人（"Freeman"）で、気ままな意思（"Will"）通りの人生を送ってきた（作中人物の名前が性格を現す場合は charactonym と呼ばれ、小説でよく見られる手法である）。そんな独身男の彼がマーカスという少年に出会うことでボーイからマンになる過程がこの作品の見所といえる。

◆テーマ関連記述

人が「一人前になる」ということはどういうことだろうか。それには諸説あるが、ここではアイデンティティに焦点を絞る。先ず、アイデンティティを築くには人と関わらなければならない、「島」（island）では不可能である。勿論、ほんの一握りの人と関わり、自分の社会を極度に狭めることでもアイデンテイィは築ける。しかし、この際のアイデンティティは脆弱なものになる。アイデンティティそのものを支える重要な要素として「社会的アイデンティティ」なるものがあるからだ。社会的アイデンティティとは社会が個人をどう見ているかということを当の本人が意識できるかにかかっている。映画の中のウィルにはウィルの様な人物が一切登場しない。ウィルは社会が彼をどう見なしているかに気づかない。彼を取り巻く社会というものが極めて希薄なのだ。

アイデンティティの構成要素としてもう一つ、個人的アイデンティティなるものがある。それは個人を取り巻く者達が本人をどう見ているか、それを本人が意識できるかどうかにかかわってくる。ここでもウィルの人間関係は希薄である。姉夫婦を除いて誰もいない。

最後にアイデンティティの構成要素としてエゴ・アイデンティティがある。これは自分自身が既述の２つの要素の動的な関係の中で創造するものであり、我が身を振り返り築いて行くものである。ウィルは一人の女性と２ヶ月と持たない交際を何度も繰り返し、そこで我が身を振り返ることはなく、常に彼女達を分析している。

しかし、子ども、ボーイの存在はウィルにとってアイデンティティ形成に何を意味するのか。ウィルはシングル・マザーとデートするために、マーカスを自分の子どもであると嘘をつく。シングル・ペアレントの会（SPAT=Single Parents Alone Together）で彼は二歳の男の子 Ned を持つ良き父親を演ずる。その過程で自分がどの様に見られているかを知ることになる。社会的アイデンティティを意識することになる。マーカスが自分の家に頻繁に来るようになり、彼が自分をどう見なしているか意識するようになる。個人的アイデンティティに目覚めるようになるのだ。

エゴ・アイデンティティはどうか。「映画の見所」にも記したが、ウィルは自分にとって今一番大切なことはマーカスを大切にすることだと気づく。マーカスが学友からどう思われるかは自分にとっても大切なことである。マーカスの伴奏者として一緒に立って歌っている間にミカンを投げつけられるが、自分が果たすべきことは、孤立した勇気ある少年マーカスとその場に最後までいてやることだと決心する。ウィルのエゴ・アイデンティティが生まれる瞬間がこのステージ上である。

ロマン派の詩人 Wordsworth の詩（「虹」“The Rainbow”）の一節、「子供は大人の父親だ」（The Child is father of the Man）をさえ思い出させる。

兼本　円（琉球大学）

【参考になる文献】

山内久明 編『対訳　ワーズ・ワース詩集』 岩波文庫　1998.

長田攻一 『対人コミュニケーションの社会学』 学文社　2008.

湯浅信之 訳 『ジョン・ダン全詩集』名古屋大学出版会　1996.

Hornby, Nick. *About a Boy.* Penguin Books, 2000.

http://en.wikipedia.org/wiki/Charactonym

INDEX ／映画名（邦題）

INDEX

マ

ヤ

ラ

ワ

INDEX ／映画名（原題）

編　著　者

吉田徹夫（よしだ てつお）

1940年生まれ．1964年九州大学大学院修士課程修了．福岡女子大学名誉教授．主要著著『ジョウゼフ・コンラッドの世界―翼の折れた鳥』（開文社出版）、『ウィリアム・ゴールディングの視線―その作品世界』（共著　開文社出版）、『映画で楽しむイギリス文学』（共編著　金星堂）．

村里好俊（むらさと よしとし）

1952年生まれ．1978年九州大学大学院博士課程中退．熊本県立大学名誉教授．文学博士（大阪大学）．主要著書『詩人の詩人スペンサー』（共著　九州大学出版）、『一七世紀英文学と世界』（共著　金星堂）、『映画で楽しむイギリス文学』（共編著　金星堂）、『新訳　シェイクスピア詩集』（共訳　大阪教育図書）．

高瀬文広（たかせ ふみひろ）

1959年生まれ．2000年西南学院大学大学院博士前期課程修了．2007年九州大学大学院修士課程修了．日本赤十字九州国際看護大学教授．主要著書『映画で学ぶアメリカ文化』（共著　スクリーンプレイ）、『ウィズダム英和辞典』（共著　三省堂）、『映画で楽しむアメリカの歴史』（共著　金星堂）．

著者一覧（50 音順）

青木美奈（あおき みな）白百合女子大学非常勤講師

秋好礼子（あきよし れいこ）福岡大学教授

荒木雪葉（あらき ゆきは）福岡大学講師

井石哲也（いせき てつや）福岡大学教授

井石令子（いせき れいこ）元活水女子大学准教授

石井征子（いしい いくこ）久留米大学非常勤講師

今田桂子（いまだ けいこ）元福岡国際大学講師

今村紅子（いまむら べにこ）国士舘大学教授

奥村真紀（おくむら まき）京都教育大学教授

角山照彦（かどやま てるひこ）広島国際大学教授

兼本　円（かねもと まどか）元琉球大学教授

坂内　太（さかうち ふとし）早稲田大学教授

杉浦裕子（すぎうら ゆうこ）甲南大学教授

鈴木ふさ子（すずき ふさこ）青山学院大学非常勤講師

祖父江美穂（そぶえ みほ）元金城学院大学非常勤講師

野上良子（のがみ よしこ）元北九州市立大学非常勤講師

福原俊平（ふくはら しゅんぺい）福岡大学准教授

壬生正博（みぶ まさひろ）福岡歯科大学教授

八尋春海（やひろ はるみ）西南女学院大学教授

大和高行（やまと たかゆき）鹿児島大学教授

映画で楽しむイギリスの歴史

2010年4月30日　初版第1刷発行
2023年9月15日　初版第6刷発行

編著者　吉田徹夫
　　　　村里好俊
　　　　高瀬文広
発行者　福岡正人
発行所　株式会社　金星堂
（〒101-0051）東京都千代田区神田神保町 3-21
Tel.（03）3263-3828（営業部）
（03）3263-3997（編集部）
Fax.（03）3263-0716
http://www.kinsei-do.co.jp

編集担当　佐藤求太　Printed in Japan
印刷所／倉敷印刷　製本所／松島製本

ISBN978-4-7647-1101-3 C1022